编者的话

就业是民生中的核心问题，是民生之本、和谐之计、发展之源。对于个人来讲，一个人只有通过就业才能获得收入，才能有尊严地生活。同时，就业也是一个人接触社会最主要的渠道，是实现自身价值的最重要手段。对于社会来讲，如果就业率比较高，就业市场供求压力不大，会在一定程度上拉高就业的待遇，拉动内需，使就业岗位更加充分。所以，解决好就业问题，一方面可推动经济的发展，另一方面也是保证社会稳定、保障民生的重要举措。

这几年人们普遍感到找工作的难度越来越大了，即使大学毕业、研究生毕业或者海外留学归来，想找一份称心如意的工作也并非易事。究其原因，是我国城镇新增劳动力就业、下岗失业人员再就业和农村富余劳动力转移“三碰头”，使本来就存在的就业困难更加突出。加之企业改制、采用高新技术等原因，对劳动力的需求呈下降趋势，而与此同时，随着改革的深化，农民进城的门槛不断降低，进城农民工日益增多，从而给城镇就业进一步增加了压力。

胡锦涛同志在党的十七大报告中强调：“就业是民生之本。要坚持实施积极的就业政策，加强政府引导，完善市场就业机制，扩大就业规模，改善就业结构。”中职生就业问题，应当引起政府、职业学校、用人单位、学生家长和学生的高度重视。

从中职生来说，应当从实际出发，转变就业观念，降低就业期望值。不能眼睛只盯着机关、外企、高收入单位和轻闲的工作，自主创业、弹性就业、到企业和基层工作，都是可以考虑的选择。

中职生除了认真学习文化知识，熟练掌握过硬的专业技能外，还必须接受就业指导和创业教育，这既是素质教育的要求，也是青年学生步入社会生活的需要。开设就业指导课，对提高学生的职业素质和深化以“就业为导向”的职业教育改革，有着十分重要的意义。为了适应中职学校培养技能型人才的需要，促进中等职业学校素质教育的发展，满足社会对中职毕业生的要求，我们按照就业指导课程的基本要求，根据中等职业学校的教学特点，编写了《就业指导与创业教育》一书。

本教材的总体目标是使学生掌握就业与创业的基础知识和常用方法，树立正确的职业理想和职业观、择业观、创业观、成才观；培养科学就业的能力，使学生学会根据社会发展、职业需求和个人特长进行职业选择；增强学生提高职业素质和职业能力的自觉性，做好适应社会、融入社会和顺利就业的准备。

本书有如下重点栏目：

目标透视：用简明概括的语言介绍教学目标，分为知识目标、能力目标和情感目标。

名人名言：选用相关的名人名言，加深学生对有关模块知识的理解和掌握。

事实聚焦：通过就业方面的典型案例的介绍，使学生有一种身临其境的感觉，对有关内容有更为深刻的理解。

案例点评：通过对相关案例的介绍和分析，使学生掌握就业方面的相关知识和技能。

案例启示：揭示案例蕴含的相关道理，启发学生的发散思维，使他们对相关内容有更加深刻的理解。

特别叮嘱：根据内容，针对学生在就业时容易疏忽的问题，进行强调说明。

视野拓展：选取可读性强的材料，延伸介绍相关知识，拓展学生的视野。

活动体验：设置有启发性的活动方案，让学生在教师的指导下进行训练，通过具体情境，让学生运用所学知识，解决就业中可能遇到的问题，目的是培养学生的临场应变能力。

单元小结：通过简明扼要的归纳总结，全面介绍相关知识要点。

作为中等职业学校教材，本书图文并茂，体例活泼，语言通俗，内容浅显，具有如下具体特点：一是体现了新时期的新要求，将社会主义核心价值体系的基本内容、科学发展观的基本内涵和构建和谐社会的总体要求融入到教材之中；二是突出了职业教育的特点，有利于促进学生的全面发展和综合职业能力的形成；三是适应中职生的学习方式和职业教育模式的变化，突出能力培养，注重实践教育、体验教育和养成教育，四是在编排体例上有创新和发展。通过典型案例、名人名言、图片、特别叮嘱、视野拓展等形式，增强了教材的趣味性和亲和力。

本书由王换成主编，宋慧玲、陆生春任副主编。第一、四、五单元由王换成编写，第二单元由韦以才、漆全应编写，第三单元由周华玲编写，第六单元由费永平编写，第七单元由王志强编写，第八、九单元由唐效渊编写，第十单元由宋建敏编写。麻维昕、蒲小平也参加了本书的编写工作。全书由王换成设计框架并统稿，宋慧玲、陆生春二位副主编协助主编进行了统稿。

在编写过程中，我们参考和引用了许多专家、学者的研究成果，已将主要参考文献列于文后，在此谨向有关作者和著作权人表示感谢！西北师范大学博士生导师周爱宝教授、漆子扬教授对本书寄予了高度关注，并提出了宝贵意见，在此深表谢意。

由于编者学术水平有限，加之时间仓促，书中难免有疏漏和不足之处，我们期待着各位同仁在使用过程中提出宝贵意见。

王换成

2011 年 11 月 1 日

目　录

第一单元　开启职业之门

【目标透视】

知识目标：

使学生了解职业和职业的发展概况；掌握职业的特点和发展变化趋势；清楚职业对人才的要求。

能力目标：

使学生学会确定职业方向，精心做好择业前的准备，学会科学选择职业。

情感目标：

使学生树立正确的择业观，服从社会需要、正确认识自我、主动参与竞争。

模块一　职业及职业发展

【名人名言】

不懂得工作意义的人，视工作为苦役。

——苏格拉底

现代人最大的缺点，是对自己的职业缺乏爱心。

——罗丹

世上没有卑贱的职业，只有卑贱的人。

——林肯

对于一个人来说，在这个世界上的首要问题，是要找到他应做的工作。

——卡莱尔

【事实聚焦】

欧阳琴的困惑

欧阳琴学的是工商管理专业，毕业4年至今已经换过4个工作岗位。在此期间，她做过行政出纳、广告销售、经理助理、保险，现在一家广告公司从事展览策划。可是她总觉得没有一份工作适合自己。看到各大报纸和招聘网站的招聘信息，她如坠入云雾之中：好像自己什么工作经验都有，却又很难说达到职位描述中的要求。面试了几家，大都杳无音讯。唯一答复的两家，也因为公司规模太小或者在薪酬上双方无法达成共识而作罢。眼看着自己的年龄越来越大，想想自己微薄的薪水和狭窄的发展空间，欧阳琴变得束手无策，她不知道怎样才能让自己的职业发展更上一层楼？

【案例点评】

纵观欧阳琴所从事过的工作，我们发现：这些工作之间缺乏连贯性，零零碎碎，而且一些工作与她本身学的专业也相差甚远。也正是因为如此，造成了她在工作经验上什么都有却无一精通的劣势和无奈。如果能有一个合适的职业切入点，相信欧阳琴能够发挥自身优势，找到适合自己的职业。只要踏踏实实走下去，实现事业发展的目标将不再遥远。

【案例启示】

职场上，每一个人都有属于自己的成长轨迹，它常常会因为不同的性格特点、教育背景、生活环境等因素形成不同的发展道路。有人工作几年就春风得意，步步高升，有人工作多年却依旧原地踏步，升职无望。如何才能在市场条件下，把握自己的发展机遇，实现自身价值最大化，是一个人职业生涯中的大问题。中职生应当从认识职业和职业发展开始，准确定位，去寻求一片属于自己的职业蓝天。

在面临职业方面的困惑时，我们首先要分析自己的职业定位，善于突破惯性思维，对自己的竞争力有个科学的认识，进而来寻找与自己职业发展的契合点，在不断的进取中获得长足发展的动力源，合理地规划自己的职业生涯。这样才能早日实现成功。

职业是一个人生存和发展的前提条件，职业选择是人生的大事。选择职业就是选择未来，甚至是选择一生。“面向社会、双向选择、自主择业”，已成为大中专毕业生就业的基本特征。是否能正确认识职业，正确择业，不辜负党和人民对青年的期望，是每一个中职生应该认真考虑的问题。

渴望有一个理想的工作岗位，最大限度地发挥自己的聪明才智，轰轰烈烈地干一番事业，是每个有志青年梦寐以求的愿望。了解和掌握职业及职业发展的相关知识，有利于将来顺利就业。

项目一　职　业

职业的涵义

社会要发展，国家要富强，人民要幸福，都离不开各种职业活动，离不开工人、农民、厨师、医生、教师、科学家、公务员等从事不同职业的人(图 1－1)。概括地说：职业是人们在社会中所从事的作为主要生活来源的工作。

图 1－1　厨师

职业的特征

职业具有如下几方面的特征：

●经济性

人们从事某项工作，必须取得一定的报酬，以维持本人和家庭其他成员的生存发展需要。获取报酬是职业活动区别于其他活动的标志。

●技术性

无论从事什么职业，都需要一定的知识和技能。医生必须懂得医学的基本原理，掌握诊断本领和医疗技术，公务员必须掌握管理知识、政策法规，具有一定的规划、指挥、组织、监督、调节、分析、判断等能力。

●稳定性

各个职业岗位上的从业人员所从事的工作是相对稳定的。

●社会性

职业要求从业人员承担社会责任，履行公民义务，所从事的职业活动符合社会需要，为社会提供有用的产品或服务，遵守社会道德规范。

●差异性

不同职业之间有很大的差异，这就是人们常说的“隔行如隔山”。

●层次性

每一种职业都可分为不同的层次，它反映了从业人员不同的文化程度、工作经验和技术水平。如技术工人分高级技师、技师、高级工、中级工、初级工等不同的等级。

●产业性

社会劳动的分工根据其基本性质的不同可分为 3 个层次，即产业分工、行业分工、职业分工。产业的划分是以劳动的性质、作用和内容的同一性为标志，反映社会分工的发展水平。

●历史性

随着时代的发展，一些旧的、不适应时代的职业逐渐被淘汰，一些新的、满足社会需要的新型职业不断出现。同时由于时代的不同，同一职业的活动内容也会发生变化，所以职业具有比较明显的时代性。

职业的分类

《中华人民共和国劳动法》规定："国家确定职业分类，实行职业资格证书制度。"1999 年 5 月出版的《中华人民共和国职业分类大典》将我国职业分为 8 个大类，66 个中类，413 个小类，共有 1838 个细类(职业)。

图 1－2　列车乘务员

8 个大类分别是：

◆国家机关、党群组织、企业、事业单位负责人；

◆专业技术人员、室内装饰设计师、企业人力资源管理人员；

◆办事人员和有关人员；

◆商业、服务业人员(图 1－2)；

◆农、林、牧、渔、水利业生产人员；

◆生产、运输设备操作人员及有关人员；

◆军人；

◆不便分类的其他从业人员。

项目二　职业的发展趋势

职业发展趋势

职业是随着社会的发展变化而变化的。人类社会已进入知识经济时代，产业结构、行业结构、社会结构以及由此决定的职业结构在不断发生变化。

●未来职业趋向专业化、智能化、复合型、创新型

职业越来越向高科技、智能化、复合型、创新型方向发展。

◆职业的专业化。表现为职业分工越来越细，越来越专，社会对职业的专业技术水平要求越来越高。

◆职业的智能化。表现为在职业活动中，单纯的体力劳动比重减少，脑力劳动比重增加。要求从业人员具有较高的文化素质，有较强的思维能力，有熟练的操作技能，能够根据工作实际进行分析判断和科学决策，成为体力和脑力相互结合、互相补充的新型劳动者。

◆职业的复合型。表现为职业之间相互重叠、交叉。要求从业人员不仅牢固掌握某一专业技能，还要掌握与此相关的多种通用技能，形成通用素质。

◆职业的创新型。表现为职业活动要求从业人员有较强的创新意识和创新能力，能根据岗位所面临的新问题，灵活机智地完成工作任务。

●新的职业在不断产生

适应社会发展的需要，新的职业不断产生。2005 年国家劳动和社会保障部编撰的《中华人民共和国职业分类大典》增补本共收录 77 个新职业，这些新职业涉及第一、二、三产业，主要集中在现代制造业和现代服务业，以管理、策划、创意、设计、分析、制作和健康、环境管理居多。对从业人员的理论知识和实际职业能力都有较强要求，多属于高技能人才中的知识技能型。如"信息工程师"、"网络工程师"、"软件工程师"、"电子商务工程师"、"IT 人员"、"智能开发师"、"注册城市规划师"、"经营分析师"、"职业配装师"、

"价格评估师"等。

●**一些原有的职业由于失去了存在的价值而被淘汰。**

改革开放以来到，补锅匠、江湖艺人、弹棉花、货郎、代写书信、磨刀人、卖清水、补鞋匠、卖麦芽糖、打更、守夜、剃头挑子、翻瓦匠、守墓人、接生婆、流动照相、金银匠、修钢笔、收荒匠等职业已经消失。随着社会的发展，会有更多的职业消失。

【视野拓展】

21世纪新职业层出不穷

科技在飞速发展，生活在不断变化，这种发展和变化必然会淘汰掉许多旧的职业，同时催生出许多新的职业。

◆智能开发师。智能化是21世纪全球发展的大趋势，智能机器人、人工替代器等智能产品将成为全球流行的产品。中国智能工业将会有较大的发展，并逐渐成为国家的一项重要支柱产业。智能开发师将是人们青睐的新职业。

◆注册城市规划师。注册城市规划师是从事城市规划编制、规划审批、实施管理、咨询以及相关业务的专业技术人员。

◆家政助理。这是在北京人才市场上出现的一种新职业，主要工作内容是协助家庭处理日常家政事务，承担家务统筹、营养配餐、医疗保健、儿童教育等事务。家政助理与保姆有着较大区别，一般是由专业公司统一聘用，需要经过严格培训后才能上岗。

◆经营分析师。经营分析是现代企业经营活动的有效手段。经营分析师是具备企业财务专业知识、经济活动分析能力和宏观经济预测能力的中高级人才，同时经营分析师还需具有某一行业的专业知识。

◆职业配装师。这是在南京出现的一种新职业。其主要任务是根据顾客的气质特点、职业身份，为其合理搭配服装，进行整体形象设计。

◆价格评估师。价格评估师主要是从事涉案物品的价格评估、鉴定、公证等，他们的业务活动直接关系到司法、行政执法机关和仲裁机构的办案质量。

职业对人才的要求

随着职业结构的变化，对人才提出了如下要求：

◆具有高尚思想道德素质和职业责任感，勇于担当重任；

◆具有明确的奋斗方向，开拓进取，知难而进，坚忍不拔；

◆具有全局意识和国际竞争意识，敢于面对竞争压力；

◆具有广博的知识储备，扎实的基础理论，深厚的专业技能，广泛的前沿学科知识；

◆具有较强的观察、思考、分析问题的能力，能够洞察事物本质，明确表达自己的观点，积极展示自己的成果。

◆具有较强的创造能力，不拘泥于现有模式束缚，思维敏捷，善于发现新情况、新问题，善于学习新知识、吸收新成果。

职业发展以及由此引起的对人才的要求，将由操作型向智能型转变，由单一型向复合型发展，由执行型向

【特别叮嘱】

职业既是人们奉献社会、实现人生价值的舞台，也是获得劳动果实的土壤，它能够给人提供稳定的收入来源。但收入必须合法，如果违反国家法律、法规，对国家和人民利益造成损害，就会受到法律的约束和制裁。

创造型延伸。职业的发展，给人们提供了更多就业的机会和广阔的创业空间，为人们提供了良好的发展机遇。各个岗位上的工作人员不仅要有从业能力，而且要有创新精神。只有这样，才能适应社会的变革，选择一个理想的职业。

模块二　树立正确的择业观

【名人名言】

小心地做出抉择，选中的应该是可以做到的。

——鲍威尔

人生的道路虽然漫长，但紧要处往往只有几步，特别是当人年轻的时候。

——柳青

青年是人生的骄傲，也是时代未来的希望。

——林伯渠

一个人有无成就，决定于他青年时期是不是有志气。

——谢觉哉

【事实聚焦】

小胡的求职意向

小胡是个来自偏远山区的女孩，虽然家庭贫困，但是学习成绩非常优秀，并在三年级时加入中国共产党。毕业前夕参加了几场招聘会，其中也有单位想与其签约，但总是不了了之。由于家乡所在地比较贫困落后，所以她不想回家乡工作，而且单位的地点必须是大城市，工作岗位要在行政事业单位。在这种心态下选择职业，结果自然难以如她所愿。

【案例点评】

像小胡这样过分向往经济发达地区，尤其是沿海地区的中心城市的学生不在少数，特别是来自贫困地区的学生，内心排斥回到过去的生活环境，一心向往大城市。但是他们只注重了经济文化发达、工作环境优越的一面，却忽视了这些地区存在着人才济济、就业压力较大的一面，从而导致了主观愿望与现实需求之间的巨大落差。国家人事制度确实对公务员等职业优待，但要进入这些单位，竞争会更加激烈。国家现在鼓励大中专毕业生到西部地区和艰苦边远地区就业，实行优惠政策，到西部就业会有更大的施展本领的舞台，容易得到重用。

【案例启示】

求职就业是双向选择，不能一厢情愿。小胡求职的失利是她不考虑求职的客观条件，不考虑就业趋势的影响造成的。我们在选择职业时，要面对现实，正确评价职业，不要仅凭自己的主观愿望盲目行动。否则，不仅难以成功就业，还会带来无端的烦恼。

项目一　择业观与职业声望

“男怕入错行”讲的是选择职业的重要性。随着科学技术的进步和劳动力市场的完善，用人单位和劳动者之间的“双向选择”成为必然（图1－3）。目前由于职业选择环境和条件的限制，一些人对正确选择职业缺乏足够认识，影响他们顺利就业。有些人认为选择职业就是按个人意愿办事，一旦现实与个人意愿发生矛盾，就不能正确处理；还有些人不顾自身条件，提出过高的择业要求，结果导致个人职业选择失败。所以，我们应当正确认识和处理职业的选择。

图1－3　双向选择

择业观的涵义

择业观就是人们对择业的态度和看法，是择业的指南和求职的心理准备。概括地说，就是求职者对职业和社会环境、企业文化的认识。

社会是不断发展变化的，每个发展阶段的具体环境不同，要求人们根据不同的环境认识问题、适应环境、解决问题。同时，每个行业都有自己的生存环境，并形成了富有特色的行业文化，要求行业中的每个人都必须遵循。求职者必须充分认识到这一点。中职毕业生是否能与社会环境相适应，与行业文化相融合，这种认识上的准备就是择业观念。如果一个中职生求职时不能正确认识这些规律，就很难树立正确的择业观，也就很难实现成功择业。

几种常见的择业观

●**竞争择业观**

当今社会，竞争无所不在，它已深入到社会生活的各个方面。竞争机制对于社会发展和个人成长都有着重要作用。中职毕业生所面对的择业市场同样存在着异常激烈的竞争。我们可以通过竞争获得理想的职业，可以通过竞争实现个人的职业理想。

中职生要想在择业竞争中立于不败之地，仅仅有竞争意识是远远不够的，必须具备雄厚的竞争实力。竞争实力是综合素质的体现，通常包括思想品德素质、科学文化素质、身体心理素质、语言表达能力、逻辑思维能力及面试技巧等。在公开、公正、公平的竞争环境中，竞争实力是实现理想择业的重要基础。

只有通过平等竞争，才能激发人的上进心和创造力，才能激励人们展示自己的才智，发挥自己的特长；只有通过平等竞争，才能克服一些机制体制对人才成长的负面影响，用实力决定人的升降去留，推动人力资源的优化，促进社会的发展进步。

选择职业的竞争是无情的。竞争应当体现公开、公正、公平、择优的原则。不能为了谋取某一职位而弄虚作假、阳奉阴违、瞒天过海。在择业竞争中，中职生应当尊重自己的人格，诚实守信，凭借自己的综合实力赢得用人单位的青睐。

中职生在求职时应当有一个良好的心态。任何竞争，都会有成功的喜悦和失利的痛苦。在择业竞争中，不仅要准备品尝成功的果实，还要准备吞下失败的苦果。要具备面对失败的心理准备，能经得起落选的考验。当自己名落孙山时，能够以平常心面对，挥一挥手，告别昨日的失望，去踏上新的征程，寻求新的机遇，说不定成功就会在你眼前出现。

● **自主择业观**

自主择业是目前中职生择业的趋势。同学们在毕业前夕，要广泛了解收集人才供求信息，通过报刊、电视、网络、亲友、人才市场、职业介绍所等各种渠道，掌握有关信息，不能一味依赖老师和家长。

"双向选择，自主择业"的人才调配机制，使毕业生本人从被动地等待组织安排变为主动到人才市场寻求机遇，这就意味着同学们不得不面临市场的考验，在优胜劣汰的竞争中锤炼自己。

● **动态择业观**

在计划经济条件下，一个人一旦选择了某一职业，就会一直在那里工作。这种"铁交椅"、"铁饭碗"现象，在新的人才模式下已经越来越少，随着社会的进步，它将会逐渐消亡。以往的一些固定用人模式已经发生变化。一个人不可能一考定终身，不可能一辈子在一个单位工作。在职人员的失业成了一个正常现象。人们二次择业、三次择业的可能性越来越大。只有通过市场的调节和人才的合理流动，人们才能找到适合自己的工作岗位，才能得到施展才华的舞台。

● **多元择业观**

中国是一个人口大国，总人口占世界的五分之一，尽管党中央和国务院把就业问题当作国计民生的重大问题来解决，但不可能使每一个人都得到自己理想的职业，就业难的问题依然困扰着许许多多的大中专毕业生。中职生应当通过多渠道的选择，获得自己理想中的工作岗位。我们要打破地区和所有制的限制，不要把自己限制得太死，只考虑大城市、大机关、大企业，要破除"学而优则仕"、"读书做官"等传统观念的束缚，勇敢地到祖国最需要的地方去。无论是当公务员、企业高管，还是当专业技术人员、工人，都有可能取得引人瞩目的成就。无论在国家机关、科研院所，还是在厂矿基层、生产一线，都可发挥你的聪明才智。

● **自主创业观**

自主创业是择业的重要方面，它就是我们平常说的"自己当老板"（图1－4）。随着国家对外交流的不断扩大和产业结构调整的升级，社会已为有志青年自主创业提供了广阔空间，真正有才学的年轻人会通过自主创业获得社会的认可，体现出自己的人生价值。广大中职生朋友要立创业之志，走创业之路，建创业之功。

图1－4　自主创业

评价职业

●职业声望

职业没有高低贵贱之分，都是社会不可缺少的。由于客观上存在不同职业之间的工作内容、工作强度、工作职权、工作环境、收入状况以及从业人员水平、专业技能等方面的差异，使人们对不同职业有着不同的看法和态度，这种对某一职业的看法和态度就形成职业声望。

决定职业声望高低的基本要素主要包括职业的社会功能、职业的社会报酬、职业的自然条件和职业的基本要求等四个方面。

◆职业的社会功能

职业的社会功能是指一定职业对社会的作用，包括社会责任、社会地位、权利、义务、重要性等。一般来说，一种职业的社会功能越大、任职条件越高，它的声望评价就越好。

◆职业的社会报酬

职业的社会报酬是职业提供给从业者的工资薪金、福利待遇、晋升机会、发展前景等。越是社会报酬好的职业，越会受到社会和求职者的青睐，它的声望也就越高。

◆职业自然条件

职业自然条件是指与职业活动相关的自然工作环境，如工作地点、技术装备、劳动强度、安全系数等(图1－5)。一种职业的自然条件好，工作效率相对就高，从事这种工作就越容易出成果，这个职业的层次就越高。

图1－5　建设者

◆职业的基本要求

职业的基本要求是指一定职业对任职者的职业道德、职业技能、受教育程度以及身体心理素质等方面的综合要求。职业对人的要求越高，从事这种工作的难度就越大，被人替代的可能性就越小，工作就越稳定，职业的社会层次就越高。

●人的认识对职业声望的影响

职业声望不仅受客观条件的制约，更是人们对职业社会地位的反映。职业声望的评价不可避免地会受到个人兴趣、社会环境、社会舆论、教育程度、工作区域以及求职者的经济状况等多种因素的影响。广大中职生朋友在择业过程中，应当保持清醒的头脑，客观分析职业和自身的条件，选择适合自己兴趣、特长、专业技能、文化程度的职业。避免盲目从众、攀比、追高等不正确的择业心态。

项目二　准确定位选职业

服从社会需要

美好的生活来自于奋斗，个人的理想和前途与国家的前途和命运息息相关。中职生择业首先要考虑国家和社会的需要，把择业同民族的复兴、祖国的富强联系在一起，把自己的聪明才智奉献给祖国，奉献给社会。

●回报社会

在大力发展职业教育的今天，国家为广大中职生成才投入的财力、物力、人力是十分巨大的，我们姑且不说国家对职业学校基本建设、设备仪器等方面的投资，单就给每个中职生的国家助学金、教育扶贫款以及地方政府的补贴，就有数千元。我们理当树立回报国家、奉献社会的思想，到祖国最需要的地方去建功立业。

●服务基层

要树立全方位、多渠道的择业观，不论所有制形式，不论城市乡村，不论内地边疆，只要能发挥聪明才智的地方，都不妨一显身手。愉快地到基层去，到最能发挥自己才能的地方去，到最需要人才的岗位去。

正确认识自我

●准确评判自己

通过对自身的全面分析，正确地评价和判断自己属于什么层次，自己的职业气质、职业兴趣是怎样的，适合做什么工作。目标明确了，定位准确了，就能找到恰当的职业。如果自以为是，将自己估计过高，必然造成好高骛远、脱离实际，难以如愿，到头来希望被失望取代，只能是碰一鼻子灰。在择业过程中过高地估计自己，“这山望那山高”、“大事干不了，小事不愿干”，终将一事无成。

如果缺乏自信，觉得自己这也不如人，那也不如人，必然造成降格使用，使自己的才智得不到充分展示，自己给自己套上枷锁，同样会丧失许多机遇，在择业的道路上走许多弯路。

> **【特别叮嘱】**
>
> 择业时，要选择那种能发挥自己特长和优势的单位，选择那些具有发展潜力、人际关系和谐、凝聚力强的单位。不可片面追求所谓热门，不宜过分看重地位和待遇。

世间任何一件事情的最终实现，都必须使需要和可能两个因素达成妥协才行。理想和现实始终都会有距离。满意与否是个非常个性化的标准，无奈却是大部分人在大部分时间里的普遍感受。一句广告说得好，“只有更好，没有最好”。所以，找准位置，不要攀比，适合和感兴趣就是最好的工作。

●不必强求专业对口

多数用人单位工作岗位的专业性不是那么强，他们招聘人才的标准多注意应聘者的个人能力和综合素质，既注重智商，也注重情商。至于专业是否完全对口，并不是首先考虑的。现代社会分工越来越细，在校期间所学的专业知识与现实需要往往难以完全吻合，求职过程中过分强调专业对口，是择业的一个很大误区。一个具有创新意识和开拓精神的毕业生，应当注意考察招聘单位的发展前景和员工的成长环境，及时调整自己的择业方向，勇于选择与自己所学专业相近或相关的职业。只要具备优良的素质，就会在自己选择的岗位上创出一片新的天地。

主动参与竞争

竞争使人们增加紧迫感和危机感的同时，也增加了责任意识和敬业意识。没有竞争就没有进步，这是事物发展的必然规律。职业岗位的选择就是一种激烈的竞争。随着大中专毕业生的大量增加，择业会更加困难，毫无疑问竞争会更加激烈。这就要求广大中职生朋友克服“等、靠”等依赖思想和行为，树立靠自己的能力去开拓职业天地的择业观，主动出击，积极参与职业岗位的竞争，靠才智、靠良好的素质去争得一份比较理想的职业(图 1 -6)。

【视野拓展】

2011 年六大高薪职业

图1 -6　主动参与竞争

在世界经济还未完全走出阴影的当下，前景光明的卫生保健、金融分析师等新工作可能会让你在今年变得与众不同。下面列出了 2011 年最热门的职业，而有些职业在 10 年前根本就不存在。

◆老年人护工

人口老龄化和家庭护理行业的不断流行，催生了老年人护工这一新型职业，它的需求越来越旺盛，而一旦你选择了这个行业，你的薪酬大约会在 3 万至 8 万美元。但这个行业也不是所有人都能做的，它必须具备老年病学以及一些专业的医疗知识。另外，同情、细心、出色的沟通技巧也是必须掌握的技能(图 1 -7)。

◆可持续发展顾问

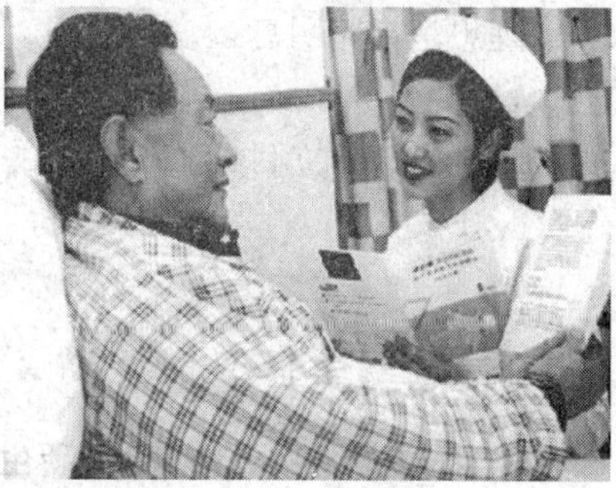

图1 -7　老年人护理

过去，我们眼中的可持续发展只是简单地指“回收”，而现在，几乎所有大型企业都会聘请高素质人才来负责他们的可持续发展项目，这些项目能够减少废物或者涉及供货商的可持续发展评估等。这一职业的收入也是十分可观的，据对公司可持续发展官员进行的调查发现，公司副总裁每年的收入接近 20 万美元。

◆教育顾问

给学生辅导功课是很久以前就有的职业，如今，它有了新的转变，名称也有了变化——教育顾问。这一职位的年薪大概在 4 万至 10.5 万美元左右。教育顾问与家长一起帮助学生选择最适合他们的学习环境。教育顾问可以独立工作，也可以为比较大的公司或者为他们曾经就读的教育学院工作，工作内容主要是测试学生的能力，与学生和家长见面，并帮助他们解决问题。

◆医疗记账员或编码员

医疗记账和编码在 10 年前是没有的，他们主要为保险公司和政府计划(如医疗和医疗补助计划)提供需要的信息，确保医疗程序分类清楚、记录方法正确。医疗记账员和编码员在医生的办公室、医院和其他医疗机构办公，他们通常都持有证书或者接受过正规教育(大概 6 个月或者 1 年)，这可以帮助他们学习晦涩的医疗术语。他们的年薪大约在 4 万美元左右。

◆在线广告经理

在线广告经理可以为网站公司工作，负责销售广告项目，与顾客一起研究广告商在哪些网站、什么时候上线以及怎样放置在线广告等进行讨论。或者他们也可以为广告商工作，负责广告商的在线业务，跟踪每一个广告的宣传效果。他们的年薪大约在5万至10万美元。

◆用户体验经理

用户体验是指用户在使用产品过程中建立起来的感受。对于一个界定明确的用户群体来说，其用户体验的共性能够经由良好设计实验来呈现。首先用户体验经理大部分为网站设计公司工作，主要根据用户浏览页面的习惯开发网站。现在用户体验是银行、保险公司、餐馆和几乎任何一家公司的口号，用来评估和改善客户和潜在客户在消费过程中的体验。他们的年薪大约在8万至15万美元。

模块三　确定职业方向

【名人名言】

选择职业是人生大事，因为职业决定了一个人的未来。

——卢梭

理想是指路明灯，没有理想，就没有坚定的方向；没有方向，就没有生活。

——托尔斯泰

人生应该树立目标，否则你的精力会白白浪费。

——彼得斯

【事实聚焦】

新生活是从选定方向开始的

比塞尔是西撒哈拉沙漠中的一个小村庄，它靠在一块1.5平方公里的绿洲旁。从这儿走出沙漠一般只需要三天，然而在肯·莱文1926年发现它之前，这儿的人们尝试过很多次都没有走出过大沙漠。

肯·莱文是英国皇家学院的院士，他得知这一消息后很想弄明白这个问题，于是走进了这个村庄，为了打开这个谜底，他雇了一个比塞尔人当向导，牵上两匹骆驼，带足半个月的水和干粮，收起像指南针式的一切现代设备，拄着一根木棍跟在这个比塞尔人的后面，他们走了十几天又回到了比塞尔。这时，肯·莱文终于明白了，比塞尔人之所以走不出大沙漠，是因为他们中根本没有认识北斗星的人。

为了使比塞尔人走出这块大沙漠，肯·莱文带了一位叫阿古特尔的青年人，开始了第二次的行程，他告诉这个人，白天休息，夜晚看着天上那颗朝着北面的最亮的星星走，就可以走出这片沙漠。于是他们白天休息，晚上行走，只花了三天的时间，终于走出了沙漠。

现在，比塞尔已经是西撒哈拉沙漠中的一颗璀璨的明星，每年有数以万计的旅游者来到这里，阿古特尔作为比塞尔的开拓者，人们把他的雕像竖立在小城的中央，铜像的底座上刻着一行字：新生活是从选定方向开始的。

【案例点评】

没有方向，只好在原地打转。案例中的比塞尔人由于没有人认识北斗星，所以走不出沙漠。当他们认识了北斗星之后，在北斗星的引领下，比塞尔人有了全新的生活。

【案例启示】

方向不明，目标就很难确定。没有目标就没有动力和创造性，也就永远体会不到成功的喜悦。

生活中的一些人由于不懂得选择自己的专业方向，不知道什么是适合自己的职业，甚至连自己所从事的职业要追求的目标是什么也不知道，因此就稀里糊涂地度过了一生。

新生活是从选定方向开始的。一个人职业的成败，很大程度是取决于是否有明确的职业目标和方向。职业的目标和方向是我们职场的“北斗星”，引导我们走向职业成功。

项目一 职业方向

职业方向的涵义

职业方向是一个人所适合的职业和他所从事职业的发展目标。所有成功的人士，都有一个突出的特征，就是做事有明确的方向。他们有具体的追求，有实际的行动，知道自己要做什么，也明确该怎样去做。很多人失败的原因就是因为没有方向、没有目标、没有追求，不知道如何选择适合自己的职业，也不知道选择了职业以后又该向什么目标发展，缺少职业方向对自己的指导和规划。

中职生应该坚定自己的信心，从一些成功人士的经历中受到启发，选择适合自己的职业方向，明确自己的理想与追求，从而获得择业的成功。

目标是职业方向的明灯

亚里士多德曾经说过：“人是一种寻找目标的动物，他生活的意义仅仅在于是否在寻找和追求自己的目标。”哈佛大学有一个著名的关于目标对人生影响的跟踪调查。调查的对象是一群智力、学历、环境等条件差不多的年轻人。调查结果发现：27%的人没有目标；60%的人目标模糊；10%的人有清晰但比较短期的目标；3%的人有清晰且长期的目标。

25年的跟踪研究结果显示，调查对象的状况及分布现象十分有意思。那些3%有清晰且有长期目标的人，25年来他们都朝着同一方向不懈地努力，25年后，他们几乎都成了社会各界的顶尖成功人士。他们中不乏白手创业者、行业领袖、社会精英。那些10%有清晰短期目标者，大都在社会的中上层。他们的共同特点是，短期目标不断被达成，状态稳步上升，成为各行各业的不可或缺的专业人士，如医生、律师、工程师、高级主管等。而那些占60%的模糊目标者，几乎都处在社会的中下层面，他们能安稳地工作，但都没有什么特别的成绩。剩下的27%是那些25年来都没有目标的人，他们很多都是失败者。

可见，目标对人生有巨大的导向作用（图1－8）。成功在一开始仅仅是一种选择，你选择什么样的目标，就会有什么样的人生。有了目标的指引，我们就会感到肩上的责任，就会有一种使命感，就不会随意浪费一分钟时间，就不会无所事事。正如西方的那句谚语所说，“如果你不知道你要到哪儿去，那通常你哪儿也去不了”。所以，明确我们要努力的目标，也就找到了方向，找到了发挥我们才智的岗位，才能引领你在事业中有更好的发展。

图1－8　目标具有导向作用

项目二　职业方向的确定

职业方向决定人生成败

确定职业方向是一个人能否很好就业的关键。确定适合自己的职业，是人生一件大事。古今中外的许多成功人士，无一不是扬长避短地选择了最适合自己的能力、兴趣、爱好、个性与客观条件相适应的工作；反之，选错了职业，可能会遭遇许多的挫折与坎坷。如何选择一份适合自己的工作，对个人具有重要的意义。

确定职业方向的原则

●**结合实际**

一个人在选择职业方向时，要综合自己的实际情况，对自己要有充分认识。要根据自身的特长和优势进行选择。必须做到：发挥所长，适当考虑自己的性格和特点。

●**主动选择**

在职业方向选择中不能消极等待，而应主动出击。应选择自己所擅长的领域，主动参与职业岗位竞争，主动了解职业岗位的要求，主动完善自己。

●**符合需要**

由于在现实生活中，人们总是受到现实社会的制约，所以在选择职业方向时，要结合实际，所选职业只有为社会所需要，才有自我发展的保障。

【特别叮嘱】

毕业后的第一份工作很重要，它会影响到你后面的工作，这份工作给你的是经验、方法、人脉等方面的学习。值得注意的是，很多人往往认为最热门的职业就意味着最有前途。但专家提醒：选择职业，重要的是正确分析自己，找到自己最适合的专业，然后努力成为本行业的佼佼者。

●**分清主次**

确定职业方向应从是否有利于自己才智发挥，是否符合社会的需要出发，分清主次，做出抉择，切不可一味求全。

●**着眼长远**

不要急功近利，好高骛远；你应该选择的职业是自己感兴趣的、有良好发展前景的职业。

【视野拓展】

专家关于职业方向的建议

关于职业方向，有专家提出 3 点建议：

◆登高望远。登高望远就是充分了解全局，主动收集有关的政策和信息，对自己身处的环境及其走势有一个全面的把握。

◆灵活适应。就业形势虽然是一个总体趋势，但针对各地区又有其特殊性，加上每个人的情况千差万别，所以我们要灵活适应，实事求是。只有随时关注周围环境的变化，并进行理性分析，灵活应变，找出适合自己的发展道路，才可能长久立于不败之地。

◆审视自我。审视自我是实现就业或创业过程的一个重要环节，清楚地了解自己在就业或创业方面所占有的资源，以及不具备的资源，对确定自己的方向意义深远，对自己如何实现目标更加重要。

模块四　职业的科学选择

【名人名言】

在选择职业时，我们应该遵循的主要方针，是人类的幸福和我们自身的完美。

——马克思

选择你所喜欢的，爱你所选择的。

——托尔斯泰

青年人比较适合发明，而不适合判断；适合执行，而不适合磋商；适合新的计划，而不适合固定的职业。

——培根

【事实聚焦】

徐莉的烦心事

徐莉，白领，31 岁，大型企业客户经理，年薪近 10 万。最近徐莉在职业选择上发生了困惑。不久前，一个对公司很重要的客户要求给他提供高额回扣，由于多种原因，徐莉没有满足他的要求，引起了对方的不满。在一次例会上，这个客户甚至当着上司、下属的面批评徐莉工作做得不好。最近上司也找徐莉谈话，让她处理好与这个客户的关系。说如果处理不好就走人。徐莉想到了辞职，但她又考虑到自己在公司的收入不错，又很犹豫。如果走，又该选择哪行呢？她一直希望从事市场工作，但是自己适合吗？另外，她不想一直只靠工作来赚钱，希望不工作的时候也有稳定的收入，实现财务自由，不知道自己是否适合从事直销工作。

【案例点评】

徐莉的困惑，是许多职场人常常会遇到的困惑。这涉及职业工作岗位的去留问题。根据徐莉的职业技能，再找一份称心的工作是完全有可能的，大可不必为失去现有工作而担惊受怕。失去了就别回头！其实，有些失去是必然的，天到冰封雪飘之日，便不见了百花争宠，紫燕穿林；人届不惑之年，又少了些少年的畅想、青春的浪漫。既然无法抗拒，就顺其自然走下去，让生命变得豁达、洒脱和从容。

【案例启示】

其实，有所失未必都是坏事。有时候，失去本身就是另一种形式的获得。种子逝去了，新芽就要破土而出，花儿落了，果实即将缀满枝头。

有时候失去会提醒我们去敲开另一扇成功之门。然而，生活中并不是人人都能理智地面对失去。失去了就别回头，继续向前走，朝前看，前边另有一路风景一路歌。我们择业何尝不是这样呢？

项目一　择业决策方法

择业决策是毕业生根据自己的特点和择业原则确定自己的择业方向，实现择业目标的过程。择业决策与其他决策一样，只有遵循科学的决策方法，才能确定合理的择业目标。

了解就业形势

●全面了解就业形势

求职择业不同于在校期间的社会实践，它是要找一个适合自己的工作岗位，使自己能在这个岗位上充分发挥一技之长，实现人生价值。要取得择业的成功，必须从宏观上了解面临的就业形势、就业法规和产业政策，以及社会经济状况等。从微观上了解自己所学专业的就业形势，做到心中有数。

●专业的冷热是变化的

随着社会的发展，一些专业由热变冷，由“短线”变成了“长线”，社会需求量也相对减少，这样的行业就业难度就会增大。有些专业由于社会需求、毕业生数量、世界经济走势等的变化，则由冷变热，就业形势看好。只有正确分析自己所处的求职环境，把握面临的发展形势，积极主动适应社会需要，才能在择业中收到预期效果。

掌握就业信息

●占有信息是抢抓机遇的前提

科学的决策是以可靠的信息为基础的。捕捉就业信息，了解用人单位状况，收集和掌握人才需求信息，在几个用人单位中选择适合自己的岗位，是成功择业的关键(图 1 -9)。我们掌握的就业信息越多，发现有价值的信息就越多。只有占有大量的用人信息，才有可能从中发现机遇，创造更多的就业机会。行动是把握信息的关键，只有积极去寻找，才能发现机遇，才有可能把握机遇。

●掌握信息的途径

收集和掌握信息的途径和方法是多方面的，作为中职生，一定要利用多种渠道收集和掌握信息，尤其要主动与用人单位联系，了解他们的招聘计划或用人意向，充分利用学校提供的就业信息，或者寻求老师和家长的帮助，早做准备，要做到未雨绸缪、有备无患。

图1-9　掌握就业信息

把握机遇 果断抉择

●机遇稍纵即逝

择业机遇是指在求职过程中，出现偶然的有利于择业成功的机会。一个人的成功，虽然主要靠自身的能力，但也离不开机遇。这就像有人说过的"文凭是个宝，年龄少不了，机会最重要"，虽然有些言过其实，但却有一定的道理。能不能抓住择业机遇，关系到能否顺利就业，对走进社会以后的成长成才都将产生重要影响。

●能力是抢抓机遇的基础

机遇是偶然的，但偶然当中有必然，能否抓住机遇实则不是偶然，而在于个人的能力。机遇对每一个人都是公平的，但抓住机遇的能力却是不平等的。只有善于发现机遇、利用机遇，才能及时把握机遇。

项目二　择业的过程

择业准备

择业准备不仅仅表现在毕业前夕，它实际上贯穿于中职生学习生涯的始终。机遇往往偏爱那些执着追求的人。中职生必须在目标、知识、能力、心理等几个方面做好准备，为毕业后的求职打好基础。

●目标准备

【特别叮嘱】

企业欢迎这样的人才：既具有扎实的专业知识，又有胆有识，开拓进取，勤劳肯干，具有拼搏精神，能够在企业的新产品研发、设备改造、降低能耗、提高效益等方面有所建树；不怕基层条件艰苦，有长期奋斗的思想，有较强的应变能力和实际操作能力。

树立明确的职业理想和正确的择业观，准确地认识和评价自我，了解职业政策和就业问题，适时调整就业期望值。在求职路上，总有一些人坐等机会的降临，不敢主动推介自己；还有一些人面对好几个机会，不知如何选择，这都是目标不明确的表现。关键是要全面了解、认识自己，明确自己适合什么工作，尽早确定工作方向。

●知识准备

了解自己有意选择的某一职业对从业人员知识结构的要求，围绕选择的就业目标加强这些知识的积累。利用好在中职学校学习的宝贵时光，努力学习文化知识和专业知识，以及其他必需的基本知识。

●能力准备

中职生应具备一定的社会适应能力、开拓创新能力、合作交流能力和动手操作能力。

在应聘求职中，用人单位对应聘者的能力是十分关注的，我们不能把功夫用在口上，而要体现在具体的行动中。“工欲善其事，必先利其器”“没有金刚钻，别揽瓷器活”都说的是能力的重要性。我们要通过自己的行动赢得考官的认可。丰富的专业知识和扎实的操作技能是通向成功的桥梁。

●**心理准备**

培养良好的心理素质，适应社会需要，保持一种乐观、平静、平衡的心态，对于在求职应聘中正常甚至超常发挥至关重要。胜不骄傲，败不气馁，锲而不舍的精神，是每一个求职者应该具有的心理品格。

图 1－10　递送自荐材料

●**信息准备**

广泛收集就业信息，科学进行信息筛选，是获得理想岗位的重要前提。如果你对某一单位有一定的兴趣，就要尽可能地收集与该单位相关的信息，包括这个单位的规模、部门设置、管理水平、业务范围、发展方向和联系方式等。

●**材料准备**

书面材料包括毕业生登记表、求职自荐信、获奖证书、发表的作品和其他相关材料。充分的材料准备是择业成功的重要基础(图 1－10)。

择业步骤

一般而言，择业有如下 4 个过程：

●**了解职业的特性**

你对某一职业比较感兴趣，并不代表你对那一职业有全面系统的了解。必须在产生职业兴趣的基础上，进一步了解这些职业的特性。可以通过这样的方法去了解它。

◆列出你所希望的几种种职业进行分析

从工作内容、工作方式，工作要求等方面，看看自己对希望从事的那些职业能理解多少。

◆筛选出不甚了解的职业

如果有许多内容自己还不了解或者了解不深，那你就应当回过头来对那一职业进行深入研究。

◆全面了解有关职业

不仅要了解这一职业的表面特征，而且要掌握它的本质特征，多听听从事这一工作的职场人的看法。可通过与人接触、交谈甚至辩论等方式，获得决策的参考。即使在某些相同的工作岗位，它的工作角色分类也不尽相同。比如同样是一个乡的副乡长，有的分管农业，有的分管工业，有的分管旅游业，有的分管文化教育，有的分管住房建设。同样是公务员，有的肩负领导职责，工作中要指挥许多人；有的进行一般办公事务，主要接打电话，接发传真，打印文件等。两者的工作内容、方法、要求都有很大差距。

●理想职业与现实职业的选择

明确了你所希望从事的职业，下一步就看哪些工作岗位真的适合你。那份工作你干勉强不勉强？获得工作的可能性大不大？你的主观愿望与现实是否相吻合，是否有距离，距离有多大？为了分析你所希望的工作岗位的现实可能性，你可以依据下列几个方面评价你所希望从事的职业。

◆能力可能性和价值观可能性

你有能力干这一份工作吗？仅仅靠自己的能力完全能干好吗？自己的能力能充分发挥吗？能让你负起这一份责任和挑战吗？与你的价值观一致或相近吗？你的价值观能够被单位接受吗？

◆目标可能性和匹配可能性

你能实现你所希望的生活方式吗？工作内容是你爱好的吗？能得到希望的报酬吗？与你的教育背景、职业资格、身体条件相称吗？能实现你的长期目标吗？工作条件可以接受吗？理想职业与现实职业是有一定距离的，如果你对某一工作岗位的评价中，有可能的占多数，那证明你的选择有一定的实现基础，应当遵循目标继续努力，反之，就要重新考虑你的职业期望了。

●对相关用人单位进行评估

在对某一职业有了全面了解之后，就可以进行志愿单位的排序了。这一过程中主要考虑的因素有：地理条件、单位性质、单位规模、行业特点、薪金水平、升迁机会、工作环境、福利待遇、进修机会以及工作的稳定性、专业的对口度等。列出 3 个志愿单位后，针对上列内容进行适合度评估，看看这 3 个单位对自己的适合度如何。

●制约条件的权衡与取舍

任何一个单位，都有有利条件和不利因素，令许多人羡慕的单位毕竟不多。在选择时，要权衡利弊得失，看主流、看大方向。对人生、事业影响较大的因素有：单位性质、工作地点、薪金水平、工作时间、工作内容、业余时间分配、专业对口程度、福利待遇以及对这个单位的总体印象(社会形象、内部风气、单位文化)。应聘者应对具体单位进行评估，如果不能妥协的因素占大多数，也许你就应该重新考虑你的志愿单位了。如果不能妥协的因素较少，你就可以放心地去争取你理想中的就业岗位了。

【视野拓展】

中职生七种就业渠道

◆通过人力资源部门主管的劳动力就业市场就业。

◆通过人力资源部门主管的人才市场就业。

◆通过各种社会职介机构就业。

◆通过学校就业机构运用校企联系方式推荐就业或信息服务指导就业。

◆通过亲朋好友等社会关系推荐就业。

◆自主创业。

◆参军或进入农村基层(乡、村)行政事业单位。

从人数和效果上看，中职毕业生就业的主要渠道是通过学校推荐和亲朋好友推荐实现就业。约有 70% 左右的毕业生是通过以上两种渠道就业的。

值得注意的是，广西和湖南都有40%的毕业生到广东等沿海经济发达地区就业，有些学校出省区就业的比例已经高达70%至90%。异地就业已经成为拓宽中职毕业生就业的重要渠道。

项目三　择业应注意的问题

提高自身素质

●**自己最重要**

面临着择业的巨大压力，经过几场招聘会后，许多人往往在熙熙攘攘的应聘人群中迷失了自我。专业、薪酬、前景，一样样都迷惑着他们，到底在求职中什么最重要呢？

同学们应该把“自己”摆在一个优先考虑的位置，个人的意愿，个人的能力，甚至个人适合人群都将决定你是否适合这个工作。

机遇对一个新人来说也非常重要，有了机遇，你个人的才华才可能得到发挥，才可能成就一番事业。

●**谦虚要适度**

太自信了怕给招聘单位领导留下高傲自满的印象，太谦虚了，又怕用人单位觉得你没有底气。应当如何把握这个度，确实要好好思量，做到既谦虚，又不失自信(图1－11)。

图1－11　自信

从应聘人员自身的角度来说，你当然要有足够的自信，否则你根本不用去面试了。但是，从招聘单位的角度来说，你必须让人感到你有足够的谦虚，毕竟谦虚的人才容易与人合作共事。

●**企业用人更重视品德**

企业在招聘人才时，是把德放在首位还是把才放在首位？多数单位招聘人才时，更注重应聘人员的品德。能做到德才兼备固然十分理想，但是这样的人才不是很多。而且现在的中职生大多有一定的能力，所缺乏的只是经验，而经验要靠时间的积累。所以，越来越多的用人单位把应聘人员的德放在了第一位。技术不精，可以通过学习培训提高，没有经验，可以在工作中积累，而一个人的道德品质一般是不好改变的。

早做准备 坚持不懈

●**一进校就做准备**

就业形势的日益严峻是整个社会发展的必然趋势，中职生在入学的第一天起就应当为毕业后的择业做好心理上和能力上的准备。要树立“三百六十行，行行出状元”的观念，不能眼睛只盯着工作轻松、环境好、收入高的热门职业。要有从事平凡工作的思想准备。同学们要从决定上中职的那时起，就要通过多种渠道了解用人单位的需求、人才市场环境，有目的地积累实践经验，考取相应的职业资格证书。这样，才能在择业时左右逢源、得心应手，取得事半功倍的效果。

●要循序渐进

中职毕业生急着找一份好工作，这种心情是可以理解的，但好工作并不一定就是第一份工作。现在有人说的"先就业，后择业"的观点很实用。同学们找到一份工作后要耐得住寂寞，在岗位上脚踏实地、勤勤恳恳，掌握过硬的技术。这样，三四年后，无论在技术上还是在理论上，都会达到一定的水平。那时，你才有资本去向老板提出加薪或提职的要求，也有资本去寻找一份你更为满意的工作。

【活动体验】

职业生涯兴趣测试

如果有机会到以下6个岛屿旅游，不考虑费用等问题，按照喜欢程度你愿意去哪三个？

A岛　美丽浪漫的岛屿

B岛　深思冥想的岛屿

C岛　现代井然的岛屿

D岛　自然原始的岛屿

E岛　温暖友善的岛屿

F岛　显赫富庶的岛屿

结果：6个岛屿代表6种典型的职业生涯兴趣类型。

选择A岛

类型：艺术型。喜欢创造和自我表达、写作、弹唱、绘画和表演。适合职业：作家、诗人、艺术家、音乐家、演员、导演、室内装潢设计师等。

选择B岛

类型：研究型。喜欢处理信息，研究需要分析思考的抽象问题，乐于独立工作。适合职业：科学家、社会学家、工程设计师、程序设计员等。

选择C岛

类型：事务型。善于组织和处理数据，喜欢固定、有序、明确的工作。适合职业：会计师、银行出纳、秘书、计算机操作员等。

选择D岛

类型：实用型。愿意从事事务性工作、户外活动或操作机器，不喜欢在办公室工作。适合职业：制造业、机械业、农业技术、林业技术、特种工程师等。

选择E岛

类型：社会型。愿意帮助别人，乐于与人合作，关心他人的幸福。适合职业：教师、社会工作者、牧师、心里咨询员、服务性行业人员。

选择F岛

类型：企业型。喜欢领导和影响别人，善于说服别人，希望成就一番事业。适合职业：商业管理、律师、政治领袖、市场经理、公关、投资商等。

【单元小结】

模块一　职业及职业发展

●职业是人们在社会中所从事的作为主要生活来源的工作。

●职业具有经济性、技术性、稳定性、社会性、差异性、层次性、产业性、历史性等8个方面的特征。

●《中华人民共和国职业分类大典》将我国职业分为8个大类，66个中类，413个小类，共有1838个细类(职业)。

●职业是随着社会的发展变化而变化的。人类社会已进入知识经济时代，产业结构、行业结构、社会结构以及由此决定的职业结构在不断发生变化，职业越来越向高科技、智能化方面发展，新的职业在不断产生。

●随着职业结构的变化，对人才提出了新要求：具有高尚思想道德素质和职业责任感，勇于担当重任；具有明确的奋斗方向，开拓进取，知难而进，坚忍不拔；具有全局意识和国际竞争意识，敢于面对竞争压力；具有广博的知识储备，扎实的基础理论，深厚的专业技能，广泛的前沿学科知识；具有较强的观察、思考、分析问题的能力，能够洞察事物本质，明确表达自己的观点，积极展示自己的成果；具有较强的创造能力。

模块二　树立正确的择业观

●择业观就是人们对择业的态度和看法，是择业的指南和求职的心理准备。

●常见的择业观：竞争择业观；自主择业观；动态择业观；多元择业观；自主创业观。

●职业声望：由于客观上存在不同职业之间的工作内容、工作强度、工作职权、工作环境、收入状况以及从业人员水平、专业技能等方面的差异，使人们对不同职业有着不同的看法和态度。

●选择职业要求做到：服从社会需要；正确认识自我；主动参与竞争。

模块三　确定职业方向

●职业方向是一个人所适合的职业和他所从事职业的发展目标。

●职业方向对人生有巨大的导向作用。成功在一开始仅仅是一种选择，你选择什么样的目标，就会有什么样的人生。

●确定职业方向的原则：结合实际；主动选择；符合需要；分清主次；着眼长远。

模块四　职业的科学选择

●掌握就业形势要注意两个方面的问题；全面了解就业形势；要认识到职业的冷热是变化的。

●把握机遇，果断抉择：机遇稍纵即逝；占有信息是抢抓机遇的前提；能力是抢抓机遇的基础。

●择业的准备主要有目标准备、知识准备、能力准备、心理准备、信息准备、材料准备6个方面。

●择业步骤主要有4个方面：全面理解职业内涵；理想职业与现实职业的选择；志愿单位的具体化；制约条件的权衡与取舍。

●择业应注意的问题主要有：提高自身素质；早做准备；坚持不懈。

第二单元　职业素质

【目标透视】

知识目标：

了解什么是良好习惯、职业道德、责任意识、团队精神；了解良好习惯的特征；掌握职业道德修养的必要性；理解责任是员工的基本素质；理解团队精神的意义。

能力目标：

懂得如何培养良好习惯；学会提高自己职业道德水平的方法；从改变态度开始提高责任意识；在合作活动中培养和提高自己的合作能力。

情感目标：

通过学生对良好习惯、职业道德、责任意识及团队精神认识与感悟，使他们能明辨是非，端正世界观，用正确的人生观指导自己的行为，为提高自己的职业素质打基础。

模块一　培养良好习惯

【名人名言】

良好的习惯是一辆舒适的四驾马车，坐上它，你就跑得更快。

——马克思

习惯真的是一种顽强而巨大的力量，它可以主宰人的一生，因此，人从幼年起就应该通过教育养成一种良好的习惯。

——培根

留心你的思想，思想可以变成言语；留心你的言语，言语可以变成行动；留心你的行动，行动可以变成习惯；留心你的习惯，习惯可以变成性格；留心你的性格，性格可以决定命运。

——富兰克林

【事实聚焦】

无声的面试

国内一家很有名的外资企业高薪招聘应届大学毕业生，且对学历、外语的要求很高。有几位来自国内名牌大学的学生过五关斩六将得以进入面试关。最后一关是总经理面试。一见面，总经理说："很抱歉，年轻人，我有急事要出去十几分钟，你们等等我。"总经理走后，大学生们闲着没事，就围着总经理的大写字台看，而且他们分别随手拿起桌上的文件、信件、资料、报纸等看了起来。十几分钟后总经理回来了，大声地说：面试到此结束，你们没有被录用。大学生们瞪着眼睛问："没开始面试就结束了？"总经理很认真地说："我不在的这十几分钟就是面试。很遗憾，本公司从来不录用乱翻别人东西的人。"

【案例点评】

案例中的大学生出自于国内名牌大学，学历都很高，外语成绩也很优秀，唯一不合格的是他们的习惯。真正优秀的学生应该是学业、品德、习惯都优秀的"三优"学生。这几位大学生最终没有被录用的根本原因是细节上的不良习惯。

【案例启示】

习惯是我们生活、工作中很自然不过的行为。习惯看似很小，却很重要，每时每刻都在影响着我们的工作和生活，但我们往往又忽视了它的存在和作用。

习惯又是一种最不被人重视的行为，常常被人忽略。然而习惯却又会把你引向成功或失败。良好的习惯是成功的助推器，不好的习惯则是成功路上的绊脚石。

在企业里，很多员工的成功都与他们良好的工作习惯是分不开的。如不管做什么事，都非常严谨就是一种好习惯；对工作负责的态度也是一种好习惯。好习惯往往可以成就人生理想，实现人生价值；而坏习惯却会影响人的前程和幸福。如工作上马马虎虎、丢三落四的不良习惯，短时间内可能不会影响你的职位，但是如果长久下去，便会最终葬送你美好的前程。

良好的习惯不是与生俱来，而是后天慢慢养成的。生活中很多人没有清晰地认识什么是不良习惯；一些人失败了就怨天尤人，不从自身寻找原因，不检讨一下自己在工作、生活方面的不良习惯，更没有主动改掉不良习惯的意识，导致不良习惯成为我们获得成功与幸福的大敌。因此，中职生一定要克服坏习惯，别让它侵蚀我们的明天和未来。

项目一　良好习惯

习惯的涵义

习惯是在长时期生活中逐渐养成的，一时不容易改变的行为、倾向或社会风尚。它是经过长期形成的语言、思维、行为等生活工作方式。这种生活工作方式一旦变成习惯，人们就会不假思索地、自觉地、经常地、反复地去做，就会自觉地成为人的一种需要，习惯也就成了自然(图 2 –1)。

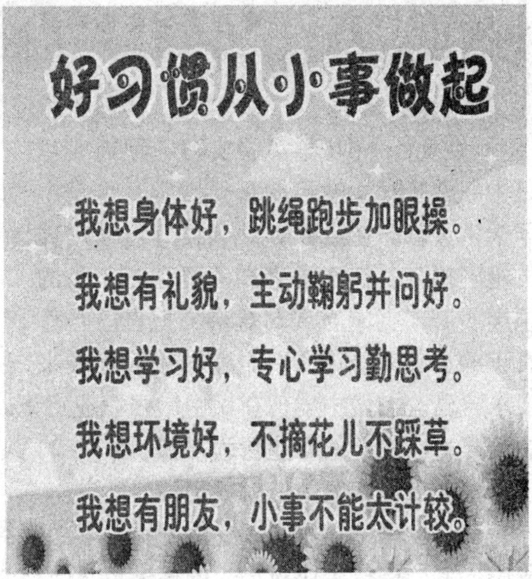

图 2－1　好习惯要从小事培养

良好习惯的特征

人们常常说某人有好习惯或有坏习惯，也就说明习惯是有好坏之分的。那么什么是好习惯呢？凡是对人的学习、工作和生活等起积极作用，适应人的正常需要，并且对人具有正向价值的一类习惯就是好习惯。反之就是坏习惯。

良好习惯有以下特征：

●积极进取、博爱宽容、客观公正、守德律己

良好的情感习惯要求内心情感必须与良好风尚相适应，与时代步伐相适应，与社会的健康发展相适应，符合社会发展的潮流和方向。必须以积极进取的态度对待人生，宽容待人，遵纪守法，养成良好的情感习惯。

●尊重科学、严谨缜密、灵活睿智、敢于创新

每个人在面对问题时，总会带有情感色彩。如果能跳出情感的桎梏，对问题进行理性思考，这本身就是良好的思维习惯。我们应当培养用敏锐犀利的视角去提出问题、用唯物辩证的观点去认识问题、用严谨科学的思维去分析问题、用灵活求实的方法去解决问题的良好的思维习惯。

●文明健康、遵纪守法、操作有序、勤勉简朴

行为习惯是情感习惯和思维习惯的外部表现。我们的行为习惯必须在良好的情感习惯与思维习惯的支配下，使自己的一举一动、一言一行、一颦一笑合乎人与社会、人与自然和谐共处的要求，达到生活方式文明健康，工作作风雷厉风行，语言风格大方得体，办事方法规范有序的良好的行为习惯。

项目二　良好习惯的培养

日常生活中养成

良好的习惯有益于生活、学习和工作。既然习惯是可以改变的，而且具有重要意义，那么我们如何培养良好的习惯呢？

良好的习惯是在平常的行为中提炼出来的，要养成良好的习惯就要注意自己的行为，接受他人的批评和建议，从身边的小事做起，改掉不良的习惯。从课堂、课间、自修、实训等活动中，逐步培养良好的习惯。学会专心听课、独立完成作业，做到自控自理、团结协作、反思自己，养成内省、自律、遵纪守法的好习惯。

工作实践中锻炼

●**在实习实训中养成好习惯**

教学生产实习、教学实验实习、顶岗实习是中职学校学生学习的重要内容，也是中职学生进行职业素养训练和良好习惯培养的绝好机会。特别是生产实习和三年级的顶岗实习，更应当认真对待，把自己当作真正的员工来看待，以企业的用人标准来要求自己，在做中学，在做中增强职业意识，遵守职业规范，提高职业素养，在技能训练中培养自己良好的职业行为习惯(图2－2)。

图2－2　礼仪训练

●**在工作实践中练就好习惯**

在专业理论学习中，要培养努力学习、终身学习的良好学习习惯。在职业活动训练过程中，要严格按企业对员工的标准要求自己。通过生产实践，熟练掌握安全规范操作规程和生产组织管理知识，养成热爱专业、热爱劳动的优良品质，并具备团结协作、吃苦耐劳精神和责任意识。革除不良行为习惯，养成对工作精益求精、按照规定办事的习惯，养成文明礼貌的习惯，增强自身的职业竞争能力。

职业教育的课堂有些设在学校，有些设在工厂、车间、服务场所，还有校企合作、顶岗实习等形式。通过多种形式的教学实践，培养学生的职业情感，达到学做结合、知行统一的目的；在实践中体会合作精神，体验劳动的艰辛，学会做人做事。实践才能出真知。所有的良好习惯，最终又要回到社会实践中去运用、检验、完善和提高，回到社会实践中才能达到学以致用。

【视野拓展】

做人好习惯　礼貌好习惯　劳动好习惯

●**做人好习惯**

◆心态积极；勤俭节约；守时惜时。

◆孝敬老人；善待他人；不给别人添麻烦。

◆持之以恒；充满自信；诚实可信。

●**礼貌好习惯**

◆礼貌待客；使用礼貌用语。

◆进别人的房间要敲门；用双手接递长辈的东西；见到熟人主动打招呼。

◆不乱翻别人的东西；不随便打断别人的话；坐有坐相站有站相；在公共场所要安静。

●**劳动好习惯**

◆自己的事情自己做；家里的事情主动做；别人的事情帮助做。

◆按操作程序劳动；劳动结束后整理现场；劳动中注意自我保护。

◆学会共同劳动；找窍门探索巧干；爱护和珍惜劳动成果。

模块二 恪守职业道德

【名人名言】

道德这事，必须普遍，人人应做，人人能行。

——鲁迅

行业尽管不同，天才的品德并无分别。

——巴尔扎克

在一个人民的国家中还要有一种推动的枢纽，这就是美德。

—— 孟德斯鸠

荣誉存在于勤奋而诚实的工作中。

——克利夫兰

【事实聚焦】

张彬和林立是同一个单位的会计和出纳，多年来同处一室，在工作上互相配合，关系很好。林立的丈夫自己开办了一个经销电脑配件的公司。最近根据电脑市场信息得知，有一种计算机软件销量前景看好，但因个人账面资金不足，无法进货。于是林立的丈夫让林立想办法借些款项。林立想到了单位账户的存款，于是自己填了票面金额为24000元的现金支票一张，在张彬上班离开办公室时，私自将张彬保管的印鉴加盖在现金支票上，从银行提取了现金。一个月后，林立又将24000元现金存入单位账户。不久，张彬在月末对账时，发现了此事。

【案例点评】

林立的行为属于挪用公款、公私不分，违背了会计职业道德规范中对于廉洁自律的要求。同学们应当从林立的这一事件中受到警示和启发：在未来的工作中洁身自好。要在事业上取得成功，不能单纯把自己的工作看成获取报酬的岗位，而要以恭敬严肃的态度对待自己的职业。既然选择了一个职业，就要有一种崇高的职业道德。

【案例启示】

道德是发展先进文化，构成人类文明，特别是精神文明的重要内容。社会离不开道德，人生离不开道德，“百行德为首”。一个人具有良好的道德，可以不断提高自己的价值取向；一个社会有良好的公德，就可以有和谐的社会环境，可以让政治稳定，国家安定强盛。

项目一　认识道德

道德和道德的特点

●**道德**

道德是调节个人与自我、他人、社会和自然界之间关系的行为规范的总和。

道德是人们在实际生活中根据需求而逐步形成的一种具有普遍约束力的行为规范，它具有良好的群众基础，往往流传较为广泛。

●**道德的特点**

道德是靠社会舆论、传统习惯、教育和内心信念发挥作用的，而不是靠法律等强制手段维持的。道德渗透于各种社会关系中，不同历史时期、不同阶级都有对道德不同的评价方式与准则。

◆阶级性

在阶级社会里，道德是各个阶级的社会经济地位和利益的反映，因此它具有阶级性，各个阶级都有自己的道德准则。例如无产阶级道德就是为了维护无产阶级的利益而逐渐约定俗成的一些行为规范，比如团结互助、大公无私的共产主义思想等。

◆时代性

在不同的时代，人们的道德观念不同。古代人的道德观念和现代人的道德观念会有所不同，一代人和一代人之间的道德观念也会有所不同。一方面是因为社会生产的发展会促使人们的道德观念发生变化；另一方面是外来文化的冲击，使原有的道德文化和人们的道德观念发生变化。

◆广泛性

道德对于整个社会的所有人全都适用，道德面前人人平等。例如做官有“官德”，从教有“师德”，行医有“医德”，居家有“家庭美德”等，可以这样说，凡是存在人与人之间关系的地方，就有道德在其中发挥作用。

◆靠社会舆论和内心信念来维系

道德是人们评价一个人的尺度。一个人若违背社会道德，比如不仁不义、不忠不孝，那么人们就会给他负面的评价，使他没有好的名声，从而对他形成一种来自周边人群的社会压力，以约束他的行为。另一方面，对很多人来说，道德靠个人良心自觉遵守，无需周边人群的社会压力制约。人们对一个人的道德评判，主要来自于这个人所表现出来的言行(图2－3)。

图2－3　全国道德模范张云霞

道德的社会作用

●**促进社会发展**

道德对于社会发展的促进作用，主要是通过对经济关系的重大作用来实现的。新的道德以自己特有的方式表明，维护旧的经济关系是恶的、非正义的，支持新的经济关系取代旧的经济关系才是善的、正义的。它通过内心信念和社会舆论来唤起人们为建立和发展新的经济关系而斗争。

●**稳定社会秩序**

道德是从道义上论证产生它的经济基础的合理性和正义性，使社会形成一个共同的思想观念、基本的行为准则和道德评价标准，成为大多数社会成员行为自律的准绳，从而在社会成员同心同德的基础上，实现社会局面的安定团结和社会秩序的稳定。

●**协调人际关系**

道德作为调节人们行为的一种社会规范，它通过教育、示范、激励、指导、沟通和社会舆论评价，为人们提供“应当”和“不应当”的模式与标准，以此来规范、约束、协调个人与社会、个人与他人的关系和交往中的行为，调节人们的行为目标，使人们化解矛盾，相互理解、增进团结。

●**完善自我人格**

道德为人们人格的发展提供了真、善、美的标准，使人们的人格发展有了努力的方向和内心的信念，对消除人格的内在冲突有重要意义。它可以使人们在选择道德行为之后，在人格上感到更多的满足和愉快，避免因不当选择而产生的不安和愧疚。

道德的分类

道德分为社会公德、职业道德、家庭美德、个人品德4类，这里主要谈一下社会公德、家庭美德和个人品德，职业道德和个人品德将在后面介绍。

●**社会公德**

社会公德是全体公民在社会交往和公共生活中必须共同遵守的准则，主要内容包括：

◆文明礼貌

文明礼貌是中华民族的优良传统，任何人都是社会的人，都不能脱离他人的帮助而存在，也不能脱离他人的关心而生活。人与人之间需要相互依存、相互关心、相互帮助。文明礼貌是人类为维系正常生活共同遵守的基本道德规范，是提高人们道德素质的迫切需要，是建立新型人际关系的迫切需要，是树立国人良好国际形象的迫切需要。

◆爱护公物

对社会共同劳动成果的珍惜和爱护，是每个公民应该承担的社会责任和义务，它既显示出个人的道德修养水平，也是整个社会文明水平的重要标志。随着社会现代化程度的日益提高，社会需要公用设施得到妥善保护并保持良好的状态，它是使公共生活有序进行的基本保证，同时也有利于每个人的工作和生活。

◆遵纪守法

遵纪守法是社会公德最基本的要求，是维护公共生活秩序的重要条件。在社会生活中，每个社会成员既要遵守国家颁布的有关法律、法规，也要遵守公共场所和单位的纪律规定。

◆保护环境

保护环境是我国的基本国策，也是社会公德的基本内容之一。它涉及到每个人的切身利益(图2-4)。保护环境不仅仅是指讲究公共卫生、美化个人生活环境等，还包括减少环境污染，维护生态平衡，合理开发利用自然资源、能源等广泛内容。

图2-4　人类只有一个地球

●**家庭美德**

家庭美德是调节家庭成员间以及与家庭生活密切相关的人际关系的行为规范，主要包括尊老爱幼、男女平等、夫妻和睦、勤俭持家、邻里团结等内容，它是社会主义道德体系建设的基础。社会主义家庭美德最基本的要求是夫妻平等。家庭的安宁、美满、幸福，是靠每一个家庭成员个人品德构建和维系的。

●**个人品德**

所谓个人品德，就是人们平常所说的道德品质。它是一定社会的道德原则、规范在个人身上的体现和凝结，是在处理个人与他人、个人与社会关系的一系列行为中表现出来的比较稳定的特征和倾向。个人品德的存在，构成了其它道德的基础。没有个人品德的存在，也就没有其它道德的存在。

◆为什么要加强个人的品德修养

我国从古至今都十分重视个人品德的修养，并把它提到治国安邦、立身处世的高度。《大学》中曾指出："古之欲明德于天下者，先治其国；欲治其国者，先齐其家；欲齐其家者，先修其身。"首先，只有加强个人品德修养，才会有良好的社会公德。个人品德的高低，决定了社会公德彰显的高度。要提高社会公德，就必须先提高社会成员的个人品德。其次，个人品德是职业道德的基础。再次，只有加强个人品德修养，才会有良好的家庭美德。莎士比亚说过："生命短促，只有美德能将它传到辽远的后世。"

【特别叮嘱】

每一名职员都代表其所属行业和单位的形象，其个人品德的好坏，直接影响社会对其职业道德的评价。一些工作人员不讲职业道德的行为，多是由于他们缺少个人品德修养造成的。他们平时轻视个人品德的提高，不注重自我形象的塑造，因而就不可能受到职业道德的约束，往往对自己、他人、事业、社会造成损害。同学们应当做到慎独自律、积善成德、知行统一。

◆如何加强个人的品德修养

个人品德由道德认识、道德情感、道德意志和道德行为等因素构成。中职生必须做到：

■认识社会、了解国情，增强社会责任感。

■要在学校、家庭、社会各个领域中，在日常学习、生活的各个环节上，注意从点滴做起，形成良好的道德习惯和道德品质。

■要从自身的道德行为中体味道德，内化道德，从自身所学的知识中实现道德修养。

做到学思并重、省察克制。

【视野拓展】

草原曼巴——王万青

"只身打马赴草原，他一路向西，千里万里，不再回头，风雪行医路，情系汉藏缘。四十载流年似水，磨不去他对理想的忠诚。春风今又绿草原，曼巴的故事还会有更年轻的版本。"这是中央电视台著名节目主持人白岩松在2010年感动中国十大人物颁奖晚会上对王万青的高度评价。

王万青，男，汉族，66岁，上海人，中共党员，甘肃省甘南藏族自治州玛曲县人民医院外科主任医师。2003年退休。

王万青1968年从上海第一医学院毕业后，自愿到条件极为艰苦的甘南州玛曲县工作，在贫穷落后的玛曲草原一呆就是42年，其间，他放弃了多次回上海的机会，凭着对玛曲人民、对藏族同胞的深厚感情，艰难地通过了生活关、语言关，毅然选择长期留守在高原。40多年来，他视藏乡为故乡，视牧民为亲人，克服重重困难，全心全意为牧民群众解除病痛，得到了广泛的尊敬和爱戴，书写了一段藏汉水乳交融的民族团结佳话。

王万青在阿万仓卫生院的20余年时间里，每年接诊病人3500余人次，20年累计接诊7万余人次，累计手术上万例，在当时医疗设备不足、乡卫生院基础设施极其简陋的条件下，他以精湛的医术，以一名医生高度的责任心成功救治了无数个生命垂危的患者。在任阿万仓乡卫生院院长的10年中，他建立了全乡3000余人的门诊病历，使全乡90%的牧民有了健康档案，为开展牧民发病情况分析和提高救治质量奠定了良好基础。调到玛曲县人民医院后，他开展的许多手术填补了玛曲高原外科手术的空白。

王万青高度重视高原疾病预防控制工作，为此，他和藏族妻子凯嫪一起起早贪黑，逐一给当地牧民实施预防接种。他曾背着X光机、心电图机，骑马去冬窝子(冬季定居点)为牧民进行健康体检。1981年他一人独立完成了全乡布病普查任务，因阿万仓乡黄河上没有桥也无渡船，为了开展计划免疫，他曾经抓着马尾巴冒险来往黄河两岸。1985年阿万仓乡"四苗"接种率达到85%，成为当时玛曲县甚至甘南州计划免疫工作的先进典型。

现在他的家人子女全都生活、工作在这片土地上，可以说他把一生都奉献给了这片草原，奉献给了玛曲的卫生事业和这里的人民。如今虽然退休了，但他仍然坚持经常指导县医院的外科手术，并经常在家里给上门的藏族群众治病送药，群众亲切地称他为"草原曼巴(好医生)"。从80年代开始到今天，他的这种扎根玛曲高原，情系医疗卫生事业的无私奉献精神，在玛曲草原上被传为佳话。

项目二 职业道德是职业成功的必要保证

所谓职业道德，就是同人们的职业活动紧密联系的符合职业特点所要求的道德准则、道德情操与道德品质的总和，它既是对从业人员在职业活动中行为的要求，同时又是职业对社会所负的道德责任与义务。

在社会主义社会，良好的职业道德，不仅协调着社会生活中人与人的关系，而且有利于促进社会的和谐与稳定。随着现代社会分工的发展和专业化程度的增强，市场竞争日趋激烈，整个社会对从业人员职业观念、职业态度、职业技能、职业纪律和职业作风的要求越来越高。同学们要正确认识职业道德，培养职业情感，创造美好的职业生涯。

职业道德的特点

职业道德是整个社会道德的主要内容。它一方面涉及到每个从业者如何对待职业，同时也是一个从业人员的生活态度、价值观念的表现，是一个人的道德意识、道德行为发展成熟的重要标志。另一方面，职业道德也是一个职业集体，甚至一个行业全体人员的行为表现。因此，它与我们理解的一般意义上的道德有密切联系，同时又具有自身的特点。

●**职业性**

随着社会的不断进步，科学技术突飞猛进地发展，社会分工也向着多样化方向发展，职业领域越来越广，职业分类越来越细。可以说，有多少种分工就有多少种职业。每种职业都担负着一种特定的职业责任和职业义务，不同的职业有不同的职业道德要求，带有各自的个性特征，它往往只约束从事该职业的人员以及他在职业活动中所发生的行为。

●**时代性**

由于事物随时代的变化而变化，时代不同，社会道德的内涵也不同。随着经济的发展和科技的进步，一些新的行业诞生，新的行业职业道德规范也会应运而生。不同的历史发展阶段，不同的经济发展时期，都有与之相适应的不同的职业道德标准。

●**实用性**

由于职业道德是根据本职业的业务内容、活动条件、交往范围以及从业人员的承受能力而制定的道德规范和行为准则，因而它是对人们在职业活动中的行为用条例、章程、守则、制度、公约等简明的形式做出的规定，具有很强的针对性和可操作性，同时具有具体、灵活、多样、鲜明的特点，以便于从业人员理解记忆，遵守执行。

图 2-5　教师

●**历史继承性**。

由于职业具有不断发展和世代延续的特征，不仅其技术世代延续，其管理员工的方法，与服务对象打交道的方法，也有一定的历史继承性。如“有教无类”“学而不厌，诲人不倦”，从古至今始终是教师的职业道德(图 2-5)。

职业道德的作用

职业道德是社会道德体系的重要组成部分，它一方面具有社会道德的一般作用，另一方面又具有自身的特殊作用，具体表现在：

●**调节从业人员内部及与服务对象的关系**

职业道德的基本职能是调节职能。它一方面可以调节从业人员内部的关系，即运用职业道德规范约束单位内部人员的行为，促进单位内部人员的团结与合作。另一方面，职业道德又可以调节从业人员和服务对象之间的关系。如职业道德规定了制造产品的工人要怎样对用户负责，营销人员怎样对顾客负责，医生怎样对病人负责等。

●维护和提高本行业的信誉

一个行业、一个企业的信誉度是自身发展的生命线，提高信誉度主要靠产品质量和服务质量，而从业人员较高的职业道德水平是产品质量和服务质量的有效保证。若从业人员职业道德水平不高，就很难生产出优质产品和提供优质服务。

●促进本行业的发展

行业、企业的发展有赖于经济效益的提高，而提高经济效益源于高素质的员工。员工素质主要包含知识、能力、责任心三个方面，其中责任心是最重要的。而具有较高职业道德水平的从业人员，他的责任心必然较强。因此，职业道德能促进本行业的发展。

●提高全社会的道德水平

职业道德是整个社会道德的主要内容。职业道德一方面涉及到每个从业者如何对待自己所从事的职业，同时也是一个从业人员的生活态度、价值观念的表现，是一个人的道德意识、道德行为发展成熟的标志，具有较强的稳定性和连续性。另一方面，职业道德也是一个职业集体，甚至一个行业全体人员的行为表现。

职业道德的要求

●爱岗敬业

什么是爱岗敬业？简单地说，爱岗就是热爱自己的工作岗位，热爱自己从事的职业；敬业就是以严肃、认真、负责的态度对待自己的工作，一丝不苟，兢兢业业，专心致志。

爱岗敬业是社会主义职业道德的根本体现，是对各行业工作人员最基本的要求，是其他职业道德规范的前提和基础，是为人民服务精神的具体化。

◆乐业

乐业就是从内心热爱并热心于自己所从事的职业和岗位，我国古代思想家孔子曾说过："知之者不如好之者，好之者不如乐之者。"只有做到"干一行，爱一行"，才能从自己的职业中领悟出趣味，生活才有价值。乐业体现在职业情感和职业行为两个方面。

【特别叮嘱】

俄国作家高尔基曾说过："当工作是一种乐趣时，生活是一种享受！工作是一种义务时，生活则是一种苦役。"因此当我们从事一项工作时，应对它抱有浓厚的兴趣，倾注满腔的热情，把工作看作是一种生活的乐趣。我们在经过艰苦奋斗取得成就时，就会感到无比快乐，就能真正领略到工作的意义和人生的价值。

人们对职业的内心情感必然体现在具体的职业行为中。当一个人热爱自己所从事的职业时，他将在职业行为中通过工作态度和工作作风把乐业思想表现出来，就会在平时的日常工作中做到爱岗敬业。

◆勤业

勤业是指忠于职守，对工作认真负责，刻苦勤奋。

忠于职守，指的是工作责任心，就是忠实地履行岗位职责，执行岗位规范，在任何时候、任何情况下都能坚守岗位。

认真负责是指工作态度，要求人们在工作时要精力集中，兢兢业业，一丝不苟，心无旁骛。冯梦龙说过："认真是成功的秘诀，粗心是失败的伴侣。"今天的中职生就是明天的建设者，从事的将是各项技术性较强的工作，要求每个人要有很强的协作精神。

◆精业

精业，就是熟练掌握职业技能，精通本职工作，并精益求精，力求完美，不断进步和创新。

乐业、勤业、精业三者是相辅相承的。乐业是爱岗敬业的前提，是一种职业情感，勤业是爱岗敬业的保证，是一种优秀的工作态度，精业是爱岗敬业的条件，是一种执着的完美的追求。

●诚实守信

诚实就是真心诚意，实事求是，不虚假，不欺诈，不讲假话。守信就是信守诺言，讲信誉、重信用(图2－6)。

图2－6　诚信

诚实守信是人们在职业活动中处理人与人关系的道德准则，是市场经济体制下人际交往和经济活动中必须遵守的一项基本道德规范。

◆实事求是，以诚相待

在人与人的交往中，要做到言而有信。在职业活动中，要求每个从业人员要做到言行一致，信守诺言，对存在的问题不隐瞒，不缩小。对自己的产品质量、服务质量不吹嘘，不夸大，忠于事物本来的面目。这才符合诚实守信的要求。每个人对自己的所作所为要对得起自己的良心，按道德规范要求自己，诚诚恳恳做人，踏踏实实做事。

◆重质量、重服务、重信誉

在市场经济中，产品的质量和服务直接关系到企业的信誉。各行各业要在今天的市场经济条件下确立强烈的质量理念，做到“以质量求生存，以信誉求发展”。

◆合法经营

合法经营指的是从业人员在经营中必须以诚信为本，遵守有关规章制度、法律法规。

诚实守信是一种力量的象征，它显示着一个人的高度自重和内心的安全感与尊严感；同时又是社会文明程度的体现，是一个企业高度的责任感的体现，是创建和谐社会的重要因素之一。因此，只有在全社会发扬诚实守信的职业道德，才能把我们的社会建成和谐社会，实现全面、持续、协调地发展。

●办事公道

所谓办事公道是指从业人员在处理问题时，要站在公正的立场上，按照同一标准和同一原则的职业道德规范办事。

公正是几千年来为人所称道的职业道德。人是有尊严的，人们都希望自己与别人一样受到同等的对待，企盼在法律面前人人平等，自古就有“王子犯法与庶民同罪”的说法。因此人们一直歌颂那些秉公办事、不徇私情的清官明主。宋朝的包拯能家喻户晓，老少皆知，就是由于他能秉公执法。

◆追求正义，努力学习

办事是否公道关系到一个以什么为衡量标准的问题。要做到办事公道，必须加强学习，不断提高认识能力，能明确是非标准，分辨善恶美丑，并有敏锐的洞察力，这样才能做到公道办事。

◆坚持原则，不徇私情

只停留在知道是非善恶的标准是不够的，还必须在处理事情时坚持标准，坚持原则。为了个人私情不坚持原则，是做不到办事公道的。

◆反腐倡廉，不谋私利

从古至今有多少人拜倒在金钱的脚下。拿了人家的钱就要替人家办事，那是办事不公的表现。因此，只有不谋私利，才能光明正大、廉洁无私，才能主持正义和公道。

◆无私无畏，不惧权贵

要办事公道，就必然会有压力，会碰上各种干扰，特别会碰上那些不讲原则，不奉公守法的有权有势者的干扰。只有不怕权贵的威逼利诱，才能做到办事公道。

●**服务群众**

服务群众就是全心全意为人民服务，一切以人民的利益为出发点。它是为人民服务在职业活动中的最集中体现。

◆文明服务，礼貌待人

一是要求举止文明，主要指仪容仪表方面，仪容要美观，举止要端庄。在职业交往中，这一点十分重要，它给人良好的第一印象，也是一个人道德水平的外在体现。二是语言要文明。语言是心灵的窗户，是人们交流的工具之一。

◆尊重群众，服务群众

对群众要热情周到、语气随和、谈吐文雅、态度和蔼可亲。对群众的事不厌其烦，想群众所想，急群众所急，帮群众所需，让他们有“不是亲人胜似亲人”的感觉。

◆加强学习，提高技能

这是服务群众的基本条件。服务水平的高低，直接关系到服务的质量，关系到人民群众的切身利益。因此每位从业者都要加强学习，不断提高专业知识，强化服务技能。

●**奉献社会**

奉献社会就是积极、自觉地为社会做贡献。也就是说把自己的知识、才能、智慧，毫无保留地、不计报酬地贡献给人民，贡献给社会。

◆奉献社会是职业道德的最高境界

在我们所讲的职业道德规范当中，奉献社会是最高的道德境界，也是做人的最高境界，它是一个人人生观、社会价值观的重要体现。

◆要认真做好本职工作

一个人只有认真做好本职工作，才能为社会贡献力量，为社会创造财富。

◆要正确处理好“义”和“利”的关系

要坚持个人利益与国家、人民利益相统一，坚持物质追求与精神追求相统一，把追求利益的目的和手段统一为奉献社会的行动。把追求个人利益的行动转化为有利于国家和人民的行动。

图 2－7　奉献

◆要有高度的社会责任感

奉献社会是一种崇高的道德情操。奉献社会并非都要做出轰轰烈烈的大事，事无大小，只要有益于国家、人民、社会，就是伟大的奉献(图 2－7)。只有每个人都能够给社会奉献自己的力量，才能使我们生活的社会更加温暖，更加和谐。

【视野拓展】

特别的面试

国外某大公司总经理认为诚实正直是良好人际关系、社会交往的保障，因而在公开招聘副经理时独出奇招。他见到每一位应聘者，都马上从座位上跳起来，喜出望外地对应聘者说："上个月我在高速公路上出了车祸，幸好您救了我，待我清醒时，您已经走了。今天，我一定要好好谢谢您。"在众多的应聘者当中，唯有一个叫汤姆的人回答说："很抱歉，您可能弄错了。"总经理很不高兴地说："难道我连恩人都记不清吗?"汤姆仍然正色答道："很抱谦，那确实不是我。"汤姆想这次肯定落选了，没想到第二天公司居然通知他去上班。事后总经理告诉他，根本就没车祸那回事。在应聘者当中，几乎所有应聘者为得到"副经理"这个职位而说了谎话，唯有汤姆坚持了做人诚实守信的美德，他的诚信也得到了肯定和回报。

项目三　职业道德的养成

职业道德养成作用

●什么是职业道德养成

职业道德行为就是指从业者在一定的职业道德、情感、意志、信念支配下所采取的自觉活动。

职业道德行为习惯养成就是按照职业道德规范要求进行有意识的训练和培养。

职业道德行为习惯的养成，要求从业者自觉地把职业道德规范真正落实到自己的职业活动中，增强职业意识，遵守职业规范，重视职业技能的训练和职业素质的修养，做到言行一致，知行统一，形成良好的职业道德品质。

●职业道德养成的作用

进行职业道德养成，是为了培养从业者在职业活动中良好的职业行为习惯，从而全面提高从业者的道德素质，为未来的职业生涯奠定良好的道德基础。

◆有利于劳动者素质的全面提高

职业道德素质是培育"四有"公民的重要组成部分，而职业道德行为是对职业道德的实践，是提高职业道德素质的基础。21 世纪的今天，是一个充满竞争的时代，职业岗位的竞争可以说是激烈的、残酷的，各行各业对人才素质提出了很高的要求，要想成为一个合格的劳动者，在激烈的市场竞争中拥有自己的理想职

图 2－8　精湛的职业技能

业，就必须加强自身素质的全面提高(图 2－8)。

◆有利于做好本职工作

职业道德是在社会主义市场经济条件下从业者必须具备的最基本素质，是完成本职工作的基本保障。一个从业者职业道德修养的好坏，职业行为的优劣将直接决定他的工作效率和工作质量。

◆有利于促进各行业的发展

事业的发展总与人的职业道德行为紧密相关，一个行业或部门的职业道德状况，将直接影响到本行业、本部门的社会信誉和经济效益，关系到事业的成败。而行业的道德状况是通过从业人员的职业行为和职业道德修养来体现的。

◆有利于从业者自身的发展

职业活动在人的一生中占有重要的地位，职业道德素质也是一个人品质的重要体现，而良好的职业道德素质是在人的日常行为和职业活动中逐渐形成的。职业道德行为养成是实现自身发展的重要途径，良好的职业道德将为同学们的发展产生十分重要的作用，使之获得更多的发展机遇。

职业道德养成方法

●在日常生活中养成职业道德

职业道德行为和人的其他日常行为习惯一样，都是在平时一点一滴的良好习惯基础上自觉形成的。我们常说习惯成自然，就是指只要我们平时有意识地坚持在日常生活中培养自己的良好行为习惯，久而久之，这种习惯就会成为一种自觉行为。

◆从身边小事做起，养成良好习惯

古人说过：“一屋不扫，何以扫天下！”一个人若想做大事，就必须从小事做起。任何工作都不是一蹴而就的，而必须从一点一滴开始。俗话说，一滴水可以折射太阳的光辉，良好的习惯可以让人终生受用。

◆遵守社会公德，培养高尚品德

我们一方面要在社会活动中遵守道德规范，另一方面要在日常的公共活动中遵守和维护公共利益、公共秩序、公共安全、公共卫生。让自己成为有利于社会和人民的人。

●在专业训练中培养职业道德

职业道德行为的养成离不开知识和技能的提高，一个从业者只有具备了深厚的专业知识，精湛的职业技能，他所拥有的职业道德知识、感情、意志和信念才有用武之地，他才能在职业岗位上做出自己的贡献。

◆增强职业意识，遵守职业规范

职业意识是人们对求职择业和职业劳动的各种认识的总和。它是职业活动在人们头脑中的反映。

职业规范是指某一职业或岗位的准则，包括操作规程和道德规范。

从业人员在专业学习中获得了专业理论和专业知识，在专业实习中将专业理论和实践结合，通过学习和训练，让从业人员了解职业规范要求，培养职业意识，帮助他们养成良好的职业习惯。同学们要在今天的学习实践中增强职业意识，养成遵守职业规范的习惯，为未来更好地从事工作奠定基础。

◆重视专业技能学习，提高职业道德素养

这里所讲的技能，也就是职业技能，是一个从业者最基本的职业素养。任何职业都有专门的职业技能，它是一个从业者是否能胜任工作的基本条件，也是工作业绩突出与否的关键所在，同时是一个人在自己的工作岗位上实现人生价值的基本条件。

在中职生的学习中，技能的训练是重中之重。每位同学都应该重视技能学习，强化技能训练，让自己成为一个理论强、技能精的专业人才。只有凭借自己领先的职业技能，才能在激烈的市场竞争中找到理想的职业，实现人生理想。

●在社会实践中践行职业道德

丰富的社会实践是指导人们发展、成才的基础，是实现知行统一的主要场所。职业道德行为的养成离不开社会实践，坚持知行统一，积极参加社会实践，在实践中锻炼提高自己，是加强职业道德行为养成的重要途径。

体验就是通过实践来认识周围事物。在社会实践中体验职业道德行为的方法主要有：

◆通过社会实践培养职业情感

职业情感是从业者在职业活动中产生和确立的内心情绪体验，它是一个人在工作中应具备的最起码的情感。

社会实践是培养职业情感的有效途径之一。为了让同学们将来有适应自己工作岗位的能力，中等职业学校的学生就应充分利用在学校的时间参加岗位教学、实习等社会实践活动。在活动中有意识地体验，进而了解自我、了解职业、熟悉职业、体验职业、了解社会，明确社会对人才的道德素质要求，明确社会对从业者职业道德的要求，自觉培养对职业的热爱感、正义感、义务感、良心感、荣誉感和幸福感等情感。

◆学做结合，知行统一

“知”就是指在职业实践中经过总结经验教训而获取的正确认识。“行”是指社会实践和职业活动，即人们改造客观世界的一切活动。

在社会实践中，我们要把学和做结合起来，把学到的职业道德知识和职业道德规范运用到职业实践中，落实到具体的职业道德行为中，以正确的人生观和职业道德观指导自己的实践，理论紧密联系实际，做到言行一致，知行统一。只有这样才能把所学的职业道德的基本知识转化为高尚的职业道德行为。

●在自我修养中提升职业道德

自我修养是指个人在日常的学习、生活和各种实践中，按照职业道德的基本原则的规范，在职业道德品质方面的“自我锻炼”、“自我改造”和“自我提高”。

自我修养关键在于“自我努力”，是形成职业道德品质的内因，其目的在于通过自我对职业活动的认识和实践，培养高尚的职业道德品质，把职业道德的基本原则与规范，自觉转化为个人内心的坚定信念，逐步形成良好的职业行为习惯，使自己成为具有高尚职业道德的人。

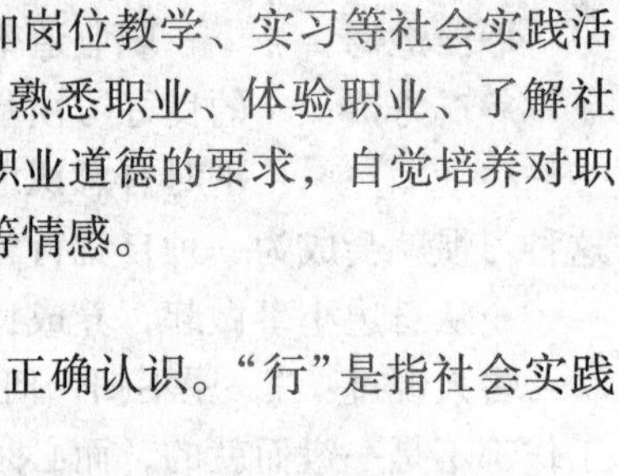

图2－9　职业道德教育

●在职业活动中强化职业道德

职业活动是检验一个人职业道德品质高低的试金石。拿破仑曾说过“播下一个行动，你将收获一种习惯；播下一种习惯，你将收获一种性格；播下一种性格，你将收获一种命运”。事实表明，习惯左右了成败，习惯改变了人的一生。因此，良好职业道德行为习惯的养成对一个人的职业生涯至关重要(图2－9)。

当今社会对人才的要求越来越高，职业竞争也日趋激烈，同学们在校要养成良好的行为习惯，以社会主义荣辱观为准绳，提高自身职业道德素质修养，在实践中培养良好的职业道德行为，形成高尚的职业道德，实现自己的职业理想。

模块三　培养责任意识和团队精神

【名人名言】

有无责任心，将决定一个人生活、家庭、工作、学习的成败。

——托尔斯泰

责任感与机遇成正比。

——威尔逊

人可以不伟大，但不可以没有责任感。

——比尔·盖茨

团队合作是一家企业成功的保证，也是个人成功的前提。

——比尔·盖茨

不管一个人多么有才能，但是集体常常比他更聪明和更有力。

——奥斯特洛夫斯基

【事实聚焦】

困难时刻露真容

公司要裁员了，杰莉和露茜都不幸上了解雇名单。杰莉看到解雇名单后很气愤，一下子失态了，对谁都没有好脸色，仿佛自己被人陷害了似的，闹得大家都怕碰到她。杰莉还把气发泄在工作上，“反正我在这儿只有一个月了，干好干坏一个样”，结果她做的工作相当糟糕。然而露茜却有所不同，当露茜看到自己的名字上了解雇名单后，虽然她心里也很难过，但她的态度和杰莉却截然不同。露茜的想法是，在岗一天就应该负责任一天，给公司、老板和同事留下一些美好的回忆，即使我走了，也会有人夸奖我、想念我。

一个月很快到了，杰莉如期离职，露茜却被老板留了下来，老板说：“像露茜这样对工作认真负责的员工，正是我们需要的，我们怎么舍得她离开呢？”

【案例点评】

案例中，杰莉走了，露茜留下了。是强烈的工作责任意识给了露茜机会。工作的责任意识让露茜在困难时能坚持，在绝望时不放弃。露茜的例子告诉我们，无论遇到什么情况，都要认真对待，勇敢地担负起你应尽的责任。只有这样，你才会获得尊重和敬意，你的行为才会得到认可。

【案例启示】

现代企业在用人时非常强调个人的知识和技能。事实上，责任心与能力并存的人才是企业真正需要的人。在企业看来，有责任心的人一定会认真地工作；有责任心的人一定会听从安排，乐于协作；有责任心的人做每件事都会坚持到底，说到做到，不会中途放弃；有责任心的人无论是有人监督还是无人监督都能主动承担责任而不推卸责任。这样的人才是企业真正需要的，也只有这样的人才会被企业欣赏和重用。

勇于承担责任，是个人道德品质高尚的体现，是立身处世的基本条件。作为新世纪中职生，学会学习、学会做事、学会做人是现阶段的主要职责。中职学校的学生即将进入社会，如果思想认识不足，对待工作必然会马马虎虎，做什么事情总是抱着无所谓的态度，敷衍了事，或者蔑视自身承担的责任，这就意味着他放弃了自己在社会中更好生存和发展的机会。

项目一　责任意识的培养

责任的涵义

●**责任是人基于社会角色而产生的义务**

在社会生活中，每个人都在扮演着不同的角色，每一种角色又都承担着不同的责任。为人父母，有养儿育女的责任；为人子女，有孝敬父母的责任；作为教师，有教书育人的责任；作为学生，有尊师好学的责任；作为医生，有救死扶伤的责任；作为企业员工，有保证产品质量的责任……生活中责任无处不在，它存在于人们扮演的每一个角色之中。人们正是因为担负着对工作、家庭、亲人、朋友的责任，人们才会对自己的行为有所约束(图 2－10)。

图 2－10　中职学生在体验生活责任

●**责任是一个人必须担负的职责**

责任是一个人应该承受的义务和必须担负的职责。责任还是一种担当的精神，一种自律的品格，一种认真的态度，一种道德的承载；责任也是一种内心的忠诚，一种纯粹的坚守，一种对人生、理想完美的追求，一种无可推脱的义务，是做好社会赋予你的任何有意义的事情的保证。

●**责任是一种使命**

本质上说，责任是一种天赋的使命，它伴随着每一个生命的始终。责任是职责所系、义务所需。事实上，只有那些能够勇于承担责任的人，才有可能被赋予更多的使命，才有资格获得更大的荣誉。我们要清醒地意识到自己的责任，任何时候，我们都不能放弃肩上的责任，扛着它，就是扛着自己生命的信念，就会做一个对自己、对社会问心无愧的人。一个缺乏责任感的人，首先失去的是社会对他的基本认可，其次失去了别人对他的信任与尊重，甚至也失去了自身的立身之本——信誉和尊严。

责任是人的基本素质

●工作职责就是一种责任

中职学生即将进入社会，从事职业活动。但是，要进入职场，是有条件的，不光要有技能，还要有基本的职业道德素质。其中，责任是职业道德素质中最基本的素质，是职业素质的核心。

作为中职生，无论今后从事何种职业，在什么岗位，做什么工作，每一个职位所规定的工作职责就是一份责任。对工作负责其实也就是对自己负责。如果没有责任这个最基本、最起码的素质，就不具备在职场打拼的资本。

【特别叮嘱】

调查表明，用人单位最看重的是员工的责任感。某公司人力资源部主管何小姐在谈到这个问题时说："一个人只有充满责任感，才会自觉地努力工作，为他本身也为单位而工作。那些没有责任感的求职者，我们是不考虑的。"

◆一份工作就是一份责任

责任素质体现了员工对自己使命的忠诚，对自己工作职责的坚守。勇于负责是一个员工的基本素养。当你面对工作难题而苦恼时，请记住这是你的工作，你必须承担它的责任，你要有为它负责到底的准备。

在这个世界上，没有不需要承担责任的工作。一份工作就是一份责任，无可推卸，不能逃避。如果你放弃了责任，也就等于放弃了工作的权利。

我们应当时刻记住，面对你的职业、你的工作岗位，责任是做好工作的前提。工作呼唤着责任，工作意味着责任。有责任的员工才能赢得信任，才能担当起企业赋予他的责任。

◆职业人必须有责任感

每一个人都有义务、有责任履行自己的岗位职责，这种履行必须是发自内心的责任感，而不是为了获得奖赏或者别的什么。责任感是一个人、一个组织、一个国家乃至整个人类文明发展的基石。

●责任的具体体现

◆责任体现在对工作的态度上

工作责任感是一个人对待工作的自觉态度。在工作中，一个人责任感的强弱决定了他工作成绩的好坏。责任心强的员工，不仅会保质保量完成分内的工作，而且会时时刻刻为企业着想。众所周知，企业是由众多员工组成的，大家都有共同的目标和相同的利益，企业里的每一个人都负载着企业生死存亡、兴衰成败的责任。作为企业员工，无论职位高低，都必须有强烈的责任感。缺乏责任感的人，不会视企业的利益为自己的利益，也就不会因为自己的所作所为影响到企业的利益而感到不安，他们遇事就会推卸责任，当然这样的人在企业看来是不可靠的、是决不能委以重任的。员工一旦损害了企业的利益，影响了企业的发展，企业组织会毫不犹豫地将其解聘。

世上没有做不好的工作，只有不负责任的人。才智、学识、机缘等固然是一个人成功的必要因素，但责任感是一个人取得成功必不可少的条件。一个人的责任感是战胜工作中诸多困难的精神动力，它能使人有勇气排除万难，甚至可以把"不可能"变成"可能"，把工作做得相当出色。责任是一个人品格和能力的承载，是一个人走向成功必不可少的素养。在工作中只要坚守自己的责任，再平凡的岗位和再普通的工作，也一样能赢得人的尊重，获得巨大成功。

◆责任体现在对工作高质量的要求上

责任关系到事业的成败，关系到社会的生存和发展。如果没有了责任，这世上的任何东西也就会失去保障。

社会生活中，因缺乏责任心而造成的责任事故比比皆是：员工在生产操作过程中违反操作规程，导致产品质量不符合要求；员工对待顾客或客户没有全心全意的服务意识，导致顾客或客户因不满意而投诉；员工下班不关电灯、空调等电器，导致浪费和存在安全隐患；还有违反规章制度，在仓库或车间吸烟，导致发生火灾……不少事故、灾祸、悲剧的发生，并非天灾，而是人祸。而这些人祸往往是因为员工缺乏责任意识而引发的。可见，责任重于泰山，责任关系着企业的信誉、效益、竞争、发展，甚至生存。

中职生要想成就事业，就要学会从责任的角度入手，对自己所从事的事业保持一个清醒的认识，从做好本职工作开始，努力培养自己勇于负责的精神。勇敢承担责任是任何人从平凡走向优秀的第一步。只要我们有高度的责任感，刻苦学习，努力工作，尽职尽责，勇于创新，我们就一定能创造卓越的未来。

【视野拓展】

负责任的人常有的特点

◆做人的准则是履行诺言。说到做到，从不言食。

◆以自身工作的高质量为自豪。不会为速度而牺牲质量。

◆做事主动积极，不需要监督就能完成分配的工作。

◆严格遵守道德规范。

◆愿意承担责任，并从中获得动力。

项目二　团队精神的培养

21 世纪是团队合作的世纪，新的时代是一个团队至上的时代。一些重大创造性活动将依赖于跨国、跨地区、跨学科的人才群体的合作。合作已经成为整个社会协调发展的一种必然选择。现代企业很看重员工的合作意识，团队合作精神是企业兴旺发达、立于不败之地的法宝。

团队精神的涵义和核心

●**团队精神的涵义**

团队精神是指团队成员为了团队的整体利益与目标而相互协作、齐心协力的意愿与作风。

●**团队精神的核心**

团队精神的核心是协同合作。协同合作在于强调团队合力，注重整体优势，远离个人英雄主义。

●团队精神的最高境界

团队精神的最高境界是凝聚力。凝聚力是全体成员的向心力，是从松散的个人集合走向团队最重要的标志。

团队精神的意义和作用

●团队精神的意义

◆个人离不开团队

每个人的才能和力量都是有限的，惟有合作，才能省时省力、高效地完成一项复杂的工作。没有别人的协助与支持，任何人都难以实现个人的全部目标。每个人只有依靠团队的力量，才能将个人的能力完美地呈现。

◆团队精神是企业发展的灵魂

对于今天的企业而言，其经营与发展是一系列团队合作行为的结果。世界著名管理大师德鲁克说："企业成功靠的是团队而不是个人。"这句话说到了现代企业管理的关键。因为在一个企业里，几乎没有一件工作是一个人能独立完成的，大多数人只是在高度分工中担任一部分工作。企业是依靠部门及部门中全体职员的互相合作，齐心协力，为一个共同的目标全力以赴，最后取得成功的。由此可见，团队精神对企业发展具有举足轻重的作用，企业的发展壮大，依赖于员工有效的团队合作。因此，为提高企业的核心竞争力，现代企业都在不断营造和优化企业外部的合作环境和内部的团队合作精神。

◆加强中职生团队精神的培养是时代发展的要求

中共中央、国务院《关于深化教育改革，全面推进素质教育的决定》中明确指出："实施素质教育，必须把德育、智育、体育、美育等有机地统一在教育活动的各个环节中。"并提出要"增强青少年适应社会生活的能力"、"重视培养学生团结协作的能力"、"培养学生的合作精神"。未来社会的竞争，是人才的竞争，更是团队的竞争，社会需要的人才是具有良好团队精神和合作意识的人才。仔细研究世界500强企业的面试考核方法，我们发现：企业不仅看重一个人的能力，更看重个人的品质及团队合作能力！那种"只顾自己、不顾集体"的员工，是不受企业和同事欢迎的。

●团队精神的作用

◆目标功能

团队的目标能够把团队成员的个人目标和集体目标结合在一起。大家齐心协力，为实现团队的总目标而努力奋斗。这种目标的引导起到了良好的导向功能。

图 2－11 团队意识

◆凝聚功能

为了实现团队目标，团队中的每个人相互依存、相互协作，并在团结协作的过程中形成了统一的社会伦理和道德标准。继而形成了共同的使命感、归属感和认同感，反过来又逐渐强化了团队精神，这种力量就是团队精神的凝聚功能(图 2 – 11)。

◆激励功能

由于团队中的所有个体，在实现团队目标时的努力都被放置到了一起，于是产生了比较效应，并且在比较的过程中产生了工作标准，每个人都会向这种标准看齐，落后的被鞭策，先进的被鼓励，于是团队精神就有了激励功能。

◆控制功能

团队中个体行为需要约束，群体行为也需要协调。团队精神会形成一种观念的力量或氛围，影响和约束职工的个体行为规范。这种约束不是自上而下的硬性强制力量，而是由硬性控制转向软性内化控制；由控制职工的行为，转向控制职工的意识；由控制职工的短期行为，转向对其价值观和长期目标的控制。因此，团队精神会自觉地调整职工个体的行为，使其多一些协作，少一些自私。这种道德的和行为的约束就是团队精神的控制功能。

团队精神的培养

●团队精神的体现

合作是团队精神的具体表现。随着现代科学技术的飞速发展，各门学科互相渗透，互相交叉，科学技术的每一次进步都牵涉到许多方面。没有任何一个人能够拥有全部资源并能独立地完成所有的事情，所以个人的力量总是有限的，靠单打独斗是行不通的，就算你才华横溢，如果不依靠团队的力量，仅靠自己是很难创造出令人满意的业绩的。微软中国研发中心的总经理张湘辉说："如果一个人是天才，但其团队意识比较差，这样的人我们也不要。中国 IT 业有很多年轻聪明的人才，但团队意识不够，每个简单的程序都能编得很好，但编大型程序就不行了。美国微软开发 Windows XP 时有 500 名工程师奋斗了 2 年，有 5000 万行编码。软件开发需要协调不同类型、不同性格的人员共同奋斗，缺乏领军型的人才、缺乏团队合作意识是难以成功的。"因此，中职学生要想成为一个优秀的员工必须树立合作意识，提高合作能力。

●团队精神的养成

团队成员合作不等于简单的相互帮助，而是通过共同的努力，产生积极协同的作用，最终目的是为了使团队的工作业绩超过成员个人的业绩的总和，使团队的绩效水平远远高于个体成员绩效的总和(图 2 – 12)。为此，要求团队每一位成员必须懂得如何合作；懂得怎么样充分整合能够利用的一切资源；懂得如何与他人交流；懂得怎样和他人协作共事；懂得彼此宽容、相互尊重；懂得彼此信任、遵守承诺；懂得同舟共济，利益和成就共享，责任和义务共担。

图 2 – 12　共同研发新产品

◆谦虚

谦虚是为了完善自我。谦虚可以使人摆正心态，用客观的目光去看待团队中的任何一位成员，看到别人身上的闪光点，从而正视自己的短处。哪怕是别人的一点点好的地方，都值得去挖掘和学习。谦虚会促使你在团队中不断进步，学习别人的优点，改掉自身的缺点。这是培养团队合作能力的第一步。

◆尊重

尊重是团队成员在交往时的一种平等的态度。尊重是指尊重他人的个性和人格，尊重他人的兴趣和爱好，尊重他人的感觉和需求，尊重他人的意见和观点，尊重他人的权利和义务，尊重他人的技术和能力，尊重他人的成就和发展，尊重他人对团队的全部贡献。尊重是团队合作的基础。

◆宽容

宽容是团队合作中最好的润滑剂。宽容能使人将心比心，站在别人的立场上，衡量别人的意见、建议和感受，反思自己的态度和方法。宽容能消除分歧和矛盾，使团队成员能够互敬互重、彼此包容、和谐相处，体会到合作的快乐。宽容是尽快融入团队之中的捷径。

◆信任

信任是合作的基石。没有信任，就没有合作。团队是一个相互协作的群体，它需要团队成员之间建立相互信任的关系。高效团队的一个重要特征就是团队成员之间相互信任。也就是说，团队成员彼此相信各自的品格、个性、特点和工作能力。信任是一种激励，信任更是一种力量。这种信任可以在团队内部创造高度互信的互动能量，这种信任将使团队成员乐于付出，相信团队的目标并为之付出自己的责任与激情。

◆沟通

在团队之中，沟通是合作的必备能力。现代社会是开放的社会，当你有了好想法、好建议时，要尽快让别人了解、让上级采纳，为团队做贡献。否则，不论你有多么新奇的观点和重要的想法，如果不能让更多的人去理解和分享，这种观点和想法就会毫无意义。作为个体，要想在团队中获得成功，沟通是最基本的要求。团队成员间的沟通能力是保持团队发展壮大和旺盛生命力的必要条件。沟通不仅是培养团队精神的需要，而且是人们获得快乐人生的重要方面。

◆负责

负责是指对自己负责、对团队负责、对团队成员负责，并将这种负责精神落实到每一个工作的细节中。任何有关于团队荣誉、团队利益的事情，都与每一个团队成员都息息相关。

◆团队利益至上

团队目标是一个团队所有成员个体目标的综合，但其意义又远远大于个人目标的总和。一个人与整个团队相比，是渺小的，个人目标的实现必须以团队目标的实现为前提。只有团队成功，才能谈得上个人成功；相反，团队的失败会使所有人的努力付诸东流。团队成员要有整体意识、全局观念。团队的利益，永远至高无上。太过计较个人得失的人，永远都不能真正融入到团队中去！

【特别叮嘱】

成员关系决定团队的整体效能

发挥优势，取长补短：$1+1>2$

相安无事，彬彬有礼：$1+1=2$

貌合神离，问题成堆：$0<1+1<2$

双方斗气，躺倒不干：$1+1=0$

矛盾激化，互相拆台：$1+1<0$

【视野拓展】

团队合作精神是现代企业的灵魂

一家咨询公司招聘3名管理人员，9名优秀应聘者从上百人中脱颖而出，最后一轮的复试由老总亲自把关。老总他把这9个人随机分成甲、乙、丙三组。指定甲组的3个人去调查婴儿用品市场，乙组的3个人去调查妇女用品市场，丙组的3个人去调查老年人用品市场。临行前，老总又交代他们向秘书领取相关行业的资料，以避免盲目展开调查。

两天后，9个人都把自己的市场分析报告递到了老总那里。老总看完后，决定录用丙组的3个人。看着大家疑惑的表情，老总说出了理由："请大家找出我叫秘书给你们的资料，互相看看。"原来，每个人得到的资料都不一样，甲组的3个人得到的分别是本市婴儿用品市场过去、现在和将来的分析，其他两组的也类似。而只有丙组的人互相借用了对方的资料，补齐了自己的分析报告。甲、乙两组的人却各自行事，互不联系，自己做自己的，所以形成的市场分析报告自然不够全面。老总最后说："其实我的目的是考察一下大家的团队合作意识，看看大家是否善于在工作中合作。要知道，团队合作精神在现代企业中比什么都重要!"

【活动体验】

"共渡安全船"活动

【活动目标】

培养团队精神，提高团队成员间的合作能力。

【活动准备】

1. 分小组：6－8人一组。
2. 准备几张报纸作为道具。

【活动步骤】

1. 把一张报纸铺在地上，假设这张报纸就是一条小船，报纸外就是大海。
2. 各组人员要一起站在这条"小船"上。

【注意事项】

活动规则：要求每一组的全部队员共同站在一张报纸上，各人身体的任何部位不得触地，成功后再撕去一半报纸站，接着再撕去一半……直至失败，最后以最小的报纸站进最多的人的一组为胜。

【活动评价】

活动结束后各组讨论成功的原因和失败的教训，并总结活动的意义和感受。

【活动建议】

1. 进行活动时各组可以挑选一人负责指挥、协调。
2. 活动进行过程中要群策群力，找到获胜的办法。
3. 要想取得最终的胜利，团队中的每个成员必须有勇于奉献的精神。
4. 自我体验成功的心情与感受。

【单元小结】

模块一　培养良好习惯

●习惯是在长期的生产生活中逐渐养成的、一时不容易改变的行为、倾向或社会风尚。

●良好习惯有以下特征：

情感习惯：积极进取、博爱宽容、客观公正、守德律己。

思维习惯：尊重科学、严谨缜密、灵活睿智、敢于创新。

行为习惯：文明健康、遵纪守法、操作有序、勤勉简朴。

●良好习惯的培养：在日常生活中培养；从专业训练中养成；在职业活动中强化；从自我修养中提高；在社会实践中检验。

模块二　恪守职业道德

●道德是调节个人与自我、他人、社会和自然界之间关系的行为规范的总和。

●道德的特点：阶级性；时代性；广泛性；靠社会舆论和内心信念来维系。

●道德的作用：促进社会发展；稳定社会秩序；完善自我人格。

●道德分为社会公德、职业道德、家庭美德、个人品德4类。

●个人品德，是一定社会的道德原则、规范在个人身上的体现和凝结，是在处理个人与他人、个人与社会关系的一系列行为中表现出来的比较稳定的特征和倾向。

●职业道德的特点：职业性；时代性；实用性；历史继承性。

●职业道德的作用：调节从业人员内部及与服务对象之间的关系；维护和提高本行业的信誉；促进本行业的发展；提高全社会的道德水平。

●职业道德的内容：爱岗敬业；诚实守信；办事公道；奉献社会。

●职业道德行为是指从业者在一定的职业道德、情感、意志、信念支配下所采取的自觉活动。

●职业道德行为养成的作用：有利于劳动者素质的全面提高；有利于从业者做好本职工作；有利于促进各行业的发展；有利于从业者自身的发展。

●职业道德行为习惯养成方法：在日常生活中培养；在专业训练中养成；在社会实践中体验；在自我修养中提高；在职业活动中强化。

模块三　责任意识和团队精神

●责任就是一个人应该承受的义务和必须担负的职责。

●责任的具体体现：责任体现在对工作的态度上；责任是一种至高无上的职业精神。

●团队精神指团队成员为了团队的整体利益与目标相互协作、齐心协力的意愿与作风。

●团队精神的核心是协同合作。协同合作在于强调团队合力，注重整体优势。

●团队精神的最高境界是凝聚力。凝聚力是全体成员的向心力。

●团队精神的作用：导向功能；凝聚功能；激励功能；控制功能。

●团队精神的养成：要求团队每一位成员必须懂得如何合作；懂得怎么样充分整合能够利用的一切资源；懂得如何与他人交流；懂得怎样和他人合作共事；懂得彼此宽容、相互尊重；懂得彼此信任、遵守承诺；懂得同舟共济，利益和成就共享，责任和义务共担。

第三单元　认识自我

【目标透视】

知识目标：

了解职业兴趣、职业性格、职业能力的涵义和类型；明确职业方向、职业兴趣、职业性格、职业能力的重要意义。

能力目标：

学会从职业兴趣、职业性格、职业能力 3 个方面认识自我，提高分析问题和解决问题的能力。

情感目标：

增强学生对自己和社会的责任感，树立正确职业观，为就业做积极的准备。

模块一　分析职业兴趣

【名人名言】

人的思维是了不起的，只要专注某一事业，那就一定会做出使自己都感到吃惊的成绩来。

——马克·吐温

真正的幸福就是能在工作中自动培养自己的兴趣和爱好而愉快地工作。

——松下幸之助

不论从事哪种职业，走向成功的第一步，就是必须对这个职业感兴趣。

——欧斯拉爵士

工作和娱乐是用来形容一件事在不同情况下的两种状态。

——马克·吐温

我不把我的事业寄托在任何别人身上。

——约翰恩特威斯尔

【事实聚焦】

因为喜欢，才会投入，才会愿意付出

郭晶晶是跳水“梦之队”的领军人物，曾多次获得世界冠军。然而，辉煌的背后是她一步步走过的荆棘之路。作为一名运动员，长年承受着伤痛的困扰。是什么让她征战赛场多年却依然保持着良好的业绩？她成功的背后又有什么样的经历？她的身上存在着什么样的特质？

郭晶晶5岁练跳水，15岁首次参加奥运会一无所获，1998年参加世锦赛，仅获女子3米跳板亚军，在之后的几年赛事中，她始终与世界冠军宝座失之交臂。巨大的压力和残酷的现实，并没有让郭晶晶意志消沉，并没有使她打退堂鼓。相反，基于对跳水运动的喜爱，她以坚韧的毅力和不服输的信心，长期坚持艰苦的训练。2004年，她终于从雅典奥运会拿回2枚金牌。当时可以光荣引退的她，却选择向2008年北京奥运冠军冲刺，最终获得了2枚沉甸甸的金牌，为自己的运动生涯画上了完美的句号。

是什么动力在一路支撑着她？郭晶晶说：“因为喜欢，才会投入，才会愿意付出。”为在北京奥运会上展现那完美的一跳，她无怨无悔。

【案例点评】

郭晶晶成功的背后是职业与兴趣的最佳结合。郭晶晶对跳水的热爱是支持着她战胜种种艰辛，勇往直前的精神支柱，以至于她最终缔造了完美，被誉为“跳水皇后”。用她的话说，“正因为喜欢，才会投入、才会愿意付出。”

由此可见，兴趣对职业发展的影响是职业是否能走向成功的重要决定因素之一。因为对职业的兴趣，在工作过程中，很容易投入，并享受过程，即使遇到不如意或挫败时也能坚持下去，并快速调整心态。

【案例启示】

现实生活中，人们更倾向于喜欢做能发挥自己独特天赋的事。因为做自己擅长的事会让我们获得十足的成就感。美国曾对两千多名科学家进行调查，发现很少有人是由于谋生目的而忘我工作的，他们成功是出于对某一领域问题的强烈兴趣而孜孜以求，不计名利报酬，他们的成功与他们的兴趣相联系。

职业兴趣是职业获得成功的一个重要的推动力。有职业咨询专家提出了这样的观点：个人兴趣和所从事的职业相吻合是最为理想的状态。中职生在校学习期间有意识地分析自己的职业兴趣，将有利于在职业生涯中获得更大成功。

项目一　兴趣与求职

职业兴趣的涵义和作用

●职业兴趣的涵义

◆兴趣

兴趣是一个人发自内心的想要积极探究某种事物的心理倾向。

◆职业兴趣

职业兴趣就是指一个人积极地认识、接触和掌握某种职业的心理倾向。

职业兴趣与日常兴趣爱好有很多共同点，但是也有区别，职业兴趣一旦产生，就同时具备了一份职业责任，职业兴趣是职业活动成功的动力和重要条件之一。发现并了解自己的职业兴趣，进而培养自己的职业兴趣，这将会直接影响到以后自己对工作投入的多少，能否破茧成蝶，取得向往已久的成功。

●职业兴趣的作用

现代职业心理学家研究表明：兴趣能够影响人们的职业定向和职业选择。一个人在选择职业的过程中，兴趣占主导地位，兴趣有时甚至比能力更重要。择业时，在条件允许的情况下，要认真考虑自己对某种工作是否感兴趣。

图3－1　快乐工作

◆在工作中获得乐趣

一个人之所以对他所从事的某种工作产生积极态度，是因为他对这种职业产生了浓厚的兴趣和热爱。在兴趣的引导下，即便是旁人认为枯燥的工作，他也会全身心地投入，忘我工作，并从中得到无比的乐趣(图3－1)。

◆促进智力开发和潜能挖掘

在职业活动中，职业兴趣能发挥个体的主动性和创造性，开发个体的潜力，使个体在职业活动中取得新的发现、新的成果，促进个人的进步和企业的发展。有关专家曾做过研究：当一个人从事自己比较感兴趣的职业时，便能发挥出全部才能的80%～90%，而且长时间保持高效率而不感到疲劳；而那些从事自己不感兴趣的工作的人，通常只能发挥全部才能的20%～30%。

◆提高工作效率

兴趣可以通过工作动机促使能力的发挥，兴趣和能力的合理结合会大大提高工作效率。职业兴趣是引起和维持注意力的内在因素。兴趣可以调动人的全部精力，以敏锐的观察力、高度的注意力、深刻的思维力和丰富的想象力投入工作，促进能力的发挥。兴趣可以加强一个人在职业生涯中的适应性，影响他工作的满意度和稳定性，在某些情况下，如不考虑经济因素和条件，甚至具有决定性作用。

职业兴趣的类型

各个职业的工作性质、社会责任、工作内容、工作方式、服务对象和服务手段都是有所不同的。因而，这些职业对从业者的兴趣有不同的要求。

在现实社会中，职业种类繁多，我们要通过多种渠道来认识和了解所学专业对应的相关职业群对从业者兴趣的具体要求。

根据职业兴趣的分类，如果你对其中的某一方面缺乏兴趣，那就应努力培养和发展这方面的兴趣，以适应职业的要求，否则，还是选择适合你兴趣的职业为好。

【特别叮嘱】

据有关资料：人的疲倦感往往不是由工作本身造成的，而是由于对于工作的乏味或焦虑所引起的，它消磨了人对工作的热情与干劲，甚至能让人产生挫折感。如果一个人能给自己的工作注入热情，培养起对工作的兴趣，那么他就会在工作中得到无穷的快乐。能在工作中得到快乐的人，往往会最大限度地发挥出自己的潜能和热情，自然能将工作干得更加出色。

【视野拓展】

职业对从业者兴趣的要求：

兴趣要求	适合的职业
①愿意使用工具从事操作性工作；②动手能力强，做事手脚灵活，动作协调；③不善言词，不善交际。	工程师、技术员、矿工、木工、电工、鞋匠、司机、测绘员、描图员、农民、牧民、渔民、机械操作工人、维修工人、安装工人等。
①喜欢从事为他人服务和教育他人的工作；②喜欢参与解决人们共同关心的社会问题，渴望发挥自己的社会作用；③比较看重社会义务和社会道德。	教师、保育员、行政人员、医护人员、服务人员、福利人员、管理人员和衣食住行服务行业的经理等。
①喜欢按计划办事，习惯接受他人的指挥和领导，自己不谋求领导职务；②不喜欢冒险和竞争；③工作踏实，忠诚可靠，遵守纪律。	会计、出纳、统计人员、打字员、办公室人员、秘书、文书、图书管理员、旅游和外贸职员、保管员、邮递员、审计人员、人事职员等。
①精力充沛、自信、善交际，具有领导才能；②喜欢竞争，敢冒风险；③喜爱权力、地位和物质财富。	企业家、政府官员、商人、行业部门和单位的领导者、管理者等。
①喜欢以各种艺术形式的创作来表现自己的才能，实现自身价值；②具有特殊艺术才能和个性；③乐于创造新颖的、与众不同的艺术成果，渴望表现自己的个性。	作家、演员、教师、评论员、节目主持人、编辑、记者、美术家、书法家、摄影家、设计师等。

我选择，我喜欢

有报道，一些前卫的学生选择了与众不同的就业渠道——自己创业做老板。

毕业于职业学校营销专业的小芳被学校推荐到一家外企公司实习。小芳不凡的表现赢得了公司对她的青睐。正当公司准备与小芳签约时，小芳却选择离开公司，决定自己开一家装饰品店。她的决定让老师、同学都大吃一惊，问其原因，回答很简单："喜欢，装饰品和营销都是我的爱好。"有人认为当这样一个小店的老板根本就不用读职业学校，但是，小芳的看法是"上学是为了学习解决问题的方法，培养个人的品味和修养，这些都是我工作需要的，职业我要选择我喜欢的。"

项目二　职业兴趣的培养

职业兴趣需要培养

职业兴趣不是与生俱来的，而是在后天的学习和生活中逐渐培养形成的。世界上有许多伟大的人物，并非一开始就对自己所从事的职业有浓厚的兴趣，而是在工作过程中通过对职业的了解，逐渐喜欢了这一职业，在喜欢的基础上形成了对职业的热爱，在热爱中又提升了对职业的情感，并使自己全身心地投入到其中(图 3－2)。

图 3－2　全身心工作

作为中职生，我们应该注意培养对自己即将从事职业的兴趣，做好走上工作岗位的准备。在培养职业兴趣的过程中，我们要注意以下的问题。

●在成功中培养兴趣

在工作的过程中我们可以通过努力，获得大小不同的收获和成功，而这些成功无疑会增强我们从事本职工作的信心，还可以使我们发现自己的一些长处。

●培养坚忍不拔的毅力

在培养职业兴趣的过程中，难免会遇到"不称心"的时候；有些人在经过一段时间努力后，发现自己的工作能力没有进展，便以为自己"不是这块料"，于是就丧失了信心，特别是在工作中遇到失败和挫折时更是这样。要知道，职业兴趣的培养也和其他目标一样，需要付出艰辛的努力，只要你坚持下去，不轻易认输，随着时间的推移，职业兴趣就一定会培养起来。

兴趣要与现实相结合

●考虑社会和自身的现实条件

如果在培养职业兴趣时不考虑现实，结果只能使自身的发展受限。其中主要包括社会、心理、生理这 3 方面的因素：

◆社会因素

包括就业机会、社会职业价值观、父母的职业态度等。

◆心理因素

包括个人的兴趣、性格、能力等。

◆生理因素

包括个人的体质、感官功能等。

由此可知，虽然职业兴趣对个体的职业选择有十分重要的作用，但这只是一个方面，它不可能决定职业选择的全部内容。所以在培养职业兴趣时不能单一、孤立地看问题，应当结合社会、心理、生理等多种因素综合考虑，这样才能培养出符合职业要求的职业兴趣，从而确保事业的成功。

●转换符合兴趣的岗位

有的毕业生找工作时，可能开始会选择一个专业不对口的工作，目的是先有一份收入。这是一个人短期抉择和长期抉择的问题。对于刚毕业的中职生来说，前三年是自己逐步认识社会和认识职业的过程。工作有助于自己增长见识，开阔视野。在这个阶段，关键是培养自己把每一件事情做好的能力。急于想经济独立的学生，可暂时将长远目标放一放，先完成自己的短期目标；那些不急于经济独立的学生，则要优先考虑自己的长远目标，给自己设定一个高起点。

【视野拓展】

职业兴趣的阶段

职业兴趣的发展一般要经历有趣、乐趣、志趣三个阶段。

◆有趣，是兴趣发展的低级水平，它往往短暂易逝，非常不稳定。处于这一阶段的兴趣常常与人们对于某一事物的新奇感相联系，随着新奇感的消失，兴趣也会自然消失。

◆乐趣，乐趣又称为爱好。它是在有趣的基础上定向发展形成的，是兴趣发展的中级水平。在这一阶段或水平上，人们的兴趣会向专一的、深入的方向发展。

◆志趣。当人的乐趣与人的社会责任感、理想、奋斗目标结合起来时，便由乐趣转为志趣。它是兴趣发展的高级水平。志趣具有社会性、自觉性和方向性的特点：它可以伴随你的整个职业生涯。

模块二　了解职业性格

【名人名言】

一个人的性格决定他的机遇。如果你喜欢保持你的性格，那么，你就无权拒绝你的机遇。

——罗曼·罗兰

人物的性格不仅表现在做什么，而且表现在他怎么做。

——恩格斯

一个人无论做出多少件事来，我们都可以在里面认出同样的性格。

——爱默生

【事实聚焦】

李丽的职业道路

李丽是一个非常活泼、外向的女生。刚毕业的时候，迫于就业形势，她没有认真考虑自己的性格特点，便匆匆选择了一家杂志社担任编辑工作。半年下来，日复一日的重复工作让她感到十分厌倦，渐渐地，她失去了工作的热情和动力。之后，她做了专业的性格和职业能力倾向性测试，职业顾问给她的建议是从事与市场策划相关的工作。正好有个机会她去了一家合资的广告公司从事客户工作，她发现这项工作特别适合自己，她以很大的热情投入到工作中，业绩一跃成为公司客户代表之榜首。5年后，她又成功跳槽到一家跨国4A广告公司担任中国区经理。

【案例点评】

上述案例中的主人公李丽意识到她的性格和第一份职业之间的不匹配，主动改变职业发展的方向，转向适合她活泼、外向性格的职业，通过努力，取得了很大的成功。

【案例启示】

性格特点对于不同的职业存在着“匹配”与“不匹配”的情况，某种性格能让一个人在一种职业环境中获得成功，但在另一种职业环境中却可能大受挫折。

图3-3　专家型技术工人

每个职业都需要相应的职业性格，如从事财务工作的人细致谨慎，从事销售工作的人热情主动，从事技术工作的人理性逻辑。当一个人的性格与职业相匹配时，他的工作会更加得心应手，能取得好的工作绩效，因为他们具备了完成该项工作的性格(图3-3)。

现代企业在招聘员工时也越来越注意到应聘人员的性格特质是否符合职业岗位的要求，如何找到能力强，性格又符合企业价值观的员工，是每个现代企业关心的问题。中职生认识自己的性格，培养符合职业要求的性格，对今后在职业中取得好的业绩具有重要意义。

项目一　职业性格

职业性格的涵义

●性格

性格是一个人在对待客观事物与社会行为方式中所表现出来的一种相对稳定的个性心理特征。

●职业性格

职业性格是指人们在长期特定的职业生活中所形成的与职业相联系的、比较稳定的个性心理特征。例如，有的人在对待工作时总是一丝不苟，积极进取；在待人处事中总是表现出通情达理、果断、负责；在对待自己的态度上总是表现为谦虚、自信、严于律己等，所有这些特征的总和就是他的职业性格。好的职业性格有助于一个人在相关的职业中更好地完成工作任务，获得良好的工作业绩。

职业性格的类型

不同的职业需要不同的职业性格，各种职业的社会责任、工作性质、工作内容、工作方式、服务对象和服务方法不同，决定了它对从业者性格的不同要求（图3－4）。

图3－4　汽车维修工人

不管是哪一种职业类型都有不同的职业要求，只有真正达到职业类型的要求，从事相关的职业，成功的机会才会变大。以下是几种主要的职业类型及职业对从业者性格的要求。

性格类型	职业对性格的要求	典型职业
变化型	能够在新的或意外的工作情境中感到愉快，喜欢工作内容经常有些变化，在有压力的情况下工作得很出色，追求并且能够适应多样化的工作环境，善于将注意力从一件事转移到另一件事情上去。	记者、推销员、演员等
重复型	适合并喜欢连续不断地从事同一种工作，喜欢按照一个固定的模式或别人安排好的计划工作，爱好重复的、有规则的、有标准的职业。	纺织工、机械工、印刷工、电影放映员等
服从型	喜欢配合别人或按照别人的指示去办事，愿意让别人对自己的工作负责，不愿意自己担负责任，不愿意自己独立做出决策。	办公室职员、秘书、翻译等
独立型	喜欢计划自己的活动并指导别人的活动，会从独立的、负有责任的工作中获得快感，喜欢对将要发生的事情做出决定。	管理人员、律师、警察、侦查人员等

协作型	对与人协同工作感到愉快，善于引导别人按客观规律办事，希望自己能得到同事的喜欢。	社会工作者、咨询人员等
劝服型	乐于设法使别人同意自己的观点。并能够通过交谈或书面文字达到自己的目的。对别人的反应具有较强的判断能力，并善于影响他人的态度、观点和判断。	教师、行政人员、宣传员、作家
机智型	在紧张、危险的情况下能很好地执行任务。在意外情况下，能够自我控制、镇定自若、工作出色。在出差错时不会惊慌、应变能力强。	驾驶员、飞行员、消防员、救生员等
表现型	喜欢表现自己，通过自己的工作和情感来表达自己的思想。	演员、诗人、音乐家、画家等
严谨型	注重细节的精确，愿意在工作过程的各个环节中，按照一套规则、步骤将工作过程做得尽善尽美。工作严谨、努力、自觉、认真、保质保量，喜欢看到自己出色完成工作后的效果。	会计、出纳、统计员、打字员、图书管理员等

以上所列的只是几种最常见的、单纯的职业类型。事实上，很多职业不可能简单地归类于某一种职业类型，而往往是属于复合性的职业。但是，复合型的职业也是由一些单纯的职业类型组合而来的。与那些单纯的职业类型相比，它们显得更为复杂，需要更高的知识和技能以及职业性格。

项目二　职业性格的培养

树立正确的职业观

职业观是人们对职业的基本看法。只有对职业有了正确的认识，才能热爱自己的本职工作，也才能主动调适自己不适应职业要求的性格特征。正确的职业观对职业性格的形成具有决定性作用。工作态度好、努力程度高、积极开拓、敢于创新的人，就能获得提升，获得比较好的职位，可以获得新的职业发展空间。

对于中职生而言，在树立正确的职业观，发扬和巩固那些与职业要求相符的职业性格时，也要自觉调试、完善那些与职业要求不一致的职业性格，最终使自己的职业性格与职业要求达到有机的统一。

脚踏实地完善性格

●学习榜样，陶冶性情

榜样的力量是无穷的，榜样像一面镜子，照出了我们的差距和不足，成为我们调试职业性格的无形的力量（图 3－5）。在性格的培养方面可以借鉴以下两类榜样：一类是选择与性格相符的职业的成功者，要了解他们具有哪些与职业要求相符的性格特点。另一类是原来性格与现在从事职业不相符的成功者，要了解他们调适和完善自己性格的动力所在，以及调适的方法和措施。

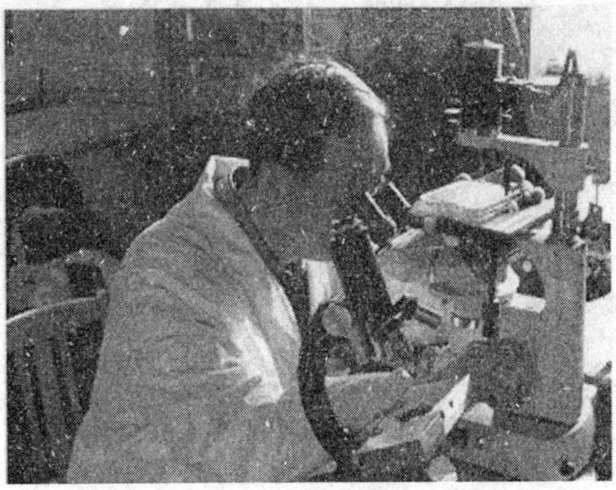

图 3－5 科学家

有了榜样，陶冶性情就会变得既有目标，又有方法。如此一来，我们就会发现榜样其实就在自己的身边，比如父母、亲友、早期毕业的校友等。

●积极实践，加强磨练

职业性格要在实践中积极磨练。著名的科学家富兰克林在年轻时便下定决心“要克服一切坏的自然倾向、习惯或伙伴的吸引”为此他制订了一项性格修养计划，其中包括 13 个项目：节制、静默、守纪、果断、俭约、勤勉、真诚、公平、稳健、整洁、宁静、坚贞和谦逊。为了监督自己逐条执行，他将这些内容记录在小本子上，画出七行空格，每晚自我反省一番。如果白天犯了某一种过失，就在相应的空格上记下一个黑点。他希望自己在点点滴滴的自我反省和自我要求中，能够将那些黑点消灭掉。后来经过日积月累，他终于实现了自己的目标。

性格是比较稳定的心理特征，良好性格的培养需要有一个主观努力的过程。中职生要以所学专业对应职业群对从业者的要求为目标，制定出一系列符合自己的措施，严格要求自己，坚持不懈。只有这样，才可以提高自身素养，培养符合职业要求的良好职业性格。

●专心学习，完善性格

良好职业性格的形成是与积极的职业实践活动分不开的。对中职生而言，应该在专业课学习、社会实践和校园生活中，抓住所有可以利用的资源和机会，了解和认识自己所学的专业，了解和认识所学专业相关职业群对从业者职业性格的要求，从中不断调适和完善自己的职业性格，进而提升对所学专业的适应能力，为将来走上理想的工作岗位做好充分准备。

【特别叮嘱】

工作中要注意发扬积极的性格品质，克服消极的性格品质。如有的人工作中积极热情，但缺乏持久性，往往虎头蛇尾，这类人应该培养自己克服困难的决心和信心；有的人办事速度快，拼劲足，但有时马虎、着急，甚至处理事情不够冷静，这类人应该培养认真细致的精神。

每个从业者的职业性格都是在日常的生活、学习和工作当中逐渐形成和发展的。中职生正处于调适个人性格，以适应职业要求的重要时期。在这一时期，正确的职业性格培养是十分重要的。

【视野拓展】

职场良好性格的标准

◆思路广阔，头脑开放，能兼顾来自不同渠道的意见，富有创造性。

◆准备和乐于接受新的思想观念、新的行为方式，欣赏新鲜东西，不保守。

◆客观而有效地认识现实及他人，并与之建立和谐、愉快的关系，并保持积极的心态。

◆守时、惜时，办事讲究效率。
◆言行自然，待人率直淳朴，尊重他人，容易与他人形成真诚信赖的关系。
◆有自主性、独立性，不盲从。
◆富于宽容和同情心。
◆有较强的挫折耐受力，能对自己的目标进行合理调节，能控制自己的行为。
◆富有竞争意识而又不乏合作精神，能将竞争与合作有机统一起来。
◆具有良好的法律意识、道德意识和经济意识。
◆性格的各个成份是和谐统一的。
◆热爱工作、热爱生活。
◆有自知之明，能客观地评价现实自我与理想自我的差别。
◆有相对一致的人生哲学和一致的生活方向，为一种生活目的而生活。

模块三　培养职业能力

【名人名言】

一个真正有才能的人会在工作过程中感到高度的快乐。

——歌德

炫耀于外表的才干徒然令人赞羡，而深藏不露的才干则能带来幸运。

——培根

无论哪一行，都需要职业的技能。天才总应该伴随着那种导向一个目标的、有头脑的、不间断的练习，没有这一点，甚至连最幸运的才能，也会无影无踪的消失。

——德拉克罗瓦

【事实聚焦】

用粉笔划一条线 1 美元，知道在哪里划线 9999 美元

有一次，福特公司有一台大型电机发生故障，全公司所有工程师会诊三个月都没能找出问题的症结所在，只得邀请斯坦因梅茨来诊断。他在这台大型电机旁边搭了帐篷，整整检查了两昼夜，仔细听着电机发出的声音，反复进行各种计算，最后用梯子上上下下测量了一番，就用粉笔在这台电机的某处画线做了记号，对福特公司的经理说："打开电机，把做记号地方的线圈减少 16 圈，故障就可排除。"工程师们半信半疑地照办了，结果电机正常运转，大家为之一惊。福特公司老板问他要多少酬金，他说："10000 美元。"老板请他列出费用表，标明出处。斯坦因梅茨说："用粉笔划一条线 1 美元，知道在哪里划线 9999 美元。"公司立刻照付了。

【案例点评】

如果没有斯坦因梅茨运用知识和技能找到了问题的症结，提出准确的修理方案，电机就不能很快修好，甚至不能修好，也许这台机器就这样报废了。斯坦因梅茨用自己掌握的专业知识和技能使机器很快恢复了运转，使它继续为公司服务，使它能创造出更多的财富。

知识和技能不同，所产生的价值也不同。斯坦因梅茨这种过硬的本领决非一朝一夕所能具备的，背后一定付出了艰辛的学习和实践。要10000美元作酬劳，好像有些狮子大开口，“但知道在哪里画线，值9999美元”这就是知识的力量，技能的价值。

【案例启示】

目前，社会求之若渴的不再是单纯的体力劳动者，而是智力劳动者。物竞天择，适者生存。面对着数百万计的失业大军，作为中职生的同学们每天学习课文，操作机器，是否通过斯坦因梅茨的故事，找到了一个坚持下去的理由？富兰克林说过：如果一个人将钱倒进他的脑袋里，就没人能把他偷走，知识的投资有着丰厚的利润。

人生在世，我们都有自己的岗位和工作，但我们是否具备了所在岗位的知识，是否具备了做好工作的能力，是否具有了炉火纯青的技能。我们是否将成为本专业的行家里手，这对一个人的成长和发展都是十分重要的。知识就是力量，它是我们人生价值的体现。技能是我们走向成功的杠杆。

项目一　职业能力

职业能力的涵义和作用

●**职业能力的涵义**

◆能力

能力是直接影响人们活动效率，保证人们顺利完成某种活动所必需的个性心理特征。

◆职业能力

职业能力是人们从事某种职业活动必须具备的、影响职业活动效率的、使职业活动顺利完成的个性心理特征。人的职业能力是由多种能力叠加并复合而成的，它是人们从事某项职业必须具备的多种能力的总和，是择业的基本参照和就业的基本条件，也是胜任职业岗位工作的基本要求。

●**职业能力的作用**

职业能力是一种综合能力，在不同岗位上有不同的具体作用。具有较强的职业能力是中职生立足社会、自我发展的基础条件，也是我们中职生在求职竞争中的优势所在。同学们要想在求职竞争中立于不败之地，受到用人单位的欢迎，必须加强职业能力的培养，提高职业能力。对每个中职生来说，必须了解各种职业要求，把握自己的能力倾向，提高自己的职业能力。

职业能力的分类

●专业能力

专业能力是指劳动者所具有的从事该项职业的基本知识和实际操作能力。作为当代中职生，除了具备基本能力外，还必须具备本专业能力和专业外语能力，尤其还要具备专业交际能力。它是提升业绩的支撑点，失去这个有力的支撑点，职场生涯犹如荒芜的沙漠，会变得干旱无比。专业能力主要体现在日后的管理工作、涉外活动或商业事务中，它既要有基本素质、基本能力的支撑，更需要专业知识和能力的积淀。

【特别叮嘱】

企业要求的人才不是应试人才，而是做事人才——北大青鸟公司负责人力资源管理的副总郑彤这样说。面对日益激烈的市场竞争，企业的生存和发展系于一端，那就是人才的能力。

●方法能力

良好的方法能使我们更好地发挥才能，方法能力是对学习方法和工作方法的掌握和理解。方法能力包含独立思考能力、分析判断与决策能力、获取与利用信息的能力、学习掌握新技术的能力、革新创造能力和独立制订计划能力等。

企业招聘员工后，会对毕业生进行岗前培训。毕业生怎么去学习，怎么去工作，这些方法能力显得十分重要。专业基础扎实、业务能力强的同学，往往能在给定工作任务后，独立寻找解决问题的途径，把自己获得的知识、技能和经验运用到新的实践中。这些优秀的表现者正是企业所需要的人才。

●通用能力

通用能力是指如何为人、如何处世，特别是如何与他人共事的能力。通用能力包含了组织协调能力、交往合作能力、适应转换能力、批评与自我批评能力、口头与书面表达能力、心理承受能力和社会责任感等。

为了能更好地适应人才需求发展形势，我们应重视社会通用能力的培养，通过不同方式、不同类型的训练，使自己能够适应社会对人才的要求，为走向社会奠定坚实的能力基础。

我们了解了应该具备的职业能力以后，就会有一个明确的奋斗目标，进而消除自身能力与目标之间存在的差距，提升自己的职业能力，实现自己的理想。

项目二　职业能力的培养

积极实践提高素质

●积极实践，提升能力

职业能力的形成是一个从无到有、从弱到强的过程。对于中职生而言，应当根据自己的优势，制定出科学的择业目标和要求，有意识、有计划地提高自身的职业能力。

职业能力是可以在长期的职业实践活动中逐步形成和培养起来的，通过自身的不断努力，还可以得到不断提高。同学们应当牢记两点：一方面，要在实践中有意识地积累经验并予以升华，以指导自己的职业；另一方面，要虚心接受他人的建议，多向前辈请教学习。只有这样，才能在职业能力的提升中产生事半功倍之效。

●**努力学习，提高素养**

在校期间是一个人非常重要的学习阶段，同学们一定要认真学习文化知识和专业理论，增强科技意识，加强专业技能训练，这是提高职业能力的有效途径。学习文化专业知识的过程是提升自身职业能力的重要途径。一般职业能力和特殊职业能力的形成，渗透于文化课和专业课的学习过程中。在学习过程中，一定要全面地发展，不能只拥有学习知识的意识，而缺乏提高能力的意识，不仅要“学会”，更重要的是要“会学”。

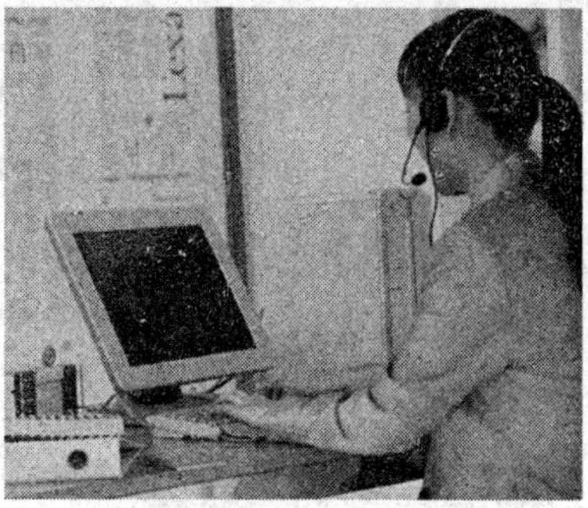

图3－6　增强科技意识

科技意识是现代社会中每个劳动者都必须具备的一种意识。随着社会经济的不断发展，职业能力中的科技含量不断提升。中职生应该树立较强的科技意识，这样，才能使自己的职业能力符合时代发展的需求(图3－6)。

能力是在不断的实践中逐渐产生的，专业技能训练不仅可以使特殊职业能力得到强化，还有利于一般的职业能力的形成。

发现和挖掘潜能

潜能通常是指存在于内心深处，不易被自己或他人觉察，也尚未得到开发和利用的潜在能力。每个人身上所蕴藏着的潜能都是不可预测的，如果有意识地提高和拓宽自己的职业兴趣，加强自信心，去尝试一些未曾做过的，但有益于专业发展的事情，就有可能挖掘出自身的潜能。挖掘潜能不但有利于拓宽自己的职业适应范围，也是职业生涯得到持续发展的重要因素之一。每一个人都要重视并努力挖掘自身的潜能，一旦发现自己可能具备了某种潜能，就要有意识地去培养、锻炼和提高这种能力，使之转化为自己职业能力的组成部分。但是在挖掘自身潜能的同时一定要保证实事求是，客观冷静分析，虚心听取别人的意见；千万不能将自己某种美好的愿望或幻想误以为是潜能。

【活动体验】

“目标搜索”

【活动目标】

1. 让学生学会树立目标意识，让目标引领自己的行为。

2. 让学生澄清并明确自己近期的目标，懂得分清主次。

【活动准备】

每人一张白纸、一支笔。

【活动步骤】

1. 请同学们在纸上写出你近期内要完成的5件重要事情，可以是学习、交友、旅游、练字、买衣服、读某一本书或参加某方面活动等等。

2. 假如你现在有特殊事情，必须在5件事中抹掉2项，体验一下你现在的心情如何？你会抹掉哪两项？

3. 现在又有特殊情况发生，你必须再抹掉1项，你的心情又如何呢？你又会抹掉哪1

项呢？现在还要再抹掉1项，你又做出怎样决定呢？

4. 最后只剩下1件事了，这就是近期内你最想做的、对你来说最重要的1件大事，这就是你当前的奋斗目标。

5. 和大家谈一谈你的奋斗目标是什么？

6. 然后大家静坐在座位上，想下面3个问题：

(1)我是不是想要实现那个目标？我是不是一定要实现那个目标？

(2)我有没有实现目标的条件？我怎样发挥这些条件？

(3)实现目标的困难障碍难以克服吗？我要不要克服？我一定要克服吗？

【注意事项】

主持人在给学生强调目标时，一定要让学生注意：

1. 目标要具有现实性，通过努力能够达到，不能是高不可攀的。

2. 目标要有期限。如短期目标可以是1个星期或1个月，中期目标可以是半个学期或1个学期。

【活动评价】

活动结束后，分组讨论自己的体验和想法，分享活动的收获。

【活动建议】

提醒学生活动过程中的注意事项，对学生写出的目标及时进行适当的引导。

【单元小结】

模块一　分析职业兴趣

●职业兴趣是指一个人积极地认识、接触和掌握某种职业的心理倾向。

●职业兴趣的作用：在工作中获得乐趣；促进智力开发和潜能挖掘；提高工作效率。

●职业兴趣的培养：在成功中培养兴趣；有坚忍不拔的毅力。

模块二　了解职业性格

●职业性格是指人们在长期特定的职业生活中所形成的与职业相联系的、比较稳定的个性心理特征。

●职业性格的类型：大体可分为变化型、重复型、服从型、独立型、协作型、劝服型、机智型、表现型、严谨型等9种类型。

●培养职业性格：学习榜样，陶冶性情；积极实践，加强磨练；专心学习，完善性格。

模块三　培养职业能力

●职业能力是人们从事某种职业活动必须具备的影响职业活动效率的、使职业活动顺利完成的个性心理特征。

●职业能力的作用：职业能力是一种综合能力，在不同岗位上有不同的具体作用。具有较强的职业能力是中职生立足社会、自我发展的基础条件，也是我们中职生在求职竞争中的优势所在。

●职业能力的内容：专业能力；方法能力；通用能力。

●培养职业能力：积极实践，提升能力；努力学习，提高素养；挖掘潜能，强化能力。

第四单元　职场礼仪

【目标透视】

知识目标：

使学生了解礼仪修养的一般常识，牢记职场礼仪规范的具体要求。

能力目标：

使学生掌握培养良好礼仪修养的能力，学会运用职场礼仪规范要求，自觉遵守礼仪规范。

情感目标：

使学生热爱本职工作，崇尚礼仪，在职场做文明有礼的职业人。

模块一　注重礼仪修养

【名人名言】

非礼勿视，非礼勿听，非礼勿言，非礼勿动。

——孔子

人有礼则安，无礼则危。

——孔子

爱人者，人恒爱之；敬人者，人恒敬之。

——孟子

人无礼则不生，事无礼则不成，国无礼则不宁。

——荀子

礼，所以正身也；师，所以正礼也。

——荀子

礼上事天，下事地，尊先祖而隆君师，是礼之三本也。

——荀子

生活里最重要的是有礼貌，它比最高的智慧，比一切学识都重要。

——赫尔岑

【事实聚焦】

最给力的介绍

某公司的经理登报招聘一名办公室勤杂管理员。有50多人前来应聘，但经理只挑中了其中一位相貌普通的小伙子。经理的一位朋友问："你为何喜欢那个小伙子？他既没带一封介绍信，也没有任何人推荐。"这位经理说："你错了，他带来了许多介绍信。他在门口蹭掉了脚下带来的土，进门后随手关上了门，说明他做事小心仔细；当他看到那位残疾老人时，就立即起身让座，表明他心地善良，体贴别人；进了办公室他先摘下帽子，回答我的提问时干脆果断，证明他既懂礼貌又有教养；其他所有人都从我故意放在地板上的那本书上迈过去，而这个男孩却俯身拾起它并放到桌子上；他衣着整洁，头发梳得整整齐齐，指甲修得干干净净。难道你不认为这些就是最好的介绍吗？"

【案例点评】

这则案例中，经理观察人的艺术很值得称道。原来经理看重的是这位小伙子的彬彬有礼、和善可亲、考虑周到、衣着整洁的行为举止；还有他做事仔细、心地善良、尊老爱幼的道德修养。这位小伙子可称得上是内秀外美，内有素质，外有魅力的人才。这种人才正是当今职场所缺乏的，这也是小伙子被录用的真正原因。

【案例启示】

我国历来就有"礼仪之邦"的美称。然而，我国中职学校的礼仪教育状况却不容乐观，一些中职学校的学生礼仪修养存在严重缺失。其表现为个人修养差、社会交往能力弱、不注意细节、不尊重别人。这些缺乏礼仪修养的表现，与现代文明极不和谐，不利于中职生走向社会，成功就业。

礼仪修养对于企业员工而言尤其重要，注意自己着装得体、举止端庄、彬彬有礼，这本身就是一种能力，是一种体现良好风貌的职业素养。一个形象不佳、气质萎靡的人，是不可能给人留下精明强干、能力非凡的好印象的。

面对激烈的就业竞争，一个知识水准和道德水准严重不协调的学生，不可能成为合格的员工，自然不可能得到企业的青睐。中职生必须在掌握扎实的专业知识和熟练的操作技能的基础上，提高个人的礼仪修养，苦练基本功，为将来成功就业做好充分的准备。

项目一　礼仪修养

礼仪修养的涵义

礼仪是指人们在社会交往中受历史传统、风俗习惯、宗教信仰、时代潮流等因素影响而形成的，以建立和谐关系为目的，为人们所认同并遵守的各项符合交往要求的行为准则和规范的总和。简言之，礼仪就是人们在社会交往活动中应共同遵守的行为规范和准则。

礼仪修养是指人们为了达到某种社交目的，按照一定的礼仪规范要求，结合自己的实际情况，在礼仪的品质、意识等方面所进行的自我锻炼和自我改造，从而形成的一种境界。礼仪修养主要表现在礼貌、礼节、仪表、仪式等方面上(图4－1)。

图4－1　礼貌接待顾客

礼仪修养的必要性

礼仪是个体之间的一种行为规范，它是人们在长期的生产生活过程中逐步形成的。礼仪是一个人内在修养和素质的外在表现。加强个人礼仪修养，有助于美化自身、美化生活；有助于促进人们的社会交往，增进人际关系；对构建和谐社会具有重大意义。

●**竞争上岗的需要**

随着市场竞争的日益激烈，现代企业要求人才不仅要具有精湛的业务技能，而且还需要具备良好的综合素质。在很多情况下，个人形象是与单位的产品、服务等量齐观的。因此，礼仪是塑造个人形象的灵魂，是提高个人素质与企业形象的必要条件，是现代社会竞争的砝码，它越来越受到用人单位的重视。

●**人际交往的需要**

礼仪是现代交际中必不可少的润滑剂。作为社会中的人，我们每天都少不了与他人交往。假如你不能很好的与人相处，那么在生活中、事业上就会寸步难行，一事无成。俗话说："礼多人不怪。"人际交往，贵在有礼。加强个人礼仪修养，处处注重礼仪礼节，能使你在社会交往中左右逢源，得心应手；礼仪还能使你在尊敬他人的同时也赢得他人对你的尊敬，从而使人与人之间的关系更趋融洽，使人们的生存环境更为宽松，使人们的交往气氛更加愉快(图4－2)。

图4－2　礼貌待人

●**道德建设的需要**

礼仪是人们用以沟通思想、联络感情、增进了解的一种行为规范。随着改革开放的发展和外来文化的入侵，加之拜金主义、享乐主义等的影响，使我国的国民整体上的礼仪素质不高。国务院2001年10月公布的《公民道德建设实施纲要》提出全社会要大力倡导"爱国守法、明礼诚信、团结友善、勤俭自强、敬业奉献"的基本道德规范，提出要提高公民道德素质，促进人的全面发展，培养一代又一代有理想、有道德、有文化、有纪律的社会主义公民。

项目二　礼仪修养要求

培养
内在素质

●提高综合素质

现代礼仪教育，可以加强学生职业素质的培养，使我们培养的职业人才具有高尚和完善的非智力品德，既会“处事”，也会“做人”。要成为一个受人尊重的人，就必须提高自身的内在素养，使自己成为德才兼备的人。

●培养礼仪意识

中职生要有强烈的礼仪意识，学会尊重他人，表现自身良好的人格魅力，达到较高的思想境界，让自己的仪表、言谈、举止展示青年学生应有的文明风采。

养成良好
礼仪习惯

●学会尊重他人

礼仪教育不是一般的礼貌教育，而是一种道德修养和健全人格的品德教育。中职生学习礼仪，首先要以学会尊重他人为起点。因为礼仪的核心就是“尊重”，即尊重自己、尊重别人、尊重社会。只有尊重了别人，才能得到别人的尊重。尊重他人是人与人接触的必要和首要态度。

●规范日常行为

良好礼仪习惯的养成重在落实。中职生应该抓紧时间学习，利用良好的学习条件、环境和机会，努力学习各方面的礼仪修养知识，抓住重点、循序渐进，掌握实质内容。礼仪具有很强的实践性，我们要把礼仪知识学习和实践锻炼紧密结合起来，在生活、学习、交往过程中进行礼仪修养的培养，注意做到理论联系实际，从实际出发，灵活运用。从而自觉地规范自己的日常言行，逐步养成良好的文明习惯。古人说过：“勿以善小而不为，勿以恶小而为之。”只有处处规范自己的日常行为，才能养成文明的习惯。

【特别叮嘱】

同学们应当牢记：礼仪的根本内容是“约束自己，尊重他人”；礼仪的目的是为了让人们能轻松愉快地交往；礼仪的基本原则是“为他人着想”；“己所不欲，勿施于人”则是礼仪的精髓。

中职生在注重礼仪修养的同时，要主动接受审美教育，特别是要按照社会主义的礼仪道德规范，自觉进行锻炼，逐步形成礼仪意识和习惯，从而完善人格，提高素质，使自己成为21世纪的高素质人才。

【视野拓展】

求职与仪表

国内有关调查表明，落选求职者中1/3是因为他们的服装不合格、不修边幅和行为不雅。

在求职面试中，仪表大方很重要。一个人面对几位面试考官就忐忑不安、缩手缩脚，使考官们感觉他不可能独当一面，缺乏自信。你要大方和乐观，脸上带着微笑，让人一看到你，就知道你是一个热爱生活、充满激情的人。当你微笑着向接待人员通报姓名，或当你见到面试考官时，你的微笑和眼神中流露出的热情就是一种无声的语言，它会提高你的外部形象，拉近你与面试考官之间的关系。记住，任何一位考官都喜欢落落大方、充满自信的人。

模块二　遵守职场礼仪

【名人名言】

怀着善意的人，是不难于表达他对人的礼貌的。

——卢梭

彬彬有礼的风度，主要是自我克制的表现。

——爱迪生

礼貌是有教养的人的第二个太阳。

——赫拉克利特

礼貌经常可以替代最高贵的情感。

——梅里美

【事实聚焦】

杰斐逊住旅馆

美国总统杰斐逊微服私访住旅馆的故事许多人都知道。故事是这样的：一次，杰斐逊穿着一件半旧不新的便服，戴着一顶破草帽，嘴里哼着小调，来到一家大旅馆，要求住一晚上。店主见他脏兮兮的，认为杰斐逊是个寒酸的农民，粗暴地将他拒之门外。杰斐逊并没有发火，什么也没有说就走了。不一会儿，一个绅士模样的人告诉店主，刚才那个邋遢的农民是当今美利坚合众国的总统。店主一听吓坏了，四处寻找杰斐逊，很快就在附近的一家旅馆找到了杰斐逊，并哀求他到自己的旅馆住宿。杰斐逊推了推头上的破草帽，慢悠悠地说："总统和农夫是一个人，既然没有农夫住的房间，也就不可能有总统住的房间了。"从那以后，美国旅馆的老板们再也不敢怠慢那些穿着随便、看似寒酸的人了。

【案例点评】

宾馆饭店是"窗口行业"，最能反映一个国家、一个地区、一个部门的文明程度。难怪杰斐逊要微服私访检查旅馆的服务质量。我们做任何工作，都要公平对待服务对象，绝对不能厚此薄彼，像变色龙一样。就像杰斐逊说的："总统和农夫是一个人，既然没有农夫住的房间，也就不可能有总统住的房间了。”

【案例启示】

大凡在职业岗位上做出优异成绩的人，无不重视职业礼仪。《杰斐逊住旅馆》这一案例同样告诫人们职场礼仪的重要性。同学们求职成功后，一定要重视职业礼仪的培养。只有这样，才能在激烈的职场竞争中取得胜利。

项目一　一般职场礼仪

一个人的职业生涯中，总离不开办公室、车间，离不开与同事、上(下)级、师傅(徒弟)的相处，离不开电话、电子邮件、传真等沟通工具，要做好本职工作，取得优异的工作业绩，必须熟悉和掌握职场礼仪。

职业是社会生产力发展到一定阶段的产物，是社会生活互通有无的一种分工，同时又是人们谋生的手段，是稳定的、有报酬的、分门别类的社会劳动。职业对广大中职生朋友来说，是未来播种劳动果实的土壤，是实现社会理想的桥梁，是创造人生价值的舞台。

职业礼仪是所有从业人员在职业活动中应该遵循的礼仪规范，是职业道德的延伸和发展。它既是对从业人员在职业活动中的礼仪规范要求，也是各行业对社会承担的文明礼仪义务。

办公室礼仪

办公室礼仪是指公务人员在从事办公室工作中尊敬他人、讲究礼节的程序和规范。办公室是公务人员从事活动的主要场所，现代办公室以其综合性、广泛性和程序性等特性，成为人们职业活动的重要场所。

许多人的大部分时间是在办公室里度过的。办公室里不仅有工作、有事业，还有许多同事，每个人都希望自己在事业上有所成就，在单位受领导的器重，受同事的欢迎，受下属的爱戴，而这一切愿望的实现，都离不开办公室礼仪。

【特别叮嘱】

注意不要把个人的烦心事带进办公室，绝对不要在办公室喝工夫茶、聊天、织毛衣、绣花甚至玩牌赌博。如果有迫不得已的私人性来访，要尽量缩短时间，最好能到办公室外去处理。工作时间最好不要打私人电话，在办公室不要斜倚或坐在办公桌上，更不该把脚放在办公桌上。

●整洁、端庄的个人形象

我国古代对公务活动中的服饰要求是非常严格的。朝廷对“官服”的规定就非常细致严格，官员在公务活动中是不允许穿便装的。

现代社会对公务服饰的要求不像古代那么严格，但仍然有服饰方面的礼仪和规定。如果单位有统一的着装，那么无论男士还是女士，上班时间必须穿上工作服(图 4－3)。如果没有统一着装，在办公室上班时宜选择较为保守的服装，而且要整洁、大方、合身、文雅，不宜穿得太艳、太奇、太随便，尤其不宜穿过分暴露、单薄、透光、瘦小和布满褶皱的服装，还应避免穿着需经常整理的衣服。男士应以西服为主。女士着装要美观大方，不要过于夺目或暴露，也不要浓装艳抹，女士穿下摆窄的短裙时，不宜在人前将脚架起来。

女士在办公室不宜穿长靴，戴手套和帽子等，也不宜佩戴其他装饰品。

● **和谐的办公室环境**

要尽量美化工作场所的环境卫生，保持办公室的整洁、干净，这是让自己和同事愉快、舒适工作的重要条件，也是反映工作人员礼仪素质的重要方面。特别是在接待工作中，它体现着一个单位的精神风貌。因此，每个办公室成员都要讲究公共卫生，同时还要注意个人卫生，保持仪容、仪表的整洁、大方、庄重。

图4-3　统一着装

【视野拓展】

电冰箱的遭遇

一天中午，秘书小刘忽然高声喊道："冰箱坏了，带便当的同仁先看看自己的便当有没有坏掉再拿去蒸。"从那天起，大家都知道公司的冰箱坏了。过了一个星期，刚好有外宾来访，刘秘书要拿饮料招待客人，一打开冰箱门，一股臭味扑鼻而来，她连忙关闭冰箱，说道："冰箱里臭死人，是谁把东西放在冰箱里没有拿走？"此后，冰箱变成了公司的废物，谁也懒得动它。有一天，祁经理出国考察回来，带了一些国外的水果慰劳大家。当她打开冰箱准备存放水果时，冰箱里散发出一股恶臭味。原来上次刘秘书只是叫了叫，外宾离去后，大家谁也没有把冰箱里的腐烂食品拿出来。于是祁经理亲自动手把冰箱里的脏东西清理出来，几个员工不好意思地跟随经理清洗擦拭冰箱。一会儿，冰箱被收拾得干干净净。祁经理想，冰箱买来使用不足3个月，怎么会坏呢？于是，她弯下腰仔细检查，才发现是藏在门后的插头松动了。至此，冰箱又开始正常工作，为大家服务了。

会务礼仪

● **安排会务的礼仪**

会务工作包括各类专题会议、联席会议、现场会、联谊会等的组织安排。一旦会议时间和地点确定，办公室人员就要根据会议的规范和礼仪做好准备工作。一般情况下，主席台上除了主持人和讲话人外，还要有有关的领导人。对这些人员，必须事先确定并逐一落实，位置按规定顺序（主要按职位高低）排列，最好摆放名签，以便有关人员对号入座。应把领奖者、发言者和记者安排在听众席前排就座。

● **与会者的礼仪**

◆主席台就座者的礼仪

会议进行中，主席台就座者应该认真倾听发言人发言，不能左顾右盼，心不在焉。不要与邻座人员交头接耳，更不能隔座交谈或擅自离席。确有重要和紧急的事需提前离席时，应同主持人打招呼。

◆会议发言人的礼仪

发言之前，面带微笑，环顾一下会场四周。发言时应掌握好语速和音量，以使会场上所有人都能听清为宜。发言或报告应用普通话，还应观察与会者的反映，视其情况对发言内容进行相应调整。发言或报告结束时，应向全体参会人员致谢。

◆一般与会者的礼仪

对一般与会人员来说，遵守会议纪律是首要礼仪。在别人发言和作报告时，要认真倾听，必要时还要作好会议记录，切不可在台下与人交头接耳，也不要随意走动。若要离开会场，需向有关人员简要说明情况，并表示歉意。

电话礼仪

电话是人们职业活动中使用最频繁、最重要的交际工具。掌握接打电话的礼仪，是职业活动的基本要求。

●打电话礼仪

打电话时，要周到地考虑打电话的时间和通话内容，态度要热情，话语要得体（图4－4）。

图4－4　打电话

◆时间

不要选择过早、过晚或对方休息时间打电话。工作电话应在8点半以后打，往办公室打电话，最好避开快下班时间。非特殊情况，不要在节假日和用餐时间打电话。

要把握好通话时间的长度。一般情况下，一次打电话最好不要超过3分钟。这就要求谈话紧扣主题，在尽可能短的时间内准确完整地表达自己的意思。这样，既可节约自己的时间，也能节约对方的时间。

◆内容

打重要电话或国际电话，要提前归纳通话内容，写在纸上，这样就可以层次分明、有条不紊、简明扼要地表达自己的意思。

◆态度

打电话时要讲究文明礼貌，态度要热情诚恳。通话时要吐字清晰、语速适当、音量适中、语句简短、语气亲切、语言文明。在先向对方恭敬地道一声“您好”后，主动介绍单位名称和自己的姓名。结束通话前，要说“谢谢”、“再见”。通话时要精力集中，打错电话时，要向对方道歉，切不可一言不发，挂断电话了事。通话忽然中断，按礼仪应由打电话者立即再拨。

●接听电话礼仪

电话铃声一响，应立即放下手头工作，及时接听电话，要遵守“铃响不过三”的规则。拿起电话后，要主动问好并自报家门。态度要热情友好，不要装腔作势，冷落对方。如果对方拨错号码，要耐心向对方说明。在会晤重要客人或者会议期间有人打来电话，应向对方说明原委并表示歉意，同时约好时间，主动打电话过去。按照电话礼仪惯例，一般由打电话者先挂断电话，尤其在与尊者或女士通电话时，一定要等对方挂上电话，以示对对方的尊重。

项目二　职场人际关系礼仪

同事相处礼仪

●同事相处的一般原则

◆己所不欲，勿施于人

虽然每个人的文化修养、性格禀赋不同，但由于工作条件相同，在喜好、爱憎方面也会有相近或相同的地方。在自己的言行付诸行动之前，想一想别人这样对待自己时，自己的心理感受。如果自己不愿接受这样的言行，那也不要将这种言行强加给他人。

◆言必信，行必果

说话要留有余地，没有把握或做不到的事，不要轻易许诺。自己承诺了的事，不管有多大的困难，也要千方百计做好。因意想不到的原因没能兑现承诺，应诚恳地向对方道歉，解释原因，取得对方的谅解。只有言而有信，才能在同事心中表现出你是个有主见、有能力和可以信赖的人。大家才愿意接纳你，与你建立朋友式的关系。

◆诚实待人，互谅互让

同事间的交往，有长期性、固定性的特点，仅以仪表和语言的出众是不能征服对方的。要让信任成为连接同事间友谊的纽带，让真诚成为同事间相互共事的基础。同事遇到挫折或不幸，应真诚相帮，不应隔岸观火；同事取得成绩，应诚心祝福，虚心学习，不宜心存嫉妒。

●同事间平等相处的礼仪

同事相处应不卑不亢、不骄不躁、平等待人、求同存异、互相帮助、共同进步。

◆互尊互学，相互关心

工作和生活中，对比自己年长的同事要尊敬和关心。要虚心学习请教，要帮助和照顾年长和体弱的同事。

◆保持距离，君子之交

同事交往，应保持一定距离，不宜过分深入对方私生活。交往过密，反倒不好。我们应当谨记，君子之交淡如水。俗话说：花无百日红，人无千日好。交往甚密的人，一旦分裂，往往会形成难于收拾的糟糕局面。

【特别叮嘱】

男女同事相处的礼仪

男士在单位应充分尊重照顾女同事，在买饭、打水、上下楼梯时应体现女士优先的原则。有女同事在场时，不要无所顾忌地谈论一些敏感话题，不要与女同事开出格的玩笑。在办公室，男女同事不应有亲昵的动作，也不要拉拉扯扯，否则，会给人无知和轻浮失礼的印象。

◆求同存异，切勿苛求

人与人之间往往存在诸多差异，文化、专业、兴趣、爱好、个性、生活习惯、为人处世等，都会有明显的不同。在与同事相处中，应求同存异，不以自己对事物的看法为标准去苛求他人。

●同事间生活来往的礼仪

同事间除工作外，免不了有许多生活方面的交往，也要遵守有关的礼仪规范。

◆经济往来，帐清话明

再要好的同事，毕竟不是一家人。在经济往来中应把账面算清，丑话说在前头，是处理好同事关系的前提。聚餐时采用 AA 制为好。平时小数目借款应及时偿还，以免遗忘。大数额的借款要签写书面字据，并每隔一段时间向对方说明一下，以免对方误解。

◆多论己短，少论人非

同事间的闲谈大部分与工作无关，应注意避免敏感话题。内容不涉及他人长短，格调要文雅。不要喋喋不休地向别人叙述自己的苦恼或发泄牢骚，这样容易使同事左右为难。如果没有时间闲谈，应向对方说明，

领导和员工的礼仪

领导和一般职工在工作过程中，都要遵守相关礼仪规范。这样，领导工作才能得心应手，职工群众才能心情舒畅、认真工作（图4－5）。

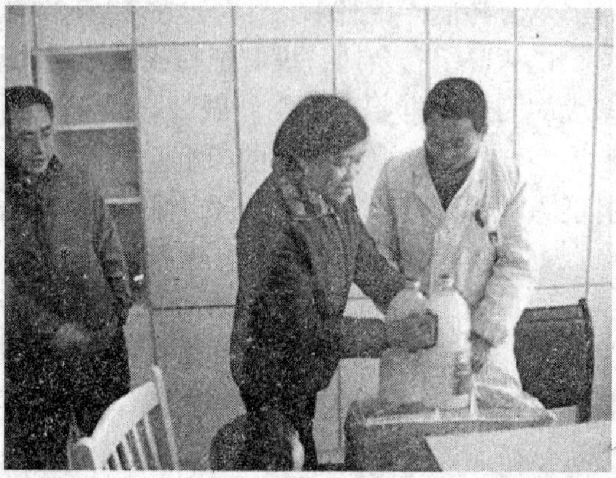

图4－5　领导关心员工

●**做优秀的普通员工**

服从正确的领导，是职工角色的职责之一。

◆遵守各项规章制度

规章制度是依照企业管理和生产需要制定的，这既是领导意图的体现，也是工人自身利益的要求。从人际关系角度来说，遵守规章制度的态度本身就是一种礼貌。

◆服从领导的工作安排

职工的天职是干好工作，领导的安排是工作的重要内容。服从工作分配，完成工作任务是普通员工的天职。

◆体谅领导的苦衷

对于领导面临的问题，下属应当给予体谅、关心、帮助和支持。有时与领导发生了矛盾和争执，要多一分容人之量，要主动找领导平心静气地说明情况，不能得理不让人。

●**做受员工欢迎的领导**

作为企业的行政领导人，他的经营决策能力、组织指挥能力、知人善任能力当然重要，而沟通、协调企业内部各种关系的能力，也必不可少。

◆尊重职工的人格

职工绝不是奴仆，绝不是没有思想只会干活的机器。领导应把职工当作有血有肉、富有个性和创造性思维的人来看待，他们的角色要求绝不只有服从。布置任务、分配工作，要充分尊重各人的特长，激励职工的积极性，还要充分考虑和尽可能满足他们的个人利益要求。

◆明确领导责任

领导者的角色要求，主要在于多负责任，而不是沾名沾利。对下属的过失，要主动将

责任承担起来，对因自己的原因产生的错误，更不能推卸到下属。在功利面前，不能斤斤计较、分寸必争，更不可弄虚作假，沽名钓誉。对职工的切身利益，如住房、医疗、子女升学就业等问题，要尽力帮助解决，不能敷衍塞责，若无其事。

◆协调各方关系

企业内部的竞争和矛盾是不可避免的。厂长经理应当激发有利于企业发展的竞争，化解内耗性的矛盾，不可激化矛盾。特别在奖惩、职称、工资福利等方面，应当秉公办事。给业绩平平的“关系户”给予奖励，随意处罚所谓“不听话”者，都会引发内耗性矛盾，因为这不单关系到金钱，更关系到职工的人格是否得到尊重。

项目三　不同行业职业礼仪要求

同学们走出校门走向社会后，由于所从事的职业不同，将会扮演不同的社会角色。国家公务员、企事业单位管理人员、专业技术人员、传达室门卫、售货员、导游员、公关小姐、产业工人、宾馆服务员、医护人员……三百六十行，各行有各行的特色，也有符合职业需求的礼仪规范。

宾馆服务人员礼仪

宾馆饭店的任何服务，都通过服务员的语言、体态、动作来完成，要给客人一种家的感觉。服务员优雅、文明、富有魅力的体态，会对客人产生强烈的感染力，能唤起客人的愉悦情绪。服务员优美的体态语言，既体现了职业角色的规范，又体现了宾馆的形象和服务员的个人素养。

●服务人员的基本礼仪要求

宾馆、饭店服务人员礼仪方面的基本要求，就是为宾客创造一个温暖、舒适、和谐的氛围。

◆服装

工作时间全体服务人员要统一穿标志服，衬衣、领带、领花、胸花也要按规定穿戴。扣好纽扣，拉好拉链。不戴项链、耳环、手镯、戒指等饰物。裙子不短于膝盖，袜子穿深色的，皮鞋应以深色为宜，并擦拭光亮。

◆仪态

头发须按规定蓄留并保持干净，不可太长或怪异，不擦怪味发油。指甲勤修剪，内衣勤更换。与客人说话面带微笑，保持一定距离。

◆助臂

见到老年人、孕妇等体弱客人上下楼梯、过危险区、走暗道等，都应给予搀扶（图4－6）。服务人员应在客人侧面，用双手轻扶对方肘部。

图4－6　搀扶老人

◆次序

除引导客人时，应在客人左前方先行外，进出电梯、上下车等，都应让客人先行；有女士时，要让女士先行。

●**各类服务人员的特殊礼仪**

宾馆、饭店各类服务人员由于分工不同，在礼仪方面也有特殊要求。

◆迎宾员

一般在前厅、客房、电梯门、餐厅和商场门口都设有迎宾员。迎宾员站在能环视车辆和进出宾客的地方，是客人来饭店首先接触的人，他们的仪态如何，将决定客人对饭店的第一印象。迎宾员要衣着整洁、仪态端庄、精神饱满。

◆电梯员

电梯员的职责主要在于保护上下电梯客人的安全。空电梯停靠低层时，站在梯门一侧迎候，以手势示意客人入内或下梯。电梯已满而客人还未上完时，说一声："对不起，请稍候。"

启动电梯时，问清客人所去楼层；中途停梯，报一下楼层号。告诉梯门处候梯的宾客电梯上下运行方向。

◆接待员

总服务站接待人员的举止和服务质量，是树立饭店形象的关键环节。接待员的站、坐、行都要规范。要用微笑的面容、流利的语言、热忱的态度迎接每一位宾客。办理手续时，向客人介绍房间设施和房价。办完手续，就可用客人的姓氏称呼客人。要礼貌负责地回答客人的查询，不能用"大约"、"可能"等模糊语言作答。

◆客房服务员

客房要安静舒适、亲切温暖、不受干扰、安全卫生。客房服务员要为客人创造舒适、和谐的氛围，使客人觉得自己受到尊重。要按规定着装，佩带工作号牌，修饰仪容仪表，以方便宾客辨认。要热情、周到地接待客人。引领客人进入房间后，拉开窗帘，送进开水、香巾，给客人介绍房内和饭店的设施、服务项目和时间，询问是否还有其他需要。一切妥当后，有礼貌地告退。要保守客人秘密，客人的房号和携带物品等情况不得告诉他人。不经客人允许，不得将来访者带入客人房间。有事进入客人房间，先敲门通报，经许可后方可入内。

售货员礼仪

售货员要推销商品，有的还须与顾客讨价还价，但必须热情、礼貌，尊重顾客(图4－7)。

图4－7　热情服务

●**接待顾客的艺术**

售货员必须注意服装的整洁和仪态的端庄，应当面带微笑地立于柜台旁，随时准备迎接顾客。

◆礼貌地迎接顾客

当顾客走近柜台时，可用目光迎接，亲切自然地问好，或点头致意。对已有明确购买目标的顾客，要帮助挑选商品，精心包装，捆扎牢固。

◆照顾好所有顾客

繁忙时，可用目光注视一下顾客，示意你已注意到他了。对久等的顾客，说一声："对不起，让您久等了！"这样就不会使顾客感到冷落。

●推销艺术

成功的推销需要对顾客的了解，需要研究人、尊重人、适应人。

◆软推销与硬推销

从商品的有关历史典故、美学知识等似乎是题外话题谈起，让顾客听了感兴趣，从而了解商品并购买商品，可称为"软推销"。使用这种方法时，一定要结合售货礼仪方面的魅力。"硬推销"就是直接介绍商品的性能、价格、作用、特点等。

◆推销商品的礼仪

态度温和，落落大方，说话时既要明确表达自己的意思，又要注意语言文字的文雅。对方提出了自己无法接受的条件，比如将价格压得很低，这时售货员绝对不能失礼，不能说有伤顾客自尊心的话。

导游员礼仪

旅游是当代人的重要生活需求，人们为了暂时摆脱现实世界的纷繁喧嚣，就偷闲进入历史古迹和山川名胜构成的美丽世界。如果导游员神情轻松、谈吐风趣、气质不凡、安排周密，定会增添旅游的兴致(图4－8)。

图4－8　导游员

●一般职责

周密安排计划、细心照顾讲解、激发顾客情趣是导游员的基本职责。

◆按计划行事

路途中，根据旅游接待计划和游客的需要，介绍参观游览景点。

◆满足客人需求

引导客人游览，尽量满足客人的审美要求。

●礼仪的要求

◆对游客热情有礼

以热情、愉快的态度和彬彬有礼的风度对待游客，营造和谐、融洽而又符合礼仪的气氛。

◆注意自身修养

为人谦逊，知识面宽，能够与各个层次的游客沟通。

公关人员礼仪

●公关人员的素质

公关人员的素质从符合礼仪规范的举止中体现出来。他们对礼仪的遵守，渗透在自己的学识修养中。

◆出众的风度

公关人员应穿着讲究、入时、得体；面容亲切和善，待人彬彬有礼；才识出众，诸多话题都可应对；谈吐幽默、风趣，给人以风流、潇洒的印象。

◆良好的心理素质

公关人员应有良好的心灵素质，对自己所代表的企业充满自豪，对自己所从事的职业充满自信。

◆突出的才能

要有出众的口语交际能力。与对方初次交谈，要能尽快找到共同感兴趣的话题，善于打破僵局，不露声色地创造融洽良好的交际氛围。要机智果断，根据新情况调整公关策略。

●公关人员的交际

◆不随意失约

接到对方的邀请，要尽量赴约，有特殊原因无法赴约的，事先要做好补救工作，不放过任何表示同情、帮助别人的机会。

◆不造作卖弄

公关人员是个出头露面的职业，不能过分卖弄和显示自己，争抢别人的镜头。强出风头，会损害自己在公众中的形象，对自己的职业角色不利。

◆不因小失大

出席会议，收到议程单和材料，既使不感兴趣也要象征性地看一下。预先准备好发言稿，不要在别人发言时埋头写稿，使发言者认为不被重视。

【活动体验】

上下级之间的礼仪实践

【活动目标】

通过活动体验，使同学们学会正确掌握上下级之间的礼仪。

【活动准备】

1. 邀请班主任老师和就业指导老师现场观摩和点评。
2. 准备办公桌椅、文件夹、电话等必需的设施。
3. 确定1名同学饰演经理，3名同学饰演职员。
4. 其余同学为观众现场观看表演。

【活动步骤】

1. 张贴海报，欢迎兄弟班级同学旁观。
2. 给老师发邀请书。
3. 模拟活动开始。分6个小组轮流表演。
4. 老师点评。

【活动注意事项】

在活动开始前，有条件的可与一些公司经理和员工交流，把握要领，注重细节。

【活动评价】

如条件许可，可请校团委、学生处等部门的负责人参观，对活动的整体情况、各组以及每个表演者的表现进行评价。

【活动建议】

模拟表演前要制定详细的活动方案。

【单元小结】

模块一　注重礼仪修养

●礼仪是指人们在社会交往中受历史传统、风俗习惯、宗教信仰、时代潮流等因素影响而形成的，以建立和谐关系为目的，为人们所认同并遵守的各项符合交往要求的行为准则和规范的总和。

●礼仪修养的必要性：竞争上岗的需要；人际交往的需要；道德建设的需要。

●礼仪修养要求：提高综合素质；培养礼仪意识；规范日常行为；学会尊重他人。

模块二　遵守职场礼仪

●办公室礼仪是指公务人员在从事办公室工作中尊敬他人、讲究礼节的程序和规范。

●办公室礼仪要求：整洁、端庄的个人形象；和谐的办公室环境。

●同事间平等相处的礼仪：互尊互学，相互关心；保持距离，君子之交；求同存异，切勿苛求；经济往来，帐清话明；多论己短，少论人非。

●会务礼仪：会议进行中，主席台就座者应该认真倾听发言人发言，不要与邻座人员交头接耳；不能隔座交谈或擅自离席。会议发言人应面带微笑，掌握好语速和音量；发言或报告应用普通话；发言或报告结束时，应向全体参会人员致谢。对一般与会人员来说，遵守会议纪律是首要礼仪。

●打电话礼仪：打电话时，要周到地考虑打电话的时间和通话内容；态度要热情，话语要得体；不要选择过早、过晚或对方休息时间打电话。

●接听电话礼仪：电话铃声一响，应立即放下手头工作，及时接听电话；拿起电话后，要主动问好并自报家门；态度要热情友好。

●普通员工礼仪：遵守各项规章制度；服从领导的工作安排；体谅领导的苦衷。

●管理者的礼仪：尊重职工的人格；明确领导责任；协调各方关系。

●宾馆服务人员礼仪：要有优雅、文明、富有魅力的语言和体态；要给客人安全如归的感觉。

●售货员礼仪：礼貌地迎接顾客；不徇私情。

●导游员礼仪：对游客热情有礼；注意自身修养；按计划行事；满足客人需求。

●公关人员礼仪：有出众的风度；有良好的心理素质；有突出的才能；不随意失约；不造作卖弄；不因小失大。

第五单元　职前实习

【目标透视】

知识目标：

了解职前实习的重要性，初步认识实习与就业的关系，掌握在实习中提高自己职业能力的方法及重要意义；了解充分的准备是完成实习的必要保障，认识实习对提升自身职业能力的重要性。

能力目标：

学会撰写实习计划和实习总结；掌握实习的方法及注意事项。

情感目标：

重视和喜爱实习，在实习中把握就业机遇，选择理想的工作岗位。

模块一　实习是工作的前奏

【名人名言】

有知识的人不实践，等于一只蜜蜂不酿蜜。

——萨迪

不闻不若闻之，闻之不若见之，见之不若知之，知之不若行之。

——荀子

纸上得来终觉浅，绝知此事要躬行。

——陆游

【事实聚焦】

小贺的困惑

小贺是某职业中专幼儿教育专业的学生，最近一段时间她很烦，心中很是纠结。原来已快到学校安排去幼儿园实习的时间了。对于学校安排她们去幼儿园实习两个月的决定，小贺很是想不通。她是学校的文艺骨干、学生会成员、三好学生。能歌善舞、口齿伶俐的她，自认为在幼儿园任教，已绰绰有余，何必再去实习，做一个廉价的劳动力，岂不是白白浪费自己宝贵的青春。

看着意气风发但又单纯而简单的学生，班主任老师组织了一次主题班会。他从国家政策、社会实际等不同角度介绍了实习的重要意义，并通过情景摸拟的方式，使小贺及同学们对实习有了一些新的认识。

【案例点评】

小贺的想法在学生当中是普遍存在的，尤其是在一些技术含量较低的专业中。学生对实习的重要性认识严重不足，这不仅影响学生的就业，而且对学生的职业生涯也极其不利。从学校到社会是一个很大的转变。在这一转变过程中，实习是必不可少的中间环节。在中职教育中，职前实习一直是倍受关注的重要一环。学校和老师应正确引导，要让学生充分认识实习在职业生涯中的重要意义。

【案例启示】

实习实践是学生了解社会、走向社会的必经之路。西方教育发达国家都特别重视学生的社会实践活动。随着国家政策的引导以及人才市场的需求，职前实习训练已经成为促进一个学生就业、发展的重要环节。

项目一　认识实习

实习是就业的必经之路

●实习是理论和实践结合的过程

图5-1　实习为下一步打下基础

学生在校经过几年的学习，基本掌握了一些理论知识，但理论知识和实践技能相差很远。如果缺乏实践训练，学生所学的只是死知识，只会纸上谈兵。要完成将来的工作，困难是可想而知的(图5-1)。实习为学生提供了一次实践的机会，是学生在熟练工人指导下进行的一些实践训练。它既是学生的独立实践，又是吸收前人经验的过程。因为别人的指导可使学生少犯错误，大大缩短了学生进入职业角色的时间。同时，学生在实践中可以不断检验所学的课本知识，使理性认识与感性认识有机结合，把理论知识转化为自身的职业技能。

●**实习是知识转化为能力的关键**

实习是学生进入职场的前奏。做为即将步入职场的毕业生，应充分认识到实习的重要性，因为这一过程不光是锻炼自己的操作能力的过程，同时也是一个自我完善的过程。

通过实习才能把在校所学的理论知识转化为自己的操作技能，变为实实在在的工作能力。在实习中既能检验出自己理论知识的欠缺，以便及时补充；还能真实地感受职业及社会，也才能体会企业的特有氛围。

只有通过实习才能真正推动学生由“学校人”转型为“社会人”。因此，实习过程是毕业生的一个自我完善过程。

●**实习是中职生就业的的基础**

缺乏实践经验一直是中职生就业的“软肋”。当下，受国际经济形势的影响，企业对从业人员实践能力的要求也就越来越高。在这种背景下，实习已成为中职生就业必不可少的一环。针对企业对人力资源需求的新特点，教育部及时出台了相关政策，进一步明确了实习实践的导向。

知识来源于实践，能力来自于实践，素质更需要在实践中养成。各种实践教学环节对于培养学生的实践能力和创新能力尤为重要。中职学校都在改进和加强专业实训教学，加强毕业实习的环节的指导。只有通过实习实训，才能真正培养学生的动手能力，提升分析和解决问题的能力，学生才能真正把课本上的知识转化为自身的技能。“普通教育有高考，职业教育有技能大赛”，国家教育部原部长周济的讲话，充分说明了实训实习在中职教育中的重要性，也为中职学校的教学指出了明确的方向。

图5－2　实习是成功就业的基础

实习实训既是学生就业前的必修课，同时也是学校增进对社会及用人单位的了解，掌握人才需求状况的重要环节，是改革人才培养模式，建立以社会需求为导向、以实用为核心的培养模式的必经之路(图5－2)。

●**实习是完成学校人向职业人转变的中间环节**

中职生在学校经过三到四年的理论学习，并通过一定的实践课程练习，虽然掌握了一定的操作技能，但还只是一名没有经验的新手。可以说是一件“半成品”，与用人单位的需求还相差甚远。

在学校，同学之间和谐相处没有利益冲突，但进入单位后，同事间因为利益关系，竞争是激烈而又残酷的。因此说学校与社会环境是完全不同的。“学校人”要适应社会，必须要有一定时间的转换过程。而实习恰好为完成这一转变提供了一个中间过程，如果能好好把握，将避免在就业后走弯路。

刚刚毕业的学生在工作中常常还以学生的思维方式处理工作中的问题，往往不知道工作从何入手。还有些人眼高手低，表现出自傲和浮躁情绪，迟迟不能进入角色，不能融入到工作中。如果在实习时能认真总结，尽快适应，将大大缩短工作中的“新人”阶段，为自身的发展打下良好基础。

【视野拓展】

职场的磨刀石

小周是某设计公司的老板，前些天小周在来报到的3个应届毕业生之间开展了一场同题竞赛——为一个近期签约的客户做设计方案。

竞赛的结果把他惊呆了。A同学的方案像是教科书内容的翻版，经典却毫无创意；B同学始终没搞清客户的偏好和自己的喜好到底哪个更重要，在错误的方向上渐行渐远；C同学的作品倒是有些亮点，可用来演示的PPT上，斗大的错别字赫然出现在标题上。

而在此之前，他们个个信心百倍，恨不得当场就领走个重点工作去大显身手，瞬间树立良好的职业形象。名牌大学、研究生学历、在校期间配合导师完成过类似项目，所有这些都让他们觉得前途一片大好。

职业生涯是一盘“很大的棋”，在长达数十年的时间里，心浮气躁、急功近利永远是走向成功的大忌。对于职场新人来说，再昂贵的职业套装也遮不住言谈举止中的青涩。而第一份工作，除了带来一时的新鲜感和对未来的憧憬之外，它更像是一块磨刀石，在反复磨砺中把我们打造成职场所需要的人才。

实习是认识职场的基础

●实习是进入职场的实战演练

毕业前的实习，是走向工作岗位前的最后一次演练，是一次非常重要的锻炼机会。学生在实习中不仅要强化理论知识和实践技能，更重要的是要历练自己的性格及社会适应能力；要通过实习了解社会，了解企业和企业文化，将自己融入到企业和社会中，将自己的理想与企业和社会的发展统一起来。

用人单位在录用毕业生时看重的并非一纸文凭，而更关心的是你日后在工作岗位中能为其创造怎样的价值和财富。也就是说，用人单位更为看重的是你的素质与潜能。

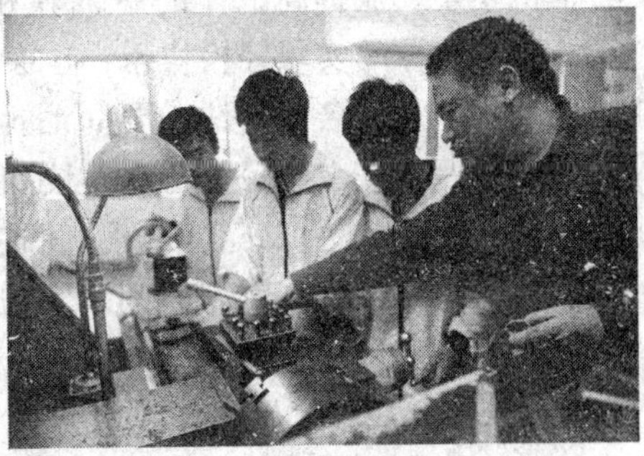

图5-3 实习是进入职场的第一道门坎

在实习活动中学生可通过实习检验自己在新的环境中的适应能力，认识一批新朋友，接触到相关领域的真实信息，学习到很多书本上没有的实际经验，为迈出下一步打下坚实的基础。通过实习，还会让同学们更加容易捕捉到就业的信息，增加就业的机会。因此一定要重视实习这一重要环节。

●实习是进入职场的第一道门坎

实习是毕业生求职的热身赛，是就业前的预演，也是进入职场的第一道门坎（图5-3）。

职场不同于校园，岗位不同于课堂。对于学生而言，通过实习可以逐渐适应职场环境，建立自己的人际关系，为就业铺平道路。实习经历是人生的一笔财富，这些经历无论是喜是忧，都对即将开始的职业生涯大有裨益。

●实习是从业的开始

社会的高速发展并不代表急功近利与轻浮草率。很多学生把毕业实习说成是“廉价劳动力”，甚至是“浪费生命”。这是极其错误的。应该认识到实习是学生认识职场的开始。

在实习中，学生第一次真正走向社会，体验与校园完全不同的生活状态。由此带来的职业感是全新的，在实习中学生可以初步确定自己的职业角色和定位，培养职业素质，适应新的人际关系。

在实习中可以更多地了解职场信息及规则，使学生尽快融入到社会生活中。实习是从业的开始，实习中应该处处以职业人来要求自己，而不应轻视实习过程。整天忙于求职而忽视实习，是捡了芝麻丢了西瓜，将会因小而失大。

项目二　做好实习准备

分析自我 明确方向

●未雨绸缪，做好准备

提早了解社会、了解企业、明确职业目标、积累能力资本，是提升就业竞争力的制胜法宝。

学生在就业准备过程中一定要目标明确，分清主次，不要盲目实习，更不能为了实习而耽误了学习，要在学业完成的基础上参与各种实习、实践活动。

●深思熟虑，写好计划

计划就是在未来一定时期内关于行动方向、内容和方式安排的事项。不知道自己想要学什么，没有一个明确的目标，缺乏发自内心的学习渴望，无论你身边的人怎么热心帮你，你都不可能获得很大收获。必须为自己制订一个计划，不能临时抱佛脚。

制订一份合理的实习计划，明确自己实习要达到的目标，及时检查自己知识、能力等方面的不足，能提高工作的系统性和预见性。在实习中认真执行计划，随时补充调整完善，将会使你的实习轻松快乐，也会为你打开就业的大门。

◆标题及署名的写法。要简明扼要地写出实习计划的标题，署名要写上所在学校和本人的姓名。

◆正文的写法。开头部分，简述实习的基本情况，包括实习目的、实习时间、实习单位、实习的依据、实习的目的等。主体部分，简述“做什么”（即目标和任务）、“做到什么程度”（即要求）和“怎样做”（即措施和办法）三项内容。要求要写得全面周到、有条不紊、具体明白。结尾部分，或突出重点，或强调有关事项，或提出简短号召。当然，也有不写结尾的。

图5－4　制订计划

●分析自我，完善计划

实习之前要认真分析一下自己，要弄清自己的长处与短处。对于自己在哪一方面理论知识扎实但实践不足，哪一方面可独挡一面应心中有数。还要结合自己实习的岗位特点和单位的规章制度等来制订实习计划。计划应包括工作计划和学习计划（图5－4）。

执行计划
补充完善

●认真执行计划，努力提升自我

实习过程中应认真对待工作，要有主人翁的意识。要把自己当成企业的一员，全身心地投入到工作中，处处为企业着想，按实习计划行动。

●随时补充，逐渐完善

合理的、灵活的计划是成功的保障，但一成不变的计划却是前进路上的障碍。制订的计划要随着知识和经历的增长随时修订，切忌一成不变。否则不但不会指导你的行动，还会妨碍你的行为。计划只有通过不断的增订修改，才能逐渐完善，才可能为你完成目标打下坚实基础。

在工作中要根据自己的收获与体会随时调整和修订，使自己的计划不断完善，为自己的行动指出明确的方向。

模块二　在实习中提升职业能力

【名人名言】

行动生困难；困难生疑问；疑问生假设；假设生试验；试验生断语；断语又生了行动，如此演进于无穷。

——陶行知

理论由实践赋予活力，由实践来修正，由实践来检验。

——列宁

知之愈明，则行之愈笃；行之愈笃，则知之愈明。

——朱熹

【事实聚焦】

不打无准备的仗

小王是某职业中专计算机专业的学生。2010年9月份，学校安排他们到某知名企业顶岗实习。该企业是外资企业，每年招收的员工很少。并且都是从实习生中挑选的尖子。而小王却顺利地于2011年7月取得毕业证后与该公司签订了就业合同，令同时进入公司实习的很多大学本科生都羡慕不已。

只有中专文凭的小王之所以能成功，关键在于他实习时的突出表现。小王实习前听从老师的指点，制订了一个合理的工作、学习计划。在实习过程中他不断地改进计划，并认真执行。终于取得了最佳的成绩，受到公司的青睐，自然就顺利地签订了就业合同。

【案例点评】

从实习到顺利就业，小王无疑是成功的。实习前合理地计划，实习中努力地工作，工作中及时修订计划，不断充实自己应该是他成功的关键。他的成功再一次证明了在实习中提升职业能力的重要性。

【案例启示】

许多中职生对实习缺乏充分的认识，一进入单位顶岗实习便觉得处处不顺心，不能适应岗位要求，结果往往是实习结束就被公司扫地出门，失去了一次难得的机会。如果每位实习生都能像小王一样，注意在实习中提升职业能力，将会为就业打下坚实基础。虽然不可能人人与实习单位签约，但总会收获很多东西！

项目一　实习中提升职业能力的途径

实习是就业的序幕，它不仅是实践技能训练的主要阶段，也是为求职、就业积累经验的重要时期。

实习与学校的实践课不同，它是真实的工作体验。学生可以了解、熟悉工作的真实环境，单位的管理制度，工作的节奏；也可以试试自己能否干好这一行，体会行业的文化氛围是否适合自己。通过一段时间的实习，学生既可以了解将来的工作岗位，又可以调整自己的就业目标。因此，可以说实习是对职场的提前适应阶段。

虚心学习 善于总结

●虚心请教带教师傅

实习过程是毕业生真正走向职场的开始。刚刚走出校门的学生，往往心高气傲，但却是眼高手低，动手能力较差。要知道“纸上得来终觉浅，绝知此事要躬行”，实践是提升自己工作能力的重要渠道。课本上的理论知识与现实工作中的实际问题相差甚远。因此，在实习中要放下书生的架子，要多向带教师傅和周围的其他人请教。要尽可能地将别人的经验转化为自身的经验和技能(图5－5)。

图5－5　虚心请教

●不断丰富理论知识

实习过程中更重要的是学习，既要学习实践操作技能，还要注意理论知识的补充及更新。要按照自己的计划有目的地学习。实习时没有学校老师的督促，学习要凭自觉。这也是养成自我学习和再学习习惯的最好时机，它对学生的发展至关重要。

实习过程中的学习，要特别关注工作岗位的发展趋势和其他的相关知识。不但要向师傅学习、向工作学习、向企业学习，还要根据自己暴露出来的缺点，有目的、有计划地向其他人员请教，只有勤学好问，才能最大限度地提高自己的综合能力。

●善于总结经验

在实习过程中，学生应充分利用这一难得的机会，掌握实践操作技能，勤于总结经验教训。要随时总结工作、学习中的得失，改正不足，充实自己。为将来独立工作打下坚实的基础。只有通过不断地总结、改进，才能掌握真正的技能，也才能缩短从业时的适应时间，尽快融入到工作、社会环境中。要随时总结实习中的得失，为将来开创自己的天地做准备。

熟悉环境　严守纪律

●熟悉工作环境

实习是工作的先奏，也可以说是第一次进入工作状态。所以要做好准备，尽快融入职场。

◆提高心理素质

过硬的技能虽然很重要，但良好的心理素质，常常决定了一个人的发展。只有具备了处变不惊的良好心理素质和愈挫愈强的顽强意志，在今后的工作中才必定会有一番作为。

◆熟悉企业文化

职业环境与学校环境完全不同，它的人际关系、工作环境等不像学校那样单纯。所以要尽量利用实习这一缓冲带，迅速适应职业环境，尽快熟悉企业文化，真正融入到社会中。

●严守工作纪律

实习是就业的前站。在实习过程中，学生既可以检验自己的理论水平、实践操作能力，还可以锻炼自己对陌生环境的适应能力，为就业做好准备。

实习可以接触到相关领域的真实信息，它不像学校的实验室，更像是军队的实战演习，稍有不慎，就会使自己伤痕累累。学生在实习中不能怕出错，要尽可能地避免出现差错。只有认真操作，严格遵守操作规程，遵守单位纪律，才能避免差错事故的发生。在实习过程中，要逐渐养成自律、自信、自强的良好习惯，为就业做好准备。

【视野拓展】

一名中职生的暑期实习心得

2010年暑假，学校安排我们新闻一班开始实习。我同其他3位同学是在“每日甘肃网”实习。作为实习记者，在整个实习过程中，我们几乎参加了网站所有类型的工作，采访、写作、发布新闻、策划专题、参加会议等等。整个实习过程丰富多彩，令人难忘，它使我增长了见识，为以后从事传播行业的工作打下了坚实的基础。我希望自己能继续做与传媒相关的工作，因为实习让我有了职业目标。

在实习之前，我尽量收集一些相关资料，温习以前学过的知识。不过真正开始工作的时候，脑子里就想不起学过的东西了，脑子里全是指导老师的教导：怎么找线索，怎么与采访对象谈话，怎么写标题，怎么修改文稿。实习期间，我写出了11篇稿子。虽然网站发稿相对简单容易，但每一篇稿子都是自己与同学一起辛苦写出来的，我自己感到比较满意。

由于实习地点离学校很远，我们每天都是6点出发，坐车一个小时左右才能到达实习地点，中间还要转一次车。当时正值兰州最热的时候，气温达30多度。但是我们不怕吃苦，格外珍惜这个实习的机会。虽然实习单位一般周末不上班，但我们还是出去采访。期间采访过高考咨询会、甘肃中职生技能大赛颁奖晚会等新闻事件。

整个实习过程中，我们每天都要跑十多里路，我中职学习期间从未走过这么多的路，算是劳其筋骨了，它让我们体验到了工作的辛苦和快乐。

睡眠和饮食习惯都有影响，不过我们身体还好，没有人掉队。体验到了团队作战的快乐，也感受到了团队作战的优势。

这次实习我们学到了好多书本上学不到的东西。第一个收获是开阔了视野。实习期间，每日甘肃网举办“网络媒体行”活动，全国许多网络媒体派代表来甘肃旅游观光，都采写了自己的所感所闻，报道了甘肃的经济文化成就。这期间，我们接待了很多来自全国各地新闻界的朋友，我们实习生主要负责助理工作，比如接待、引导等。实习期间，我们还参加了甘肃日报社成立60年的纪念大会的筹备工作，了解到读者集团的发展历程，也深深感怀老一辈新闻工作者的辛勤劳动。这一切活动都让我们开阔了眼界。第二个收获是工作期间结识了很多朋友，比如指导老师，虽然他们仅仅大我们几岁，但他们已能在新闻岗位上独当一面了，同时他们的思想也更成熟。与他们交流，使我们受益匪浅。我们还认识了其他学校的同学，他们都热心新闻事业，在工作中我们增进了相互沟通和了解。第三个收获是学习能力得到提高。工作期间，我们接触很多自己不曾接触过的东西。比如发帖系统，编辑软件的操作，还有视频的处理，照片的制作。因为工作的需要，学习速度要不断提高才能做好这些东西。记得一次去随团慰问甘肃武警总队的时候，有几张照片处理得不好，回来时受到指导老师的批评。从这件事中，我们更加切身体会到摄影记者的不易，一副好照片的得来同样需要很多努力。正因为这件事，让我们正视记者工作的艰辛和付出。

这次实习给了我们许多启示，概括地说就是一句话：有付出就有回报。不管是好回报还是坏回报，这个回报能让我们进步。实习和正式工作不一样，犯错后不会被辞退，而会得到指导老师的点拨。同时，学习精神的培养，让我们能够面对以后的学习生活，也为将来的人生选择做了铺垫。

这次在每日甘肃网实习，使我们加深了对新媒体的认识。互联网也要追寻时效性，而不是以前的从其他传统媒体转载新闻消息，每日甘肃网因为是政府门户，拥有采访权，很多新闻消息便是自己的原创。如果说现在的新闻奖还是传统媒体的天下，我相信不远的将来，新媒体优秀的运作，超强的创意将受新闻奖的青睐。未来的传媒行业必然是更快更新的新媒体的天下。针对目前互联网媒体的原创性相对较低的现状，有志于传媒事业的同学可以尝试加入这个大潮。为祖国新媒体的发展出一份力。我已经打算报考新媒体岗位。

短短的一个月的实习，在我们风风火火的热情工作中过去了。在中职学习生涯中有这样一个值得回味的学习历程，是人生的一大幸事。实习期间，我们来自不同学校的同学朝夕相处，互相帮助，克服困难，建立了深厚的友谊。我想这份友谊将会永远留存。实习经历除了交朋友，还使我们学到了良好的生活态度和工作态度。我相信，在未来的职业生涯中，我一定会实现我的人生价值。

感谢老师的推荐，让我们能到每日甘肃网实习。感谢每日甘肃网的指导老师，他们的教导和鼓励将会使我们受益终身。感谢共同实习的同学，是你们的帮助，才使我高质量地完成了实习任务。

项目二　实习中提升职业能力的方法

调整心态
适应职场

●从容淡定，适应变化

校园的学习更多是个人行为，工作则更加社会化，更加注重团队之间的协作。如何与他人协作是初入职场的毕业生最需要学习的东西，而这个没有固定的程式，需要结合自己的性格特点，不断摸索，善于总结与反思将会为你节约很多时间。

【特别叮嘱】

不要相信“是金子总会闪光”，不要坐等伯乐来发现你。要主动出击，寻找伯乐。充满自信才能成功。

相对于学习，工作更加功利和现实。很多公司的文化是结果导向的，如果主管和你说“我只看结果”，不要感到惊讶，因为领导的领导也要的是这个结果。学习主要是考核学习能力，而工作中要求的技能更加综合。工作中涉及到了关系建立能力、沟通能力、谈判能力等等。与学校的生活不同，一项能力的不足，很难用其他的能力来补足。

职场中，机会之类的偶然性事件很多，努力和结果没有百分之百的必然性，但仍有很大的相关性。所以，你不要为自己没有得到什么而气馁。要相信厚积薄发，并且敢于尝试。上帝如果给了你一手烂牌，你也要加油打好这一局。

正因为如此，我们需要做出改变，积极调整心态，适应从学校到企业、社会的转变。譬如先可以问问自己：10 年后想成为什么样的人，或者是未来要过什么样的生活？这样的问题至关重要。这不是一个简单的问题，需要你完成一个系统的思考。

●抛弃幻想，提升能力

保持务实的作风，立足现在。很多学生在工作中往往存在过多的幻想，总是幻想有更好的工作机会。建议职场新人别仅仅去幻想，要相信概率，而不要迷信奇迹。不要过多地去抱怨，抱怨不解决任何问题。不要沉浸在过去，也不要沉溺于未来，要着眼于今天。一定要学会脚踏实地，注重眼前的行动(图 5－6)。

图 5－6　参加社会实践

◆要积极主动

主动发现问题，思考问题，主动解决问题，承担责任及“份外之事”。投入比别人更多的精力和资源。如果想获得更多，就需要比别人付出更多。

◆关注自己能力的成长

不要把改善工作的能力全部寄托在公司培训上，要把更多的心思放在观察和思考上，找出问题的所在，通过观察和实践得到的答案才是真正的知识。在工作实践中不断学习与进步，提高和丰富自己的工作技能。

重视实习
提高技能

●适当展现自己

敢于脱颖而出，对于即将踏上工作岗位的学生而言至关重要，要学会在适当的时机展现自己，而且要展现自己最光鲜的一面。谦虚礼让是中华民族的传统美德，但在激烈地求职竞争中，谦让的结果往往会丧失良好的机会，被别人挤下去。因此，现代人的第一本领是要会表现自己、展示自己，让别人认识自己、了解自己。这样才能赢得机遇。

●积极培养能力

实习过程是学生不断充实自己的过程。通过实习，学生把课堂上所学的理论知识转变为自己的实践技能，完成知识的转化和提升。

在实习中要培养分析问题、解决问题的能力；要善于在实践中发现自己的不足并及时弥补，以不断提升自己的职业能力，做好就业的充分准备。

【视野拓展】

暑期流行海外带薪实习，“富二代”感受吃苦

当不少学生选择在家度过舒适的暑假生活时，有一小部分学生选择了到海外去实习打工；当一些学生在外语辅导班中苦背单词的时候，他们正用其还不娴熟的外语与老外们交流……对于这群选择暑期“海外带薪实习”的学生来说，原本希望能为将来的简历增添一丝亮色，但他们的实际体验却并非如此。甚至对于某些学生来说，赚的不如花的多。

离开上海，搭乘20个小时的飞机来到美国的菲尼克斯打工已经快一个月了。上海某中职学校二年级学生小姚已渐渐习惯了现在的生活：每天清晨四五点钟起床，6点开始工作，烤培根和面包，准备水果和汤，间或回答客人的问题。

今年暑假到来之前，小姚的同学看到一个中美中介联合举办的海外实习项目，就叫他一起来了。“和外国人相处，可能会有一些不同的感触”。就这样，他交了近1.7万元的中介费用，付了1万多元的机票费和800元的签证费，海外实习就办成功了。其间，对方并没有举行面试。小姚认为，中介的收费并不算高，“去美国旅游1个礼拜也要花这些钱了。”

按照计划，他需要实习3个月。每天的工作时间是每天早上6点到下午2点，为客人准备早餐和午餐。小姚说：“餐厅的早餐是自助餐，我负责的是培根、面包、水果、汤的部分，基本上冰箱里拿出来烤一烤就可以端出去了，非常简单。”工作的时候他也经常会遇到客人问东问西，大致是帮他们拿些食物什么的，“但我觉得对英语的提高作用并不大，毕竟听不懂的单词就是听不懂，又不可能没事带个字典说话。”对于自己的工作，小姚大致还算满意，毕竟工作强度不大，“最累的一天干了12个小时，回来脚发软，不过想到有加班工资，忍忍还是过去了。”

小姚大概会在10月初返沪，这份经历是否对其找工作有帮助他不敢说。但他表示，如果明年还有这样的海外实习机会，肯定不会再参与了。“作为人生经历，一次足矣。”

交了近4万元钱，坐了14小时的飞机，又在路上颠簸了几个小时……20岁的刘雪终于来到了美国奥兰多的一个游乐场，这是她海外实习的处所。本以为赴美带薪实习可以锻炼口语，还能享受大洋彼岸的蓝天白云。然而等待她的工作却是一天站八九个小时，每天机械地收钱点钞。那一刻，她有些抓狂。

2010 年 7 月，当时还在广州某中职读书的刘雪参加了一个名为“赴美带薪实习项目”的暑期活动。该项目的英文全名是暑期工作和旅游，是美国国务院教育和文化交流司指定的官方文化交流项目。当时和她去同一地点实习的还有来自国内其他院校的十几个学生。

到了目的地，全体队员调整了时差后就开始第一天的工作。由于在美时间较短，当地企业为他们提供的多为饭店前台接待、餐厅服务员、收银员、卡通表演、公园向导等基础性服务工作。刘雪回忆道：“有个负责人员教我怎么用收银机，然后就直接领我上岗了。我才刚弄清楚美元面值有几种但还没搞清楚不同硬币分别长什么样子，就被安排直接去收钱了，所以当时非常紧张，每次接待客人都如临大敌。”

可渐渐地，机械的重复性工作让刘雪郁闷起来。“前几年各国实习生混住，但后来中国学生越来越多，到了我们这批，几乎全是中国人。此外，我觉得这次实习学不到什么技术知识。我是数控技术专业的，以后毕业进相关企业的可能性比较大。这种实习经验，似乎对我以后工作也没什么帮助。”

在经历了起初的不适应后，刘雪开始思索：如何让这趟代价甚大的美国之旅变得“值”起来。“既然环境无法改变，只能自己去适应，主动去和外国人沟通，包括我的外国同事和我服务的顾客，慢慢地学到了很多东西。这种学习不是我们课堂中学习的传统知识，而是一种如何和一个与你文化背景完全不同的人交流的技能。”

在日常生活方面，刘雪表示除了在工作时有顿工作餐外，其余的开销都需自理。“我和另外一个女生住一间带厨卫的房间，每周租金 79 美元。我每周收入是 200 美元，还不包括扣税。如果每天下馆子，根本吃不起，只能自己动手做饭。”

据刘雪说，从小到大她在家基本是连双袜子都不需要洗，更别谈下厨房了。“不过我运气很好，同屋的女孩居然是个料理高手，我就帮她打打下手。即便如此，每周开销也要 50 美元左右，偶尔开开小灶去次中餐馆，基本每个月赚的钱只够生活费。”

回到国内，刘雪算了算，此次美国之行，她赚了大约 2000 美元，却总共花费了 10 万元人民币。“这里面包括我在美国的两周旅行，还包括我给家里人的礼物。”刘雪坦言，“富二代”花钱大手大脚的毛病在她身上也不能幸免。“其实同去的队友们基本上家境都不错，只是有的高调些，有的比较低调。”

赴海外实习的这些学生有人希望为求职提前热身，但大多学生还是抱着去美国看看、玩玩的想法。

模块三　在实习中把握就业机遇

【名人名言】

机会对于不能利用它的人又有什么用呢？正如风只对于能利用它的人才是动力。

——西蒙

善于捕捉机会者为俊杰。

——歌德

机会不会上门来找；只有人去找机会。

——狄更斯

如果事先缺乏周密的准备，机遇也会毫无用处。

——托克维尔

机遇往往爱寻找有执着追求的人。

——契诃夫

【事实聚焦】

提前锁定自己的前程

小赵很想毕业后去一家外企工作。在一次人才招聘会上，他才知道去那样的企业有多难，人家需要什么样的人才。也知道了自己应该怎样做。暑期，他经人几次推荐，终于进入到一家外企实习。他非常珍惜这一机会，实习很认真，每天工作的时间比正式职工都长。他从一点一滴做起，努力去适应外企对员工的要求。他曾对别人说："我就是喜欢外企，想去外企工作。只要他们不回绝我，我就一直实习下去，直到签约。"他的实习目的就是为了提前锁定自己的前程。

【案例点评】

现在的学生求职时都青睐于工资高、待遇好的外企。但这些企业对人才的要求一般都很高。怎样去解决理想与现实之间的矛盾呢？小赵的做法是应该肯定的。通过实习，可以让企业了解自己，自己也能提早适应企业。

【案例启示】

随着就业中"双向选择"的逐渐普及，学生及企业对实习的认识都发生了很大的变化。实习也逐步同就业直接挂钩。学生把实习作为锻炼的机会，而用人单位也把实习视为检验学生能力的一条重要途径。中职生应充分把握实习的机会，做好就业的准备。

项目一　在实习中发展自我

珍惜增长才干机会

●提升就业能力

就业能力涵盖专业能力、社会能力等几个方面。随着社会的发展，企业对人才的需求也发生了变化。他们需要的是专业能力强、综合素质高的人才。

就业能力的提高是一个循序渐进的过程，要靠长期的积累才能实现。实习是一个难得的提升机会，应该抓好这一机遇，虚心向有经验的人学习。在实践中不断提升自己分析问题、解决问题的能力。还要善于发现自己的不足并及时补充。总之，在实习过程中要把握机遇，最大限度地提高自己。

【特别叮嘱】

一个人的成功有着各种各样的因素，其中“机遇”也许是最重要的，也是最难驾驭的。善于捕捉机遇的人，往往是事业成功的人。

●做好职场调适

实习既是就业技能的培养阶段，也是学生适应职场的开始。这一过程中，随着对单位管理制度的了解，随着对企业文化氛围的适应，学生可以逐渐了解自己能否适应将来的工作。并能及时发现自己的不足，及早做出调整，以便适应将来的职场环境。也可帮助学生及早调整自己的职业生涯规划，为实现自己的人生目标修正方向。

实习是工作的预科，在专业性很强的行业中，职业能力是凭日积月累的锻炼获得的。躺在书本上是练不出“职业人”的。

实习过程中因为有带教师傅的指导，可使学生少犯错误，也可使学生更快地进入职业角色，适应职场环境。而且实习的最终目标是为了将来的工作，是为就业准备。所以，每一位毕业生均应把握好这一特殊的时期，以尽快适应职场，完成角色的转换。

图 5－7　认真分析就业信息

●把握就业机会

在实习过程中，由于社会接触面的增大，关于职业的信息量也大大增多。对于海量的就业信息，应认真归纳分析（图 5－7）。要了解自我，定准目标，主动出击。抓住一切可能的机遇。同时实习也为学生提供了一个展示才华、让企业了解自己的机会。一定要好好把握，利用这一机遇，最大限度地发挥自己的优势和特长，为自己创造脱颖而出的机会。即使你不想在这一单位工作，你在这一单位的表现也会影响到你的就业。

珍惜展现才华机会

●寻找展现才华的舞台

在实习中，学生对就业信息的接触明显增多，因此对就业途径的选择也相应增多。随着我国就业政策的调整和就业方式的不断改进，用人单位和求职者双方都在找机会满足自己的需要。实习正好为双方提供了接触的机会，所以学生在实习过程中，不仅要努力学习技能，更重要的是要学会表现自己。要敏锐地捕捉一些就业信息，把握好稍瞬即逝的机遇。机会对人人都是平等的，就看谁能把握好时机，抢先抓住机遇。

【特别叮嘱】

如果你想在这个世界上得到充分的发展，那么你就应该做好一切必要的准备。

●通过才华展示走出精彩人生

机遇通常在偶然中出现，要善于捕捉。有很多成功人士就是在偶然的机遇中走出了自己精彩的人生。

在机遇出现时，不能迟疑徘徊，患得患失。任何事情等你看清了再去做时就迟了。该出手时就出手。即使失败了，也能积累经验，使你变得更加成熟。当机遇再次降临时，你就比其他人更会把握。

【视野拓展】

善待第一份工作

戴尔电脑公司的创始人兼总裁迈克尔·戴尔的第一份工作，是在一家中餐馆当洗碗工，时薪2.3美元。功成名就之后再回想起当初这段工作经历，他仍然心存感激："我最喜欢的是餐馆老板的智慧——只要我早上班一会儿，就能学习他的经营之道。他为自己的工作十分自豪，并且关心每一位来到店里的顾客。"第一份工作不仅可以是成功的基石，也可以是通向成功之路的跳板。至少，它可以帮你赚到一定数量的钱，让你更有能力、更自由地去做自己想做的事。第一份工作是职业生涯的起点，就像在田径场上，无论你参加的项目是一百米短跑、跳远或跳高，起跑时的速度、节奏都将决定最终的成败。

项目二　通过实习实现顺利就业

选好实习单位

●有目的地选择实习单位

学生在校期间的主要任务是学习理论知识，接触社会和工作环境的机会很少。学校中的实践课程，主要是为了加强和巩固专业知识，与真实的工作环境相差很远。专家建议学生在校期间，就应根据自己的兴趣和社会需求，尽早明确自己的工作方向，做好职业生涯规划。在课余时间，要主动接受相关知识信息，有意识地提前积累经验。

毕业实习时，要有目的、有意识地选择单位，既要能满足自己学习的需求，更要能为就业搭建一定的平台。

在实习中，学生应"走出去"，多接触社会。在实习中不光要增长才干，还要培养兴趣，创新思路，积极探索。如能在实习中得到用人单位的认可，就业就只剩毕业后签约的问题了。

●**机会往往青睐有准备的人**

一个偶然的机遇往往会改变人的一生，但机遇从来都青睐有准备的人。经过几年的专业学习，学生基本都清楚了自己的专业所对应的职业岗位群。再经过一段时间的实习，也明确了自己的职业能力和就业需求。这时既不可妄自菲薄，也不可好高骛远。要找准自己的定位，明确发展方向。要把从基层做起，当成自己职业生涯的起点。千万不能这山望那山高，犹豫不决。当机遇出现时一定要牢牢地抓住，不可白白地错失本来可能属于你的那份工作。

实习是就业的直通车

●**实习是双方互相检验的过程**

在现阶段，实习正逐步同就业挂钩。学生把实习做为就业的演练，用人单位则把实习当做对学生能力检验的很好机会。因此，我们说实习过程是双方互相检验的过程。

学生在寻求实习单位时要有的放矢，尽量找到自己将来可能就业的单位。这样，既可以提升自己将来的从业能力，还能及早适应从业环境，更重要的是经过自己在实习时的努力表现，能让单位充分认识自己，了解自己的能力，为就业做好铺垫。

●**实习为双方提供了机遇**

用人单位都需要有经验、可造就、能力强的人才。并且，有些单位的某些操作技术是不公开外传的。所以，他们多从自己单位的实习生中选择人才。这样既减轻了单位对人才的培养成本，又录用了单位所需要的人才，真正做到了量才录用。而对于学生来说，在实习单位就业，更能尽快适应企业文化，融入企业。从业后也能在短时间内进入角色，缩短了“新人”阶段(图5－8)。所以说，实习为双方都提供了有利条件。

图5－8　融入企业

【视野拓展】

中职毕业生职场适应能力有待提高

当前到处呼喊求职难，但不少企业管理人员却感叹：现在要招到一个好员工并不容易，有时候管理新员工比哄小孩子还费劲！近几年来，80后中职毕业生陆续走上社会，他们当中不少是独生子女，因其生活经历比较顺利，造成对社会的适应能力不强，让用人单位十分头疼。

某科技公司负责人张先生一说起招聘新员工的事就头疼。他从两个月前开始向社会招聘一名美工人员，来应聘的基本是应届大中专毕业生，可是试用了好几个都觉得不行，原因几乎都一样：这些人因喜欢网络交流而影响了工作。特别是刚刚毕业的大中专学生，因急于向同学朋友交流现在的生活工作进展情况，大都在单位上QQ或校友录。有些人被老板警告之后有所收敛；但有些却像小孩子一样，明的不允许，就来暗的，只要老板不在，他们就马上开小差聊QQ或到校友录上“灌水”。

张先生说，他在招聘新员工时发现不少毕业生都有点儿玩世不恭，挨批评时也不觉得害羞；而一些女孩子，总以为在上司面前扮可爱就行了，却没想到很多企业要的是干实事的人才。

某广告公司的黄总经理十分感慨地说，从公司这几年陆续招收的员工来看，上世纪80年代出生的大中专毕业生都过于自负，而责任心不够强，又有点儿好高骛远，在刚开始工作时根本没有心思脚踏实地积累经验。在公司搞一些户外活动时，这些新人只顾自己，没有全局观念，而且没有耐心做好沟通工作。

好高骛远更是一些有一定能力的毕业生的通病。黄总说，去年公司来了一位大学毕业生，进公司后就急于表现，设计出很多策划方案给她看，希望能尽快得到重用，当上副总级人物。后来，他的方案因缺少实际操作性而没被采用，可他却觉得怀才不遇，很是失落。

【活动体验】

根据自己所学的专业，结合学校的实训课写一份实习计划书和一份总结报告。

【注意事项】

1. 态度端正。
2. 向专业教师请教，了解本专业的特点。
3. 查阅资料，明确实习实训的目的。
4. 在实训过程中要随时总结，及时修订计划。
5. 认真总结，仔细分析，找出和弥补自己的不足。

【单元小结】

模块一　实习是工作的前奏

●实习是中职生就业的重要一环。缺乏实践经验一直是中职生就业的“软肋”。当下，受国际经济形势的影响，企业对从业人员实践能力的要求也就越来越高。在这种背景下，实习已成为中职生就业必不可少的一环。

●实习是完成“学校人”向“职业人”转变的中间环节。实习将大大缩短工作中的“新人”阶段，为实习学生自身的发展打下良好基础。

●实习是就业前的实战演练。毕业前的实习，是走向工作岗位前的最后一次演练，是一次非常重要的锻炼机会。

●实习是自我完善的过程。实习是进入职场的第一道门坎。

●实习是从业的开始。很多学生把毕业实习说成是：“廉价劳动力”，甚至是“浪费生命”，这是极其错误的。应该认识到实习是学生认识职场的开始。

●实习是理论和实践结合的过程。如果缺乏实践训练，学生所学的只是死知识，只会纸上谈兵。

●实习中应不断充实自我。实习过程是学生不断充实自我的过程。通过实习，学生把课堂上所学的理论知识转变为自己的实践技能，完成了知识的转化和提升。

●实习中要敢于脱颖而出。

●要主动出击，寻找机会。实习为学生提供了一个展示自我，让企业了解学生的机会；一定要好好地把握，利用这个机会，最大限度地发挥自己的优势和特长，为自己创造脱颖而出转变人生的机会。

模块二　在实习中提升就业能力

●未雨绸缪，做好准备。学生在就业准备过程中一定要目标明确、分清主次，不要盲目实习，更不能为了实习而耽误了学习；要在学业完成的基础上参与各种实习、实践活动。

●分析自我，明确方向。实习之前要认真分析一下自己，弄清自己的长处与短处。

●认真执行计划，努力提升自我。实习过程中应认真对待工作，要有主人翁的意识。要把自己当成企业的一员，全身心地投入到工作中，处处为企业着想。

●随时补充逐渐完善计划。合理的、灵活的计划是成功的保障，一成不变的计划是前进路上的障碍；制订的计划要随着知识和经历的增长随时修订，切忌一成不变。

●虚心请教带教师傅。在实习中要放下书生的架子，多向带教师傅请教。

●要善于总结经验。在实习中要会总结，更要多总结。

●实习是工作的预科。在专业性很强的行业中，职业能力是凭日积月累的锻炼获得的，躺在书本上是练不出"职业人"的。

●尽快完成角色转换。要尽快完成"学校人"向"职业人"的转变。

●做好就业的准备。实习是就业的序幕，它不仅是实践技能训练的主要阶段，也是为求职、就业积累经验的重要一环。

模块三　在实习中把握就业机遇

●实习为就业创造了很多机会，要善于把握。把握机遇，提升就业能力；就业能力的提高是一个循序渐进的过程，要靠长期的积累才能实现。

●做好职场调适。实习既是就业技能的培养阶段，也是学生适应职场的开始。

●实习中要把握好就业的机会。机会人人都有，关键是能否把握；要敏锐地捕捉一切就业信息，把握稍瞬即逝的机遇；机会对人人都是平等的，就看谁能把握好，抢先抓住机遇。

●要善于捕捉机遇。机遇通常在偶然中出现，要善于捕捉；机遇往往青睐有准备的人。

●实习是双方互相检验的过程。实习为双方提供了机遇；毕业实习时，要有目的、有意识地选择单位，既要能满足自己学习的需求，更要能为就业搭建一定的平台。

●实习中，学生应多接触社会。不光要增长才干，还要培养兴趣；创新思路，积极探索。

第六单元　审视就业环境

【目标透视】

知识目标：

帮助学生了解当前就业形势，展望未来就业前景，了解我国目前劳动供求关系发生的变化。

能力目标：

增强学生的就业技能。帮助学生初步掌握适应岗位的能力、适应多工种的能力、适应社会环境的能力、适应再就业的能力。

情感目标：

培养学生良好的就业意识，帮助学生正确定位，树立“干一行，爱一行，行行出状元”的职业意识。

模块一　了解就业形势

【名人名言】

人生的成功，不在聪明和机会，乃在专心和有恒。

——俞忒

不怨天，不尤人，行有不得，反求诸己。

——高深甫

今日能行之事，勿待明日，自己能为之事，勿诿他人。

——吉福生

立身以立学为先，立学以读书为本。

——欧阳修

学问是经验的积累，才能是刻苦的忍耐。

——茅盾

【事实聚焦】

廖安梓的梦想

廖安梓从高中开始就有一个当记者的梦想，王小丫、白岩松都是她的偶像。所以，选择专业的时候，她毫不犹豫报了传播系。

学习期间，不管校内校外，只要有实习、锻炼的机会，她都不会错过。每年寒暑假，她都到不同媒体单位实习，学校网站、杂志社、报社、电视台、大运会新闻宣传部门，都留下了她为梦想奋斗的足迹。

从三年级开始，廖安梓开始积极寻找工作岗位。为了把理想变成现实，她把就业范围锁定在媒体行业，向光明日报社、女友杂志社等媒体投了不少简历，但迟迟没有回音，这无疑给充满激情的她浇了一盆凉水。

就在廖安梓正为理想与现实的落差感到苦闷时，就业形势由于受到全球金融危机的影响变得异常严峻，更增加了她的压力。“心里很着急，来不及多想了。”为了能先就业，廖安梓决定放弃记者梦，先找到工作再说。

现在，廖安梓在一所民办学校当老师，每天工作虽然很累，但跟小朋友在一起，她很开心。“学生都喜欢喊我‘老大’。”廖安梓很高兴自己能适应和喜欢教师这份工作，“其实，当时被迫放弃理想，心里确实既无奈又不甘，现在发现先就业再择业也很好，至少我在一份全新的工作里找到了乐趣。”

【案例点评】

由于受到全球金融危机的影响，就业形势变得异常严峻，更加重了廖安梓的压力，所幸她选择了在一所学校当老师，逐渐适应和喜欢了教育工作。由此廖安梓得到启示：“先就业再择业也很不错，至少我在一份全新的工作里找到了乐趣。”

【案例启示】

廖安梓求职的经历启示我们：在许多时候，职业理想与现实之间存在差距。这其中的一个重要原因就是就业环境的影响。为了适应环境，顺利就业，必须适时调整职业理想。也可采取“先就业，后择业”的办法解决问题。

项目一　当前就业形势分析

就业前景

中国目前的劳动供求关系正在发生根本性变化。随着人口老龄化不断加速，就业压力正在减弱：目前劳动年龄人口总量仍在增长，但每年增加量正在减少。18－59岁年龄段劳动人口到2011年会保持基本稳定，18－64岁年龄段劳动人口增长会持续到2014年左右。之后，劳动年龄人口绝对数量将不再增长，规模会逐渐缩小。与劳动力供给变化不同的是，劳动力需求增长强劲。随着以国有企业改革为标志的结构调整接近尾声，劳动力资源市场配置能力逐渐增强，经济结构已经向更加有利于利用劳动力的方向转变，经济增长对就业的吸纳作用也逐渐增强，就业需求增长迅速，部分地区和行业甚至已经受到劳动力供给不足的困扰。上述变化意味着我国的劳动力供求形势正发生根本性变化，劳动力的供求矛盾正在减弱，但结构性矛盾正变得越来越突出。

“招工难”与“就业难”

要正确认识企业“招工难”和学生“就业难”的矛盾现象。

●正确认识企业“招工难”

近年来，沿海经济发达地区的企业开始出现“招工难”，劳动力出现供不应求现象。中国真的已经进入了劳动力短缺时代吗？事实上，中国在相当长的一段时间内仍然拥有充足的劳动力供给。在总量供给充足的情况下，劳动力短缺的发生更多的来自于结构性原因，当前的劳动力短缺更多的是一种结构性的矛盾。

所谓结构性矛盾，就是劳动力市场上供给和需求之间存在的不匹配现象。它既可以来自于地区、行业之间的不匹配，也可以表现为劳动者素质技能与岗位技能需求之间的不匹配。由于无法实现供给和需求之间的相互匹配，劳动力市场上既会出现有人无岗的现象（“过剩”），也会出现有岗无人的现象（“短缺”）。当前的“招工难”就是劳动力市场结构性矛盾的具体反映。劳动后备军教育程度不足和缺乏技能，使一些企业出高价也难以招到合格的工人。

●正确认识学生“就业难”

国家实施“大力发展职业教育”方略以来，职业院校在校生数量迅速增加。随着大学毕业生数量的扩大，就业难度日益增加(图6－1)。大中专生就业难的直接后果是工资难以增长。我国大中专学生数量真的过剩了吗？事实上，与我国经济社会飞速发展的要求相比，中国大中专毕业生数量不是太多而是太少，就业难从本质上来说仍然是一种结构性矛盾。在就业市场上，人们经常可以看到一流大学、二流大学甚至中职学校的毕业生，都在争抢同样乃至同一个就业岗位。相反，一些公司需求技能人才，因国内难以招募到合格人才而不得不花更高的代价从海外雇佣。我国的高等教育改革确实给了更多人接受高等教育的机会，但并没有带来同样多的就业机会，高等教育需要发展，但更需要健康地发展职业教育。

图6－1　就业难

影响就业的主要因素

●经济发展的影响

近年部分地区经济发展较慢，对就业的拉动作用减弱。

●工资收入的影响

劳动力供给量与市场工资率变动存在因果关系，通常情况下，工资率的上升总会带来劳动力供给量的增加；如果一个地区、企业的工资收入偏低，人们就不愿去该地区、该企业就业。近几年劳动统计数据质量检查发现，部分企业职工的工资收入偏低，过低的工资待遇，使不少的劳动者干一段时间后就辞职，重新踏上求职之路。

●失业者个人素质的影响

从人力资源部门统计数据看，目前城镇登记失业人员存在文化程度偏低、年龄偏大等再就业劣势。

●用工单位有限需求的影响

各地大中专毕业生供需见面会，企业提供的职位有限，能达成就业意向的更有限。

●求职艺术的影响

在诸多影响就业因素中，求职艺术也是不可忽视的环节。相当多的毕业生在找工作时，拿着几十份求职简历，像胡椒粉似的到处撒。既不了解用工单位需求，也不问自己是否合适该岗位，只要有与专业相似的单位或有单位招聘，都抱着侥幸心理去碰碰运气，往往是“泥牛入海”。面试语言表达、衣着装扮等技巧不够，也会影响到求职效果。

中职生的就业优势

●就业形势

近几年，在就业形势日益严峻的情况下，社会上流传着这样一句话：本科生就业不如高职生，高职生就业不如中职生。的确，据统计，近几年我国大学毕业生的一次性就业率始终在75%左右徘徊，而中职学校毕业生的一次性就业率早已突破95%。中职学校针对企业生产一线培养的有技能“蓝领”成为就业新宠。有些学校的毕业生供不应求。与大学生“就业难”截然相反，中职生就业出现了越来越吃香的趋势(图6－2)。

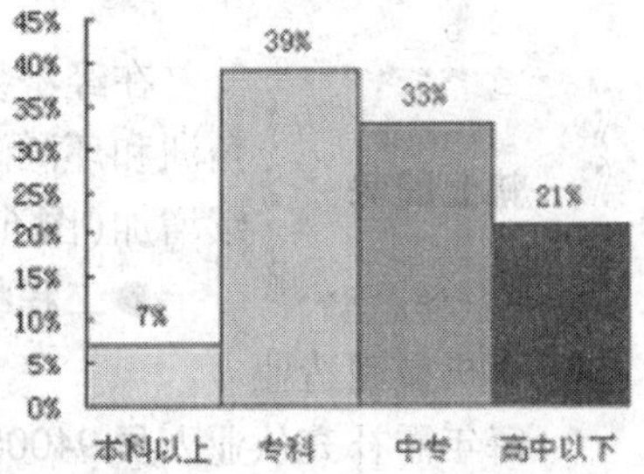

图6－2　从业人员学历分析

●原因分析

中等职业学校毕业生持续保持较高的就业率，反映了我国经济社会发展对中等职业教育培养的人才的强劲需求。一方面，由于产业结构的调整，产生了对专业人才的新的类别需求、层次需求和数量需求，像数控技术应用、汽车维修、计算机软件技术、护理等不少行业都出现了人才紧缺的情况；另一方面，在劳动力市场上用工单位需要的大量技术工人短缺，出现了“技工荒”，技术工人特别是高级技术工人缺口很大，一些大城市缺口甚至高达30%。

中职毕业生之所以深受用人单位欢迎，其中主要的因素还在于中职毕业生可塑性大，敬业精神较强，能把所学专业随时应用于实践，工资待遇要求也低于大专以上学历的人员。

【视野拓展】

促进就业的对策与建议

◆在职者要不断提高自身素质，以适应岗位需要。在知识经济时代，知识技术更新速度加快，企业对员工技能、素质也提出更高要求，如果员工没有失业危机感，在岗位上不继续深造，就有可能下岗。当今社会提倡尊重人才，允许人才自由流动。人才选择岗位，岗位也在选择人才。择业中个人的能力水平至关重要。

◆求职者的职业定位必须准确。知己知彼，才能百战百胜。每个人的兴趣、性格、能力与文化程度是不相同的，各种职业对个人的性格、能力、文化素质的要求也是不相同的。求职者在投递简历，走向人才市场前，对哪类职位比较适合自己，自己准备往哪个方向发展，企业对招聘有哪些要求等要做到心中有数。在此基础上，有针对性地去寻找工作。这样才会提高求职成功率；如果过高过低估计自己，或者本人实力与岗位要求相脱离，都是择业大忌。

◆加强深层次、高水平就业指导很有必要。目前不少就业服务中心的职能还只停留在发布招工信息，进行基本就业技能培训，办理失业登记与招工手续的一般就业服务上，而深层次、有针对性的就业指导还很欠缺。对求职者来说，干什么工作比较合适，一生的职业生涯如何规划，求职要注意哪些问题等很需要有专业人士指点迷津。

项目二　未来就业形势

就业趋势

在经济发达的长江三角洲、珠江三角洲和环渤海经济圈中，从业人员将持续增加(图 6－3)。

图 6－3　就业趋势

●**工程机械类**

◆机械制造业

每年需补充从业人员 94000 人，其中中职学校毕业生为 53800 人；考虑到汽车工业发展将带动汽车维修等相关职业岗位增加，预计机械制造业每年对中职毕业生的需求数为 64800 人。

◆模具设计与制造业

从业人员数由 16.92 万增加为 19.22 万，由于其生产方式明显向集约方向发展，结构进一步优化，从业人员数增加幅度不是太大，估计到 2015 年从业人员将会进一步增加。

●**电子信息类**

◆电子电器制造业

随着长江中下游平原制造业发展战略的调整，估计该行业每年新增中职毕业生为 10000 人左右。

◆信息产业

信息产业是长江中下游平原经济发展中发展空间最大的行业之一，信息业的快速发展需要大量增加从事辅助工作的初级人才。从这些地方的软件业看，估计对中职毕业生的需求在 40000 人左右。从信息产品制造业看，估计每年需补充中职毕业生为 36000 人；再加上计算机服务业的需求数 26000 人，信息产业每年需补充的中职毕业生数为 10.2 万人。

●**第三产业**

◆旅游和餐饮业

未来几年年均需中职毕业生达 7.99 万人，是第三产业中对中职人才需求最大的“客户”。

◆服装设计与营销专业

随着我国改革的深化，大量的外资进入，对我国的轻工业发展产生着积极的影响，我国现已成为全世界最大的服装生产加工基地。据调查，近几年对该专业中职人才的需求正迅猛增长。

◆销售业

随着中国经济的快速发展，销售业这个新兴的行业将逐步完善。从业人员将会有数万人的空缺。

◆房地产业

国家人力资源和社会保障部发布的“全国部分人才市场供求情况报告”显示，建筑、房地产等专业列招聘数量前10位，在职位需求中，对大专及以下学历的需求占50.1%。随着楼市拐点的出现，房地产人才需求下降的可能不能排除。

◆电梯业

据统计，全世界平均1000人有1台电梯。我国如要达到此水准，还需新装80万台。到时每年仅报废更新就需要6万台。凭借房屋建设势头红火，电梯市场供需两旺，带动电梯安装维修行业的发展，就业前景看好。

◆物流业

目前我国大约有1.6万物流服务公司，行业产值达到12000亿元。预计未来几年中国物流业将保持快速增长态势，将为更多求职者提供职位。

强化技能　准备上岗

●强化技能，持“双证”毕业

所谓“双证”，是指中职毕业生的毕业证和职业资格证。学生除持有毕业证外，还持有各专业所对应的职业资格证书。目前，学生实际操作能力已成为就业的“绿色”通行证，持“双证”者就业率远远高于其他求职者。

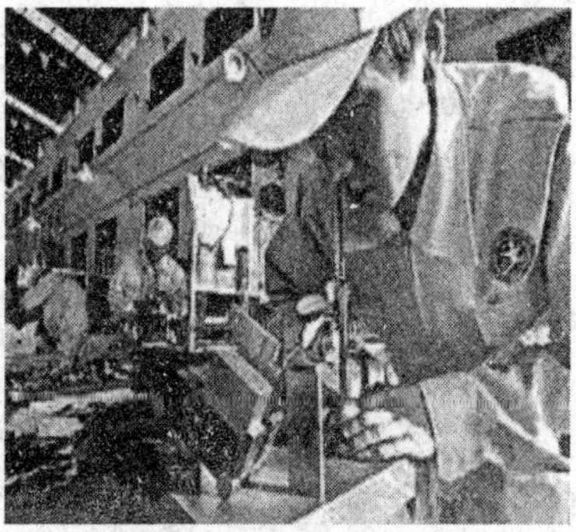

图6-4　技能竞赛

●积极参加技能竞赛

学生通过技能竞赛不但能锻炼自我能力、开阔眼界，还能通过竞赛证明自己的实力(图6-4)，为日后就业铺好路。2007年7月，《半岛晨报》的一篇报道提到大连一个中职学校的学生拒绝了月薪8000元的工作。他能这么“牛”的原因就是在2007年6月结束的全国中等职业学校专业技能大赛中，他获得了学生组个人成绩全国第一名。他说：“我现在变得更加自信了，因为很多大学毕业生的月薪可能还没有我高。”可见，技能竞赛的获奖证书在就业中发挥的作用是不可忽视的。

【视野拓展】

未来几年就业热门专业

◆现代服务业

服务业的增长已经成为引领世界经济发展的重要动力。纵观全球，国际大都市的产业结构有“两个70%”的现象，即在大都市的产业结构中第三产业占GDP的70%，在第三产业中占70%的是生产服务业或者专业服务业。

◆金融业

从未来发展的角度而言，企业领导、经营管理、风险管理和控制等金融管理人才；利率研究、核保核赔、财会、审计、法律、信息技术等金融研究和技术支持类人才，市场营销、投资银行业务、资金交易和资产管理、基金经理、基金销售、保险精算、再保险等金融业务经营类人才，都将被各家金融机构奉为上宾。

◆港航、物流产业

企业管理、航运管理、物流管理、国际货运、国际经济法等“软”专业人才，建设国际航运中心所需的港口和航道建设技术人才、计算机信息技术人才、法律人才，将成为航运和物流企业心仪的选择。

◆创意产业

创意产业指以创新思想、技巧和先进技术等知识和智力密集型要素为核心，通过一系列创造活动，引起生产和消费环节的价值增值，为社会创造财富和提供广泛就业机会的产业，主要包括研发设计、建筑设计、文化艺术、咨询策划和时尚消费等几大类，并涉及诸多行业。

◆先进制造业

先进制造业，是那些能够不断吸收国内外高新技术成果，并将先进制造技术、制造模式及管理方式综合应用于研发、设计、制造、检测和服务等全过程的制造业，具有技术含量高、经济效益好、创新能力强、资源消耗低、环境污染少、服务功能全、就业比较多等特点。

◆电子信息产业

未来电子信息产业的人才需求，主要涉及芯片制造、工艺、封装、测试、设备、材料等岗位集成电路产业人才。

◆汽车产业

选择以“汽车”为主题词的专业，将会为未来职业发展驶向高速路装备强大的引擎，而三大类人才，显然会在其间领跑。汽车产业需要的共性人才、新能源汽车需要的特定人才和汽车文化相关的人才将会十分抢手。

◆航空航天产业

制造具有自主知识产权的飞机，改变“8亿件衬衫换一架A320”的局面，将引发对航空人才的巨大需求。

◆装备产业

未来几年，在电站和输配电设备、轨道交通、微电子装备、精密加工装备、重点专用装备、能源类装备、新型环保装备、智能化测量和自动控制设备等8大领域实现升级突破，就少不了这些专业优秀的人才。

◆生物医药产业

在生物和医药领域，生命科学和医学基础研究、生物技术与医药领域新交叉学科研究、药物发现等生物和医药研究等方面的人才；药物开发、生物医药中下游技术研发、中药现代化研究、生物医学工程和开发等生物医药开发和产业化人才；新药研发合同研究、产品国际注册、生物医药成果推介、经营管理、市场营销等市场和管理人才，将变得十分紧俏。

◆新能源和新材料产业

在新材料领域，原创研发、生产管理、工程开发、高技能、市场营销等人才，将会十分抢手。

◆社会工作产业

社会工作主要存在于社会服务领域，涉及社区家庭、福利保障、公共卫生、学校教育、司法矫治、就业服务和企业单位等七大主要领域。随着社会工作的发展，民政、劳动、教育、卫生、政法、人口和计划生育、残联、妇联等部门对社会工作领域人才的需求会不断提升。

模块二　增强就业意识

【名人名言】

知之者不如好之者，好之者不如乐之者。

——孔子

放弃了自己对社会的责任，就意味着放弃了自身在这个社会中更好的生存机会。

——戴维斯

聪明过人的人，如果他不工作，也是徒然无用的。

——密勒斯

凡做一件事便忠于一件事，将全副精力集中到这事上头。凡职业都是神圣的，所以凡职业没有不可敬的。

——梁启超

人生需知道负责的苦处，才能知道有尽负责的乐处。

——梁启超

路是脚踏出来的，历史是人写出来的，人的每一步都是在书写自己的历史。

——吉鸿昌

【事实聚焦】

自卑导致失败

中职毕业生小刘学习成绩和其他方面条件都不错，在就业的初期满怀信心。但由于专业冷门等原因，找过几家单位都碰了壁，结果产生了自卑感，在后来的择业过程中表现越来越差，陷入恶性循环而不能自拔，以至到了新的用人单位那里，只能被动地问人家："学某某专业的要不要"，其他什么话都不敢讲，最终未能落实就业单位。

【案例点评】

小刘的失败是由于自卑心理引起的。在择业遭受挫折后，一蹶不振，对自己评价过低，丧失了应有的自信心，择业时缺乏主动争取和利用机遇的心理准备，不敢主动、大胆地与用人单位交谈，也就不能很好地表达自己。

【案例启示】

小刘失败的经历告诉我们：越是躲躲闪闪、胆小、畏缩，越不容易获得用人单位的好感。这种心理严重妨碍了一部分毕业生正常的就业竞争，使得那些原本在某些方面比较出色的毕业生也陷入“不战自败”的困惑。

项目一　就业主体意识的培养

大多数学生能够坦然面对就业危机带来的严峻挑战，正确看待就业，对就业问题表现出积极的关注。但同时，许多学生在就业中的主动意识、竞争意识和危机意识较为缺乏，等待、依靠思想较严重，就业的主体意识不强。

就业主体意识

●**就业主体意识的涵义**

就业主体意识是作为就业活动主体的学生对于自己的主体地位、主体能力和主体价值的一种自觉意识，是就业自主性、能动性和创造性的客观表现。

●**就业主体意识的的重要性**

目前，我国实施的是“劳动者自主择业，市场调节就业，政府促进就业”的就业政策。在市场经济日趋成熟的条件下，主要是通过市场调节劳动力供求，引导劳动者自主就业。学校就业工作的重点将是就业指导，就业工作将实现从重就业服务到重就业指导，从全员全程帮就业到提高就业竞争力，从帮学生找工作到学生自觉找工作等几个方面的转变。就业工作体制与机制的革新要求加强对学生就业主体意识的培养。

就业主体意识的培养

●**增强自主就业意识**

◆发挥潜能

同学们要充分相信自己的意愿和潜能，不要把自己看成一个被动的受教育者。

◆培养主体责任感

要充分发挥“自我教育、自我管理、自我服务”的能力，以培养自己的主体责任感和主人翁意识。

◆培养自主学习能力

同学们要在老师的引导下，扩展主动学习空间，为自己创造更多的主动学习和自主学习的机会，通过体验、感悟和实践去学习知识，掌握知识和应用知识，培养自己独立自主的学习习惯和积极进取的学习精神。

●**重视职业生涯规划**

从低年级开始，同学们就要积极培养自己的职业生涯意识，确定职业发展目标与方向，制定职业发展规划，激发自身的职业发展与就业自主意识。要从劳动价值观的角度强化职业意识，树立职业理想，重视职业道德行为养成，形成正确的择业观，明确未来职业方向，提前做好职业生涯准备工作，提高就业能力。

●**通过实践增强就业能力**

实践作为第一课堂教学的延续和补充，是实现教育目的的重要途径和手段，是同学们吸取课外知识，丰富实践经验，树立正确的人生观、世界观、价值观的重要阵地。通过开展社会实践活动，我们可以亲眼目睹改革开放以来我国的发展和变化，了解社会现状，提高思想水平。同时，通过把书本知识与具体实际结合，了解所学专业知识在实际工作中可发挥怎样的作用。也能明白将来走上社会、参与具体的工作时如何开展工作，自觉地将理论和实际、学校与社会、课内与课外有机结合起来，既有利于提高自己分析问题、解决问题的能力，更有利于增强自身的就业竞争力。

●**提升创业能力**

鼓励、支持创业并不是仅仅为了就业，创业教育的目标是培养具有创新意识的综合型人才、激发社会的创新潜能。无论我们最终是否成功创业，在创业学习和实践过程中形成的创新思维和整体的就业能力都会使我们终身受益。在创业教育中，我们一定要明确此项教育的目标，不断探索创业的方式方法。

项目二　就业主体意识的重塑

同学们尽管在学校接受了系统的专业理论知识，但相当一部分同学还缺乏职业生涯规划意识，进入社会后将会比较盲目，没有明确的就业导向。曾有中专毕业生小吴，毕业后已经换了3次工作。经过职业指导师的合理指导，向她提出客观的评价和建议。认为小吴适合常规型工作，如计算机操作员、文书档案管理员、打字员等。小吴明确了职业定位，终于寻找到了适合自己的工作。

怎样重塑就业意识

●**就业意识要明确**

同学们要有明确的就业方向。因为这是一种人生哲学，到底是选择读大学还是就业，核心就在于你想干什么。走上工作岗位前，应该做好准备。

◆要有敬业思想

就业前一定要培养敬业精神。无论一个工作你是否喜欢，要做就一定要做好，因为你拿了钱，就要对得起这份工资。

◆重视应用能力

就技能来说，同学们在学校学了很多基础理论知识，但实际应用能力不足。毕业生应对今后的职业规划非常明确，读书就是为了实用，对自己将来的就业要有明确的目标，应早做准备，学会如何去适应工作。目前，一部分毕业生的心理状态、实际能力与用人单位的要求有一定的差距，走上工作岗位后出现不适应。同学们可以在实习或勤工助学过程中了解社会、适应社会。这对就业很有好处。

●**积极寻求就业指导**

就业指导部门能够帮助大家找到理想工作。为自己制订“就业意识重塑计划”，这是“就业意识重塑”的“必修课”。如果我们的就业愿望不强或存在畏惧心理，我们就应当寻求就业指导老师的帮助，他们会以以现行政策为基础，以身边事例为参照，采用灵活、持久的方式，对我们实施劝导方案，帮助我们树立正确的就业观。

就业意识的自我培养

中职学校在教学工作中，会将就业教育渗透到各科教学之中，引导同学们树立自信心、形成正确的行为习惯，帮助我们进行职业生涯规划，形成良好的职业意识和就业观念，促进同学们顺利就业(图6-5)。由于各方面的原因，我们中的许多人在学习基础、行为习惯、学习动力上存在缺陷，许多学生是带着迫不得已的无奈走入职校的，对自己所学专业不了解，更谈不上喜欢。部分同学缺乏自信心，逆反心理较强，职业意识模糊。我们应当树立自信心、形成良好的行为习惯，积极接受就业指导教育，适时进行职业生涯规划，形成良好的职业意识。

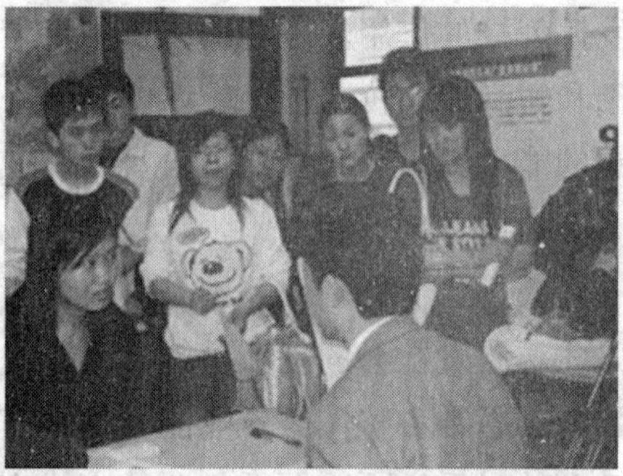
图6-5 精彩的人生从这里开始

●**培养自信心**

要树立职业理想，培养自信心。每个人都有自己的强势智能，都有未被挖掘的潜能，有自己的特有优势领域。“当上帝关闭你的一扇门时，就会为你打开一扇窗”，我们要不怕挫折，要认识到苦难是人生最宝贵的财富，是通向成功的阶梯。

●**准确定位**

要准确定位，树立“干一行，爱一行，行行出状元”的职业意识，做到有业、敬业、乐业。

◆有业

这是敬业和乐业的前提。中职教育就是培养行业需求的实用型人才，同学们毕业后主要在各行业的生产、服务一线工作。部分同学对自己定位不准确，待遇期望值过高，挑三拣四，最终因找不到满意的工作而打道回府，靠父母养活。这种思想和行为是千万要不得的。

◆敬业

要有责任心。责任心是许多青年人所欠缺的，中职生也不例外。但凡敬业者，一切障碍都会为他让路。培养责任心对同学们来说异常重要。

◆乐业

在未来的职业生涯中，要热爱自己的职业。只有从自己的职业中领悟出趣味，生活才有价值。这也是人生之最高境界。

●树立服从、协作的意识

要树立服从、协作的意识，培养团队精神。服从和协作意识是同学们未来发展、适应社会、立足社会的不可或缺的重要素质。是增加个人和集体成功的砝码，只有具有服从与协作意识的人，才能获得更多成功机会。干任何事情，单靠一个人的努力是根本无法完成的。只有大家共同克服困难，同舟共济，才能完成任务。只有懂得服从与协作的人，才会得到领导的肯定与认可，才会有更多的就业机会和发展空间。

●做好职业生涯规划

职业生涯规划是指根据社会发展和个人发展的需要，结合外部环境和本人实际，制订未来职业生涯的发展规划，简而言之就是职业目标。

进行职业生涯规划，是不断提升自我，成功就业的重要环节。

许多学生对职业教育和未来要从事的职业缺乏系统而全面的认知。受各种文化思潮和价值观念的影响，许多学生认为从事应用型的技术工作，没有社会地位。我们应通过了解相关专业的发展概况，通过就业信息的交流，进行专业思想的自我教育，使自己了解所学专业在经济建设中的重要地位和作用，了解本行业对员工的素质要求。

【视野拓展】

从古人“五观”思想看对今日选人用人的策略

对人才进行识别和筛选是正确用人的前提，而使用什么样的人才将决定一个组织的发展速度和发展方向。要对人才的思想觉悟、知识水平、工作能力、性格特征等诸多方面进行识别与评价。良好的制度设计可以使人才选拔中避免更多的主观因素。在制度设计中能吸收古代识人的一些智慧，可以使人才的识别更加趋于成熟完善。庄子“五观”就对人才选用具有较强的借鉴意义。

◆远使之而观其忠

这种识别实质上是考察人才在脱离领导直接控制后的表现。有的人在领导的督导范围之内很能有效约束自己的言行，积极表现自己，在工作中尽心尽力、兢兢业业。然而，一旦“将在外”，就可能会表现出另一面来。所以，这种“远使人”实质上是识别人才对事业的忠诚及敬业程度。一个人对组织、对事业的责任感和忠诚度只有在更独立和缺少监督的情况下才能更真实、更具体地表现。就像宋代著名政治家范仲淹所说的“居庙堂之高则忧其民，处江湖之远则忧其君”。

◆近用之而观其敬

能否长期坚持某种工作品质，是考察其敬业精神的重要标准。这实质上也是从细节考察人的方法。有的人在刚工作时兢兢业业，但当时间一长，特别是在自己的一些期望值没有实现时，就会产生对工作的懈怠，放松对自己、对工作的要求，成为职场的“老油条”，甚至出现大事干不了、小事不愿干的情况。企业家张瑞敏对“不简单”三字曾做过非常经典的阐述“什么是不简单？把简单的事千百遍地做正确就是不简单”。

◆繁使之而观其能

繁杂、反复的工作更能准确地检验出一个人的整体素质。人不唯有能，能在屈才的情况下坚持自己的操守，不放松对自己的要求，这才是人才的品质。三国时蜀国丞相诸葛亮在六出祁山北伐中原时曾令李严负责后勤粮草供应，但李严却以为自己被屈才。在这一繁复的工作中没有经受住考验，不但粮草没有及时运到，导致北伐大军被迫中途撤退，而且还在后主刘禅面前散布谣言，最后诸葛亮及群臣不得不上书要求后主对其进行严办。与李严的失败形成鲜明对比的萧何，却能在楚汉相争中帮助刘邦“镇国家，抚百姓，给饷馈，不绝粮道”，最后赢得战争的胜利，他因此为汉高祖所认可，并被任命为当朝相国。所以，繁杂、反复的工作是对人才整体素质的考验。

◆猝问之而观其智

要全面发现人才的能力，必需保持与人才的适时沟通与交流。在工作中出现一些紧急情况或突发事件时，领导需要了解某些情况并听取对问题的处理应对意见时，与人才之间进行的交流。在实际工作中，应对突发事件已经成为人才必备的素质之一。在这种情况下往往是能反映出被“猝问”者的快速反应能力、语言组织、表达能力等一些动态的素质。反之，如果让下属员工把材料准备好后再做汇报性的交谈，听到的情况虽然全面，但从考察人才能力的角度来看，收效可能要比前者要逊色得多。

◆急期之而观其信

在一个组织中，人的信用度对于提高效率、降低成本、促进目标实现都是很重要的。作为领导，可以有意识地考察人才的诚信品质。适时地安排下属在短时间内完成一件相对急迫的事情，这是考察人才是否“言必信、行必果”，是否办事高效率的好机会。

模块三　提高就业技能

【名人名言】

凡人要自立，要自强，要求己莫求人。

——胡文忠

要自立自重，不可随人脚跟，学人言语。

——陆九渊

天下古今之庸人，皆以一惰字致败。

——曾国藩

【事实聚焦】

陈光陆的成功之路

台湾著名的电视制作人陈光陆第一次到电视台工作时，台里只是试着让他担任一个很小的节目助理。在当时那个环境，助理的职务等于是小伙计，所有的杂务必须一手包办，还几乎是没日没夜地工作，而薪水却很低。不久，陈光陆对自己干这些杂活就失去了兴趣，觉得前途暗淡无光，曾经动过跳槽的念头。但他的朋友告诉他，外面的好工作不好找，还不如先在这一行认真地干下去，边干边等，或许能等到机会。朋友的一番话引起他的深思，他从中得到启发，明白了眼下所做的每一件杂活，都是为未来的发展作积累，都是为获得成功的机会作铺垫。于是他在节目助理的职位上继续干下去，慢慢地也对电视制作产生了兴趣，并决心将来走制片的道路，尽管位在助理，但他已在心里树立了以影视为业的理想。紧随制片人苦学两年后，机会终于让他等到了：他策划了著名歌星邓丽君的专题节目《君在前哨》，得到电视台的首肯。结果，陈光陆的处女作推出后，在当时的台湾获得了极大的轰动，他因此被提名角逐金钟奖。

【案例点评】

陈光陆从一个节目助理成长为著名电视制作人，靠的是执着的信念和一丝不苟的敬业精神。他深知“每一件杂活，都是为未来的发展作积累，都是在为获得成功的机会作铺垫”，因而他能在平凡的岗位上兢兢业业，终于成就了大业。

【案例启示】

要知道有些工作具有连续性，不会因为你的到来而打乱这种连续；有些工作具有复杂性，需要较长时间的学习和适应才能胜任；还有一些工作涉及单位的商业秘密，在单位确定正式录用你之前，是不会让你接触的。而且很多单位在试用期考查学生也不单单考查工作能力，还要考查你的敬业精神及职业素养。

在试用期间，我们就要给自己的工作目标定位。只有这样，我们才会脚踏实地地把精力用在工作上，不再被身边复杂的事所干扰，无论干什么事都会显得胸有成竹。相反，没有基本目标的新员工无论知识程度高低，都会感到心里空虚，思维乱成一团麻，遇事犹豫不决，更不会知道怎样把握机会。初为上班族，对于上司或同事交办的每一件事，不管大小，都要竭尽全力，克服一切困难，力求在最短的时间内尽善尽美地完成。

项目一　树立正确就业观

树立正确就业观是提高就业技能的精神准备。就业观就是人们对就业的根本看法。它对同学们正确择业，成功就业有着十分重要的指导意义。

准确定位

同学们在择业之前，首先要衡量自己综合素质的高低、专业知识的多少、实际操作能力的强弱，然后再根据自身的基本条件去对照，明白自己比较适合干什么工作之后，才能有针对性地去应聘。这样，应聘成功的可能性就大。

●**正确估价自己**

作为中职生，心理定位一定要准确，既不能对自己估价过高，也不能对社会期望太大。同学们的优势是具有一定的动手操作能力，但在文化基础、综合素质、劳动意识、吃苦精神、表达能力、适应能力等许多方面还有不足之处。择业时要善于扬长避短，摆脱“好高骛远”、“眼高手低”带来的困境。真正做到“先就业，再择业，不待业”。

●**认清就业形势**

同学们要通过电视、网络、报刊等媒体了解国家的就业形势，积极主动参加学校举行的就业报告会等，通过老师的指导，对就业形势有一个全面把握。

开阔视野 拓宽就业面

一些同学在求职过程中，眼睛只盯着外企、国有大中型企业、家门口的企业，限制了就业的空间。

●**拓宽就业视野**

现在吸收毕业生就业的重要渠道是民营企业、三资企业和股份制企业，同学们选择单位时，不要只看到企业的性质，更要看到企业的发展前景。如果内地不好就业，不妨到沿海发达地区就业。取得较高收入不是主要的，重要的是增长见识，增长才干，练就本领，为进一步发展积蓄力量。

●**正确看待专业对口问题**

在目前情况下，过分要求专业对口不太现实，也是十分被动的。同学们应当主动适应，主动学习，任何时候都不要放弃学习的机会。要知道，多一门手艺多一条路，技多不压身，从事一项新工作就是免费学习一门新技术，何乐而不为？从目前就业趋势看，第二产业发展比较迅速，用人量日益增加。如果企业需要，即使专业不对口，也不妨去干一干，说不定会表现出你的潜能，让你遇到意想不到的发展机遇。

●**珍惜就业机会**

目前，规模较大的中职学校都有自己的就业安置基地，就业安置渠道相对顺畅，经常会有用人单位来学校选拔人才，应聘机会也比较多。在学校的帮助下，大部分同学都能幸运地得到一份工作。由于这份工作来得太容易，一些同学往往不太珍惜。同学们应当倍加珍惜就业机会，在平凡工作岗位上奉献自己的聪明才智。

项目二 提高就业技能的措施

提高综合素质

●**培养综合素质**

现代企业强调的是学生的综合素质，不仅要求应聘者学习成绩优秀、品德高尚，还要身体健康、爱岗敬业、有团队精神、会讲普通话、表达能力强、精神面貌好、有培养前途等。同学们除了努力学好专业知识外，还要培养自己的表达能力、与人相处的能力、适应环境能力，还要学习普通话、礼仪常识等，以增加自身的就业竞争能力。

●不断更新知识

同学们即使获得就业岗位，也并不意味着长期的稳定和安逸。相反，你应当时时有危机感。由于单位之间的竞争日益激烈，对人才的要求也越来越高。企业要有所发展，就必须不断招揽高技能人才。如果同学们一味满足现状，就无法适应社会的要求，唯一可行的方法就是不断“充电”，掌握更多的知识。只有这样，才能牢固扎根在社会这片热土上，你的事业才能不断发展壮大。

强化技能训练

●把技能与知识同等看待

同学们要注重操作技能训练，不断提高自己的实际动手能力，针对企业实际需要强化技能训练，企业需要什么专业技术就训练什么样的专业技术。

图6－6　多动手

要积极参与市场竞争，真正在实践中学知识、长才干。培养自己的竞争意识和忧患意识，提高适应社会环境的综合能力。

◆理论和实际结合，要多动手，多领会，以达到具有精湛技艺的目的(图6－6)。

◆要积极参加校内的实训活动，接触比较多的设备，并积极动手制作加工产品，掌握比较全面的技术。

◆在实习过程中，同学们的一言一行都受到企业规章制度的制约，培养自己良好的纪律观念和劳动态度。

●一专多能，全面发展

针对目前个别专业(工种)划分过细，专业课程时间开设过长的情况，同学们可课外自学一至两门相近专业的课程，扩大知识范围。在实习教学中以一个工种为主，兼学其他工种。以期达到“一专多能、一人多技”的目标。同时，还可考两个以上工种的技术等级证。

【视野拓展】

叶秋生求职的秘诀

“我的就业故事很平淡。”见到电气专业学生叶秋生时，他轻描淡写地说。“自己并没有什么特别的就业经历，投过两次简历，两次都很顺利通过了。”他最终选择了一家足以令同学投来艳羡目光的中国广东核电集团有限公司，并与该公司签订就业意向，通过试用期后成为一名正式的技术人员。

叶秋生简单的找工作经历要从去年10月说起，苏州一家电梯公司到学校来做专场招聘会，需要招聘一批技术过硬的技术人员，当时抱着试一试的心态，他投了份简历，没想到顺利地通过笔试、面试。当被录用的好消息来临时，他没有立即签约，因为中国广东核电集团有限公司又向他抛来了“橄榄枝”。同样是在去年10月学校举办的中广核专场招聘会上，他一路过关斩将，顺利通过笔试、面试、体检等多项测试，最终脱颖而出。去年11月初，叶秋生与中广核签订就业意向书。据他介绍，每年有20多万人竞聘这家企业的岗位，最后被录用的只有2000人左右，他就是这百分之一中的一员。

叶秋生当年入学的成绩仅处于班级中游，开学不久，他的成绩却扶摇直上，持续保持在班上前几名，尤其是专业成绩。“我的成绩不是靠考前突击得来的。”叶秋生说。与很多同学不同的是，进入中职后，他比初中阶段更注重课堂学习，从不放过课堂上的一分一秒，班上最认真听讲的始终是他。在课余时间，他充分利用学校的实训设备，锻炼自己的动手能力，积极参加学校组织的“技能大比武”，进一步巩固了自己的专业技能。他还利用课余时间参加电工技师培训，目前已通过考试的四个模块，通过技师论文答辩后，就能拿到电工技师资格证。

功夫不负有心人，过硬的专业技术让他在就业时尝到了甜头。“只要技术过硬，有真本事，就不怕找不到饭碗。”叶秋生说。

【特别叮嘱】

让老板重用你的技巧

著名心理咨询专家韩三奇表示，第一，要了解企业的文化。第二，自愿承担艰巨的任务。第三，建立良好的人际关系。第四，提出问题的解决方案。最后一点往往效果最大。

【活动体验】

模拟招聘会

【活动目标】

1. 让在校学生体验招聘场面，了解招聘的礼仪及注意事项，熟悉应聘过程和就业技巧，为学生提供展示才华、寻求职位的平台。

2. 为学生提供增长应聘经验、了解企业的机会。

3. 通过本次模拟招聘会，让同学们全面了解用人单位及市场需求信息，指导、修订自身的职业规划设计，逐步明确今后的发展方向。

4. 帮助企业发掘优秀人才。

5. 为企业提供宣传平台。

【活动准备】

1. 拟定参加模拟招聘会对象为本专业全体学生。

2. 拟定模拟招聘会时间和地点。

时间：××年××月××日(星期×)。

地点：学校多功能厅。

3. 拟定模拟招聘会规模。

该场模拟招聘会预联系6-8家用人单位，并提供就业岗位模拟情境。

4. 拟定活动议程。

5. 确定模拟招聘会主持人。

【活动步骤】

1. 主任讲话。

2. 介绍招聘企业及学生情况。

3. 招生就业处领导讲话。

4. 校园模拟招聘会开始。

【注意事项】

针对该活动的细节提出可操作的建议，并具体组织、实施、协调该校园模拟招聘会，合理安排模拟招聘会用人单位的展台。开展必要的总结、讲评工作。

【活动评价】

组织一次座谈会，邀请学校就业处领导、用人单位代表、人力资源部门代表参加，对这一活动进行点评。

【活动建议】

为确保校园模拟招聘会顺利开展，并获圆满成功，应当成立5—7人的活动工作领导小组。组长负责制定模拟招聘会活动方案，联系用人单位，规范操作规程，协调就业处领导、联系用人单位等工作。成员负责组织指导学生参加活动。

领导小组下设综合办公室、宣传组、后勤保障组、治安组。

1. 综合办公室

负责人：×××

针对该活动的细节提出可操作的建议，并具体组织实施校园模拟招聘会，合理安排模拟招聘会用人单位的展台。开展必要的总结、讲评工作。

2. 宣传组

负责人：×××

(1)通过学生会组织、主题班会、讲座、信息查询等多渠道宣传此次模拟招聘会活动内容及时间安排。

(2)负责活动的宣传报道及拍照等工作。

(3)组织安排各班学生按照会议程序参加该模拟招聘会。

(4)组织3名现场解说员对参展的企业进行必要的介绍，引领学生应聘。

3. 后勤保障组

负责人：×××

(1)负责模拟招聘会会场布置，保证信息畅通。

(2)订做宣传横幅，做好必要的物品准备。

(3)负责摆放各参展企业的展板。

(4)会场的准备与清扫工作。

4. 治安保卫组

负责人：×××

维护当天场内外秩序，应对突发事件，确保不发生意外。

【单元小结】

模块一　了解就业形势

●中国目前的劳动供求关系正在发生根本性变化。正确认识企业“招工难”和中职生“就业难”。

●影响就业的主要因素：经济发展对就业的影响；工资收入对就业的影响；失业者个

人素质对就业的影响；用工单位有限需求对就业的影响；求职艺术对就业的影响。

●中职生的就业优势：中职学校毕业生的一次性就业率早已突破95%；中职学校针对企业生产一线培养的有技能"蓝领"成为就业新宠；有些学校的毕业生供不应求。

●未来就业形势：在经济发达的长江三角洲、珠江三角洲、环渤海经济圈中，从业人员将持续增加。

●强化技能准备上岗。

模块二 增强就业意识

●就业主体意识是在就业活动中表现自我的一种自觉的能动意识。

●就业主体意识的培养：更新教育观念，加强自主教育，增强主体意识；有计划、有步骤地开展全程职业生涯规划，做好就业指导；积极投身实践，增强就业能力；强化创业训练，提升创业能力。

●怎样重塑就业意识：就业意识要明确；就业指导部门制定一份重塑计划，帮助毕业生找到理想工作。

●就业自主意识的训练：树立职业理想，培养自信心；正确定位，树立"干一行，爱一行，行行出状元"的职业意识；从培养良好的行为习惯做起，提高自身的职业素养；树立服从、协作意识，培养团队精神；掌握处理社会人际关系的能力，搞好角色转换；进行职业生涯规划，不断提升自我，为成功就业和创业奠定基础。

模块三 提高就业技能

●提高就业技能的措施：深化教学改革；拓宽择业面；培养复合型人才；改革实习教学管理体制；强化技能训练；提高动手能力。

第七单元　求职策略

【目标透视】

知识目标：

使学生了解求职的基本方法，掌握求职资料的内容及重要性。

能力目标：

使学生掌握常见的求职策略，提高学生求职应聘的能力；掌握求职资料准备的方法；熟悉面试注意事项。

情感目标：

使学生了解面试的重要性，做好面试的心理准备，从容自信地应对面试中的各种问题。

模块一　求职基本方法

【名人名言】

凡事只要能开始，只要有一个跳板就不难。

——黑塞

只要持续地努力，不懈奋斗，就没有征服不了的东西。

——塞内加

想得好是聪明，计划得好更聪明，做得好是最聪明又是最好。

——拿破仑

向没有开辟的领域进军，才能创造新天地。

——李政道

人啊，还是靠自己的力量吧！

——贝多芬

立志是事业的大门，工作是登堂入室的旅程，这旅程的尽头就有成功在等待着，来庆祝你努力的结果。

——巴斯德

【事实聚焦】

小王和小李的差异

小王和小李是焊接专业的同班同学，小王早早就和一家省内小有名气的汽车制造公司签了约，小李的工作岗位却一直没有着落。小李想不通：小王是女生，家又在外地，学习成绩也不比自己高多少，为什么她那么幸运呢？小李不知道，小王非常关注招聘信息，只要有和自己专业相关的招聘会她都会参加，不像小李那样只参加本行业单位的招聘会。她的简历也不是“批量”生产的，而是根据应聘岗位的不同在内容上各有侧重。小李看到小王早早找到了工作，却不知道小王已经参加了8次招聘会，面试5次才成功。而小李只不过才参加了3次他认为不错的大公司的招聘会。

【案例点评】

小王积极主动找到工作，小李消极坐等没有等到工作。当今职场，机遇与挑战并存。很多时候，不是没有机会，而是你没有主动去把握。就业机遇不是毛毛雨，即便就业形势再乐观，就业岗位也不会自己从天上掉下来。不能仰望天空，等待机会掉进你的怀里，要主动出击，踏实走好每一步；也不要怕苦怕累不愿意从基层做起。其实起步的时候从基层做起，是难得的历练机会，扎稳根基，能够为更上一层楼打下坚实基础。不应有依赖心理，把找工作的希望寄托在拉关系、走后门上，希望家长一切包办。依赖行为会给用人单位留下缺乏自信心、无独立生活能力和工作能力低下的不良印象。只有树立信心，敢于竞争，才能在众多的求职者中脱颖而出，找到工作岗位。

【案例启示】

现行的就业制度是学校推荐，学生和用人单位双向选择，自主择业。就业制度逐步走向市场化，竞争空前激烈。如何在激烈的竞争中取胜，是每个毕业生都十分关注的问题。小王和小李的经历告诉我们：求职是走向社会的第一步，要做好充分的心理准备，积极寻找就业机会。同时也要充分认识到事业成功是一个漫长的过程，就像一场马拉松比赛。开局虽然至关重要，但不足以决定比赛的胜负，开始跑在前面的未必是最后的优胜者。这是因为，比赛需要耐力和韧劲。一个人的事业也是如此，无论起步是顺利还是坎坷，都要始终保持积极的心态，努力去寻找机会、创造机会、把握机会、征服机会，让机会为自己服务。坚持到底，就一定能赢得事业的成功。

项目一　撰写求职信

求职信的特点和结构

●求职信的特点

求职信是传递求职信息的工具，也是个人文字水平的综合体现。求职信与简历既有相似的内容，也有根本的差别(图7－1)。两者都包含个人的基本信息，但形式上完全不同，求职信一般采用书信格式。

图7-1　写求职信

求职信与自荐信的写作结构基本相同，只是在正文的内容上各有侧重。自荐信除了用来求职外，还可以用于在职人员推荐自己从事另外的某一种活动，或担任某一职务。相对于自荐信而言，求职信的目标更明确。写求职信时对用人单位的用人条件和相关要求要心中有数，尽量减少求职的盲目性。

●求职信的结构

求职信由标题、称谓、正文、结束语和落款五部分组成。

◆标题

标题在全文的正上方，内容为“求职信”。

◆称谓

称谓在标题下一行或两行，顶格书写，称谓要准确。若写给单位，最好写全称，不要写简称；若写给单位领导，要在姓名后加职务，如“尊敬的汪洋总经理”。

◆正文

正文应包括个人的基本情况和用人信息的来源。个人的基本情况包括姓名、性别、年龄、政治面貌、就读学校、所学专业等。最好将个人基本情况以表格形式附在信后，并附有近期照片，以给对方增加直观印象。

■表达求职的愿望。阐述你胜任某项工作的基本条件和优势，是求职信的核心部分。主要向对方说明自己能够胜任某项工作的理由，包括相关的工作经历、特长、能力和水平等。要突出适合所求职位的特长和个性，用事实和成绩来恰如其分地介绍自己。

■有针对性。针对不同的用人单位、不同的用人要求，侧重阐明自己在某方面的能力和优势。

◆结束语

结束语必须表达清楚两层意思。一是表示希望对方给予回复，并且热切希望有一个面谈的机会。结束语有不可缺少礼貌语言，如“无论录用与否，我都衷心地祝愿贵单位前程远大”等。二是要写清楚自己的详细通讯地址、邮政编码和联系电话。最后写“此致、敬礼”。

◆落款

落款包括署名和日期，在祝福语下一行靠右边。署名一定要亲笔签署（打印稿要手签），日期写在署名下一行，并与署名对齐。

撰写求职信注意事项

●书写要规范认真

求职信能折射出一个人做事是否仔细、严谨，绝对不能出现格式、字词、语法、语句等错误。如果你的钢笔字很好，最好手写，给人以亲切之感，同时也向用人单位展示了自己的特长，也可以打印。篇幅不宜过长，要重点突出，简明扼要。要表达出明确的意向，实事求是，谦虚诚恳。要力求做到语言流畅，条理清楚，体现出自己的优秀素质，给用人单位留下良好的第一印象。

●要有一个好的开头

开头非常重要，要力争在几秒钟之内吸引对方。问候语要简明、亲切，让人感觉直爽、干练。不要为讨好对方，写一大堆夸耀对方的语言，让人感到华而不实。可以用一两句富有新意的话去吸引对方。如在外地求学的毕业生给家乡所在地的单位写求职信时可写“故乡，请接受一名游子对您的问候”，一句话就拉近了求职者与用人单位的距离。

【视野拓展】

求职信

尊敬的丁晓刚经理：

我从贵公司的网页上看到招聘启事。贵公司在国内外享有盛誉，如能到贵公司从事装饰设计工作，我将不胜荣幸。本人今年22岁，男，现在北京市建筑材料学校学习建筑设计专业，主修装饰设计，今年7月毕业。我的专业成绩全年级排名第5名，设计作品××，曾获全国职业技能大赛一等奖。本人曾在东方设计公司实习3个月，独立绘制了××工程施工图，经主管工程师审核，已在工程施工中使用。我还利用业余时间学习了××应用软件，并考取了国家二级制图员资格证书。

我出生在沈阳市一个幸福美满的家庭，父亲搞艺术设计，母亲是教师。本人是典型的理想主义者，做事总是追求尽善尽美，因而在学习和工作中，事业心、责任心特别强，做事踏实、仔细、认真。我非常热爱艺术和装饰设计工作，并在实践中取得了一些成绩。3年的专业学习和实践为我从事这一职业打下了坚实的基础，我有信心胜任贵公司的设计工作，请贵公司给予我机会。

盼望能够成为贵公司的一名合格员工。我的通讯地址是：北京市××区××路××号，邮政编码××，电话××，E-mail××

无论录用与否，我都衷心感谢您在百忙中阅读我的求职信，并衷心祝愿您与您的单位事业兴旺发达，前程灿烂辉煌！

此致

敬礼

自荐人：成功

2011.4.23

项目二　电话求职与参加招聘会

电话求职注意事项

随着通讯技术的发展，现在电话和网络招聘已经不是新鲜事了。但在打电话时要注意以下几点：

●通话时要用礼貌用语，如“您好”、“请问”等，并且要语调温和、态度谦虚。

●要注意通话时间不能太长，尽量长话短说。

●注意对方的感受，不能自己唱独角戏。

●耐心仔细地听对方说话，不粗暴地打断对方说话(图7-2)。

图 7－2　电话求职

●打电话之前要做好准备工作。明确职位要求、招聘人数，用简单的语言概括出自己符合职位的特长和擅长的技能，简明扼要介绍工作经验。

●询问招聘流程、面试时间等。

●选择恰当的通话时间。一般来说，应该在公司工作时间打电话，上午 9：00—11：00，下午2：30—4：30 较为合适。刚上班的时段内，对方会比较繁忙，临近下班时对方归心似箭，无心工作，应该避开这些敏感时段。

●通话的环境要安静，不要在喧嚣的马路或吵闹的环境下打电话，这样可以避免漏听或重复叙述的情况发生。

●让对方先终止通话，并要说“谢谢”、“再见”等礼貌用语。

人才招聘会

●人才招聘会的优势

人才招聘会是现阶段的主要的招聘方式，有着其它方式无法取代的优势。

◆信息量大

人才招聘会的信息量大，可同时获取多家用人单位的用人信息，求职选择的余地较大。

◆成功率高

因为能与招聘人员面对面交谈，所以更有利于双方了解沟通，求职的成功率较高。

◆安全可信

相对而言，校园招聘和人才市场招聘会，可信度都较高，求职受骗的概率较小（图 7－3）。

图 7－3　招聘会现场

●会前准备

◆心理准备

根据自身条件对自己准确定位，切忌眼高手低，对招聘人员要彬彬有礼，不卑不亢。

◆材料准备

事先要准备好足够数量的简历，在简历中清晰表述个人情况及求职意向，写清自己的联系方式。带齐各种证件的复印件。

◆仪表准备

注意保持良好的个人形象和精神面貌。参加人才招聘会是求职者与招聘方面对面直接交流，从某种意义上讲起着面试的作用。因此，求职者衣着打扮、言谈举止、精神状态等都是不可忽视的重要环节。

●注意事项

◆最好不要带各种证书的原件，以免因人多手杂，保管不当而丢失。

◆不要在简历后面附求职信，求职信只有在有针对性地写给特定单位时，才具有与简历不同的特殊作用。

◆参加招聘时，最好先把整个会场浏览一遍，基本了解各单位的情况后，在众多的招聘单位中重点选择适合自己的单位。

◆投简历要有针对性。招聘会具有一定的面试功能，招聘单位一般都会派出具有现场面试能力、有决定资格的人员，可能当场就能决定你是否进入下一轮正式面试。因此，投递简历相当于一次面试，一定要表现出你的良好素质，争取获得面试机会。可以先到招聘单位的展台前，看看招聘介绍材料，与招聘人员诚恳交谈，问一些得体的问题，简单地介绍一下自己，确定有必要时再留下你的简历。

●校园招聘会

一般而言，校园举办招聘会是为某一学校量身定做的。用人单位会向毕业生介绍本单位的基本情况、岗位职责、招聘条件、人力资源政策以及招聘程序等应聘者必须掌握的信息。无论你是否决定应聘，这都是一个了解企业文化和工作岗位、学习行业知识的良好机会，千万不能错过，一定要认真听，认真记笔记。这些内容说不定会在面试中出现，如果你无言以对，对方就可能怀疑你对这份工作的热情，至少会觉得你不是一个善于学习的有心人。

【视野拓展】

细节有时很重要

广州某企业老总率领领导班子成员与在该企业实习的近30名学生座谈，现场气氛活跃，大家畅所欲言，同学们也都希望在该企业就业。座谈会结束前，老总当场宣布优先聘用了一位发言并不踊跃、也不引人注目的男同学。面对大家诧异的目光，老总语气平静地说："请问同学们，今天的座谈会多少人在做笔记？我仔细观察过了，只有这位同学自始至终一直在认真记录。"

项目三　预防骗局，笑对失败

识破骗局

近年来，我国的就业市场日趋规范，劳动法律法规逐渐完善，劳动政策制度逐步健全。但仍有一些不法分子抓住求职学生年龄小、缺乏社会经验和求职心切的心理，设置陷阱和骗局，非法牟利。求职过程中，同学们一定要擦亮眼睛，冷静思考，慎重选择，谨防上当受骗。常见的骗局有如下几种。

●中介骗局

非法中介站有可能骗人，这类中介站只是"一间小屋，多部电话"，门前贴着诱人的招聘信息，求职者往往在交纳中介费后，才发现提供的单位和职位很多根本就不存在。如果你要求退费，他们便会找出种种理由来搪塞。近几年，网上招聘全方位的介入到生活中，网上骗取中介费的案例也时有发生。对要求交费的网上招聘，同学们最好不要轻易参加。

● 电话骗局

有些不法分子利用电话巧设骗局，他们假借联系工作发信息给求职者，利用毕业生求职心切的心理，先让求职者给提供的银行卡号汇入一定数额的求职费用，款到帐后再通知面试的时间和地点，但款打到卡上后，求职者联系面试时就会发现对方号码是空号。

【特别叮嘱】

按照国家有关规定，任何单位在招聘员工时不得以任何名义向应聘者收取费用。求职者不要向招聘者缴纳费用，不要满足他们的非分要求。

● 考试骗局

有的招聘者会以各种名义收取求职者的钱财，如先收取所谓的风险抵押金、上岗培训费、考试费、证书费等。再进行招聘、面试、签劳动合同，公司表面上看也挺正规、颇有实力，最后一关就是考试，考完后就陷入了漫长的等待。致电询问时，告知你“很遗憾，考试未通过，不能上岗”，或电话打不通，单位不知去向。

● 高薪骗局

一些“高薪诚聘”的诱人广告背后，隐含的可能是不良职业。这类职业一般不设门槛，或门槛很低，面试程序非常简单，其目的是尽快骗你入局。求职者一旦掉入这类陷阱，损失的就不仅仅是钱财了。因此要慎对“高薪诚聘”诱惑，谨防上当。

近几年，因求职落入传销圈套的案件时有发生，甚至有的大学生和研究生被骗。骗子多以高薪诱惑求职者，“只要加入我们的团队，培训期满月薪就能达到6000元。随着业绩增加，工资也将逐月增加”。直至上当受骗到外地，花了不少冤枉钱，失去了人身自由，才明白是中了圈套，追悔莫及。传销主要是利用亲戚、朋友、同学、同事等亲密关系拉人下水，因为这类人的可信度较高，因此可骗性更强、更容易上当。求职者要时刻牢记世界上没有免费的午餐，天上不会掉下馅饼，对离谱的高薪必须持怀疑态度。

正视失败

很多时候，成功经常是穿着失败的外衣出现的，就像价值连城的和氏璧却被石头包裹着一样。在漫长的人生路上，没有谁能够保证自己一帆风顺，万事如意。求职也是如此，遇到一些挫折、摔上几跤肯定在所难免，这是你成长过程中的必修课，这样的挫折在今后的岁月里也会不断出现，要正确面对。任何事情都有坏的一面，肯定也会有好的一面，失败也如此。失败在给人带来损失和痛苦的同时，也能给人带来激励、经验和成熟，这些经历都将成为你今后职业发展的宝贵财富。所以，千万不要气馁，对求职过程中的一时成败要淡然处之。“论成败，人生豪迈，只不过是从头再来”。认真总结失败的教训，并针对这些不足重新做好准备，勇敢地冲刺下一个目标，你一定会成功。

如果在求职路上屡战屡败，就应该静下心来仔细反思一下自己的职业定位是否准确，自己是否具备了胜任工作的能力，自己究竟适宜干什么，应根据自己的性格特点和特长爱好，结合以前的经验教训为自己重新确定岗位目标，选择一个既能发挥自己的特长，自己又能胜任的工作。切忌好高骛远，将职业目标定得过高。

模块二　求职资料

【名人名言】

一个不注意小事情的人，永远不会成就大事业。

——卡耐基

职业并非为谋求生活的方便，而是为生活的目的。工作就是人生的价值、人生的欢乐、也是幸福之所在。

——罗丹

不要失去信心，只要坚持不懈，就终会有成果的。

——钱学森

【事实聚焦】

小强在北京就业了

小强是哈尔滨某中职学校的学生。2010年春节，小强和爸爸妈妈到北京看望爷爷奶奶。看到二位老人年事已高，生活多有不便，一家人商定让小强毕业后到北京就业，以便照顾爷爷奶奶。回到学校后，小强十分用心地搜集就业信息，不但关注学校就业中心提供的各类信息，还专门参加了几次人才招聘会，但是北京到哈尔滨招聘高职毕业生的单位实在太少。一转眼就到5月底，大多数同学都找到了合适的工作，小强的心里很着急，小强一边在网上查询信息，一边请爷爷奶奶留意北京的媒体，终于筛选出3个比较合适的招聘信息。在老师的指导下，小强根据自己的实际情况，有针对性地写了3封能够充分反映自己特长和爱好兴趣的求职自荐书和个人简历，分别寄给3家单位。一周后，有一家电梯公司给小强回了电话，并在简单的交谈后与他约定了面试时间。小强精心准备。终于赢得了公司的认可，实现了在北京就业的心愿。

【案例点评】

一封个人简历，给小强带来了在北京工作的机会，也成就了他孝顺爷爷奶奶的美好愿望。个人简历是一种有效求职信息，在某种意义上，有着与口头表达不同的作用，尤其适用于异地求职或不善于口头表达的同学。

【案例启示】

一封条理清楚、简洁明了、突出个人特长的简历，可以为你赢得就业的机会。“好酒也怕巷子深”，同学们在掌握理论知识和操作技能后，还要学会“推销”自己，写求职信便是一种值得一试的方法。小强成功的经历告诉我们，不要放过展示自己的机会，成功就会等待你。

项目一　求职自荐书

自荐书的特点和内容

●求职自荐书的特点

求职自荐书反映了求职者的简单履历和岗位要求，它浓缩了求职者的基本情况：学历、特长、兴趣、爱好和经历，以及求职所必需的有关信息。内容要简洁明了，语言要精练准确，忌讳含糊其词、模棱两可。要淡化感情成分和主观色彩，反映的个人信息要真实可靠，不能弄虚作假。

●求职自荐书的内容

求职自荐书的内容包括：姓名、性别、年龄、民族、特长、爱好、健康状况、职业资格证书、技能证书、受教育情况、工作实践经历、求职意向、联系方式和照片等(图7－4)。

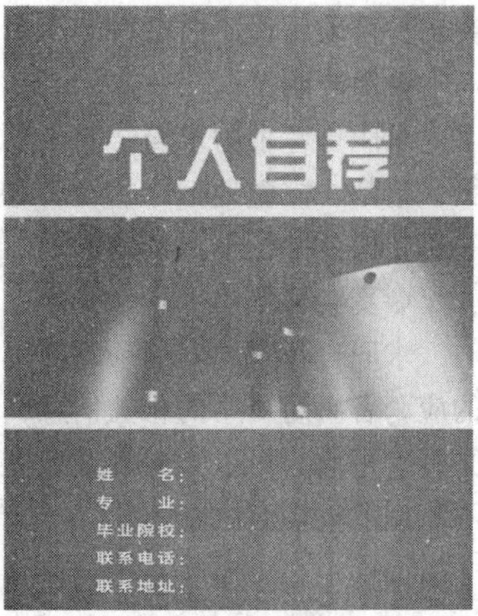

图7－4　求职自荐书

◆受教育情况

受教育情况的内容包括就读学校、所学专业、主修科目、成绩排名、获奖情况等。可以列出一些你学习过的主要课程，尤其是与求职岗位相关的课程。

◆实践经历

工作实践经历是简历中的亮点和核心，在校期间的学习、兼职、实践、技能实训、技能竞赛、课外兴趣活动等都是工作经验。表达要有针对性，重点介绍那些与应聘岗位有直接联系的经历。在求职的最初阶段，求职者和用人单位尚未见面，简历是用人单位选拔人才的主要参考依据，而其中工作实践经历一项是初次选拔最重要的参考依据，所以要尽量描述得详细、具体。

◆求职意向

求职意向是指求职者希望的工作岗位、职务或所求职务的基本范围。最好写清楚应聘的岗位，实在不知道用人单位的职务空缺情况，可以根据自己的专业特长、兴趣爱好表明求职意向。什么都不写的，很容易被直接筛选掉，用人单位不可能花时间研究你适合什么岗位。

◆联系方式

联系方式主要有电话号码、详细地址、邮政编码、电子邮箱号码等。表达要准确无误，绝对不能忘记不写。

◆照片使用

要用正规的免冠半身照片，不能用旅游或其他休闲的生活照，更不能用艺术照。

求职自荐书
书写要求

●格式灵活

求职自荐书没有固定格式，可以采用表格的形式，也可以采用文本的形式，也可根据自身特点进行适当的版面设计和修饰。但不要矫揉造作，哗众取宠。版面要自然大方，吸引人而且容易阅读。格式上要错落有致，不要密密麻麻堆在一起，项目与项目之间应有一定的空位相隔。要条理清楚，重点突出，可采用优质白纸打印，看上去正规且方便复印。

●简洁明了

求职自荐书力求简洁明了。内容尽量浓缩在两页纸内，并且重点内容一定要写在第一页，清楚、完整地把你的经历和取得的成绩罗列出来。让招聘人员可以在几分钟内看完，一目了然，并留下深刻的影响。

●真实可信

求职自荐书内容必须真实可信。诚信乃立身之本，没有一家企业会选择一个没有诚信的应聘者。简历中的相关信息，包括附加性参考材料，如获奖证书、职业资格证书等，务必真实可信。可以大方真诚地展示自己最优秀的一面，用人单位欢迎自信诚实的员工，决不欢迎欺世盗名之徒。

项目二　个人视频资料

视频简历
涵义

视频简历就是采用数码摄像将求职者的形象、自我才能的展示及职业能力的表述录制下来，经过专业人员的后期剪辑，再加入本人的照片、证书及必要的字幕，可在互联网上发布和浏览的关于毕业生的视频及相关文字资料。简单地说，就是把个人情况和才艺通过电视图像的方式录制下来，作为影视资料提供给招聘者。

视频简历
优缺点

●视频简历的优点

◆形象直观

视频简历能够直接将应聘者的言谈举止、仪表形象、语言能力及动手操作能力进行异地传递并保留，直观形象地反映出应聘者的综合素质，同时方便招聘者进一步了解、分析、审察应聘者。视频简历中还可以加入情境设置，如在施工现场进行实际操作，老师的评语运用声频视频表现。视频简历可以与文字简历结合使用，达到展示自我、推销自我的目的。

◆便于沟通

视频简历凭借真实生动的影音效果以及丰富的信息量，以一种特殊而有效的方式拉近了求职者和招聘者之间的距离，丰富了双方互相了解所需要的信息。

◆跨越时空

视频简历使求职者分身有术，可以跨越时空向多家招聘单位同时展示自己的风采。

◆节省时间

视频简历不用见面就可将对求职者的言谈举止一览无余，可节约招聘单位的时间和经费。

●**视频简历的缺陷**

◆信息有限

目前的视频简历大多是应聘者在学校或者某个办公地点作一些自我介绍，内容也多是泛泛而谈，场景切换不多，给人的感觉比较单调，反映应聘者的信息欠全面。某知名公司人事经理说，通过视频简历虽然可以看到应聘者的长相、谈吐，但应聘者的能力如何？潜力究竟怎样？比审阅纸质简历花了更多的时间，这些关键点却没办法了解。

◆岗位局限

并不是所有的招聘岗位都适合使用视频简历。应聘一些需要展示个人才艺的岗位，如电视节目主持人、公关人员等，视频简历可用来展现个人魅力。而应聘普通的管理、技术类岗位，则并非一定要用视频简历。

◆个体局限

并不是所有的求职者都适合制作视频简历，对那些外表普通、表达能力不够好的求职者来说，视频简历恰恰突出了个人的弱点，反而对应聘不利。

◆费用较高

制作视频简历的费用远比纸质简历高。

项目三 资料准备

资料内容

毕业生想让用人单位充分了解自己，就必须准备一份详细，全面的个人资料，即个人推荐材料。这份材料主要包括个人基本情况、学科成绩、专业技能、社会实践经历、在校表现、个人性格、特长爱好、求职意向、班主任评语、学校推荐意见、获奖证书(复印件)、技能证书(复印件)、体检表等内容。以上内容不仅要准备齐全，而且要熟练背诵，便于胸有成竹地应对求职过程中的各种询问。

资料要求

●**资料要真实可靠**

资料要既体现谦虚诚恳，又体现实事求是的态度，这样才容易赢得用人单位的信任(图 7 – 5)。那些把自己吹得天花乱坠，夸大事实的人，容易引起别人的怀疑和厌恶，即使蒙混过关，暂时被用人单位录用了，一旦发现他的能力与他所说的相去甚远，最终会被用人单位辞退的。

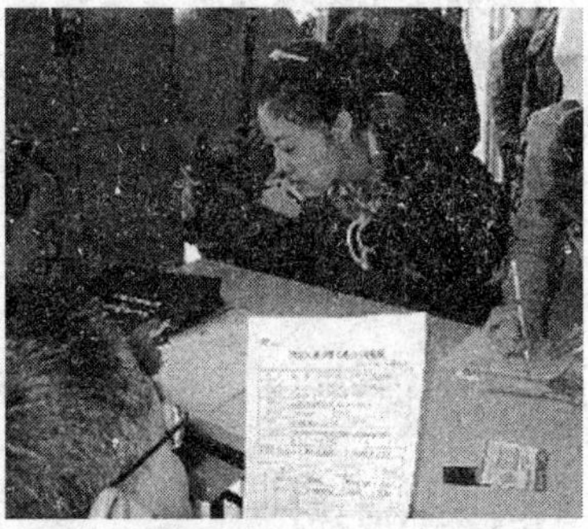

图 7 – 5 资料要规范

●**资料要整洁、规范**

字写得漂亮的同学，最好亲手抄写，不用打印；字体一般的同学，最好打印。材料中不能有错字，漏字，病句，甚至标点符号都不能弄错，以免给用人单位留下做事不认真、不仔细的印象。

● **照片和联系方式**

资料上要贴上个人近照，写清联系方式。有些人资料准备得很好，但缺少一张照片，有些人却不惜重金，到影楼去拍艺术照，这些都是比较极端的做法，没有必要，我们展现给用人单位的应该是一个真实的自我，而不必过分包装。

模块三　面试技巧

【名人名言】

为找不到工作而怨叹的人，我认为是没有真正付出努力去寻找的缘故。

——松下幸之助

坚忍是成功的一大因素。只要在门上敲得够久、够大声，终会把人唤醒。

——华兹华斯

要是想认真完成一项必要的事业，为人既要灵活，又要有一副铁石心肠。

——泰戈尔

【事实聚焦】

刘坤的经验

刘坤到一家事业单位去面试。他预先将自己的基本情况和学校生活简单地编成一篇名为《我的简历》的小文章，并把它背诵下来，以免面试时不知所措。为了在最短的时间内凸显自己的优势，他把在校时发表的30篇文章和6篇在学术报刊上发表的论文剪辑下来，收集在一本精美的影集里面，既美观大方，又不落俗套，取名为《天道酬勤》。

面试当天，排在刘坤前面的第33位求职者走进去之后，会场只剩下刘坤一个人和圆桌上33个被丢弃的纸杯，刘坤一边继续默诵《我的简历》，一边收拾残留的纸杯，并把凌乱的椅子摆放整齐。他做这些，只是为了缓和一下自己紧张的情绪。不一会儿，副考官过来喊他面试，他瞅了瞅整洁的房间，笑了笑："谢谢你，小伙子。"

第二天清晨，刘坤接到昨天那位副考官的电话："刘坤同学，你可以来签协议了。"

【案例点评】

面试时，自我介绍的形式不是单一的，可能是问答式，也可能是阐述式，还可能有其他形式，更要注意从一些细节表现自己最优秀的一面。所以在面试之前求职者要做好充分的准备。

【案例启示】

求职者在面试时要注意每个细节，注意展示个性，使自己的个人形象鲜明；突出个人的优点和特长，不要过分谦虚；回答问题一定要简洁明了，不能含糊不清；要实事求是，真实可信，不可自吹自擂，夸大其词；态度要友善、亲切、随和，既不能唯唯诺诺，又不能目中无人；讲普通话；对考官及其他应聘者落落大方、彬彬有礼。无论面试结果如何，都要把礼貌摆在首位。

项目一　面试准备

准备内容

求职者能否实现求职目标，面试能否成功往往是关键的一环。研究表明，人与人的信息交流形式中，面谈是最有效的。面试是其他求职形式永远无法代替的。面试考核的内容包括实际知识、操作能力、应变能力等，其中关键的是为招聘者树立良好的第一印象，面试过程仅仅是短短几分钟，但你展现在招聘者面前的综合素质，却可能成为决定你命运的关键。面试前应做好如下准备：

●**了解相关单位及面试场地**

◆掌握用人单位相关信息

面试前，要注意了解用人单位及岗位的相关信息。如单位的性质、规模、效益、发展前景，应聘岗位的职责、待遇、单位主管部门等。甚至去实地考察，具体了解其工作环境、企业文化和企业精神等，进一步增加自己的感性认识。

◆熟悉面试地点和交通路线

如果面试地点不在学校，最好能先去实地看一趟，以免到时迷路，同时让自己能估算出行程所需的时间。避免迟到，最好能提前10分钟到达。

●**做好面试的心理准备**

◆消除紧张情绪

不要太看重面试的成败，寻找一份理想的工作需要时间和经验的积累。一般都要参加几家单位的面试才能成功。要相信自己的实力，满怀信心，从容不迫地去面对招聘者(图7－6)。

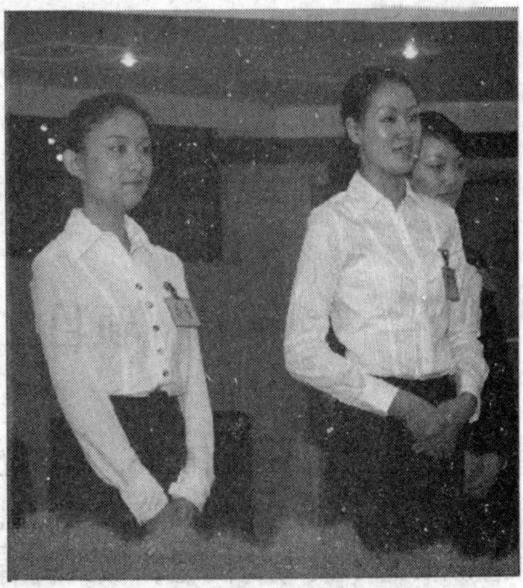

图7－6　从容应对面试

◆表情自然，语气平静

表述要简洁、清晰、自信、幽默，同时注意观察招聘者的表情变化，通过察言观色，尽快掌握主考官对哪些方面感兴趣，再根据事先的准备作重点表述。

●**注重仪表形象**

◆注重仪容

仪容是指人的容貌，它由发式、面容以及人体所有未被服饰遮掩的肌肤(如手部、颈部)等内容所构成，是给别人最初印象的重要组成部分。面试时，仪容要干净、整洁。要精心梳理好头发，最好能根据自己的脸型、肤色、体形、性格等特点设计发型，以便能体现出年轻人的朝气和活力。女士不要披头散发，不要配戴过多的饰物。女生在面试时稍微化一些淡妆，可显得有朝气，但切忌浓妆艳抹，那不是一个刚走出校门的学生应该有的精神面貌。男生在面试时，不要留胡子，保持面颊的干净，并将头发梳理整齐。染过颜色的头发和指甲，会影响求职者在招聘者心中的良好形象，因此面试绝对不能染发。

◆注重服饰

常言道："人靠衣装马靠鞍。"服饰是一种无声的语言，它展示着一个人的个性、身份、涵养及其心理状态等多种信息。莎士比亚曾说过："服饰往往可以表现人格。"一个人穿戴什么样的服饰，直接关系到别人对他个人形象的评价。求职者要注意根据自己的体形、肤色、性格等特点，选择稳重、大方、得体的服饰，以充分体现出自己的朴实、乐观、积极向上和充满自信。

面试时，无论你应聘的是什么岗位，一般正规的企业都很欣赏正统的着装。应届毕业生允许有一些学生气质的装扮，但是要力求简洁大方、整洁干净，符合自身的年龄特点，而不必去刻意打扮。叮当作响的珠宝饰物、过浓的香水、长筒的丝袜，都会使你的形象大打折扣。

应试态度
诚实坦率

●谦虚谨慎

"知之为知之，不知为不知"。面试中的问题五花八门，别出心裁，实在难以预料。遇到自己不知、不懂、不会的问题时，关键是要以诚相待，虚心求实，以事实为依据，表现一个真实而机敏的自我。勇敢、诚恳、坦率地承认自己的不足之处："对不起，这个问题我不知道，我能向您请教吗?""谢谢您让我懂得了许多新的知识。"不懂就是不懂，坦诚相待，就能给招聘者留下诚实坦率的良好印象。相反，闪烁其词、沉默不语、牵强附会、不懂装懂的做法，都是不足取的，它只能给招聘者留下不良印象。面试中，谁具有智慧且有涵养，谁就能胜人一筹。

●注重细节

◆等候面试时，要注重等待的细节，即便是超过了预约的时间，也不宜表现出不耐烦的样子。

◆面试时切忌接听手机，要事先关机。

项目二　面试中的常见问题

要想通过求职面试关，做好充分的思想准备是很关键的。面试时，考官会向你提出很多的问题。通过你的回答，考官能大致了解你的表达能力、反应能力，甚至你的人生理想。要想不被考官问住，做到胸有成竹，对答如流，你必须把考官有可能提的问题仔细地考虑几遍。在面试场合，考官问的问题五花八门，没有统一的标准，要取得理想的应试效果，提高文化素养是最根本的。

自身和家庭方面的问题

●介绍自己

自我介绍非常重要，要精心准备。介绍内容要与简历一致，事先最好以文字的形式写好背熟。注意提出自己的能力素质与应聘职位的相关性，不谈无关的内容。谈及自己的经历时要尽可能突出自己的特长和实际能力，但不要过分夸张。

●你的家庭背景

招聘者不是非要知道你的家庭背景，而是想了解家庭背景对你的塑造和影响，从你的家庭教育背景中判断你的素质。你可以从温馨和睦的家庭氛围，父母对自己教育的重视，家庭成员对自己的支持，自己对家庭的责任感这些方面选择两到三个侧重点，做简单的介绍(图7－7)。

图7－7　简要介绍自己

●你的业余爱好

业余爱好能在一定程度上反映应聘者的性格特点、思想观念和人生心态。因此，最好不要说自己没有业余爱好，当然也不要说打牌之类的庸俗爱好，也不要说自己仅限于读书、听音乐、上网等业余爱好，它会导致招聘者怀疑你性格孤僻、缺乏团队协作意识。可以结合职位特点，说一些相关的爱好。

知识能力方面的问题

●你的缺点和优势

不宜说自己没有缺点，也不宜谦虚地把明显的优点说成缺点。这样会让人觉得你很虚伪。可以说一些对应聘工作无关紧要的缺点，甚至看似缺点而从工作的角度而言却是优点。或从优点说起，中间加一些小缺点，最后再把问题转回到优点上，突出优点。切记不能过于自谦，这样不利于用人单位全面了解你的特长。

●你的座右铭

座右铭也会在一定程度上反映应聘者的性格特点、思想观念和人生心态，不宜说那些太抽象的座右铭或太长的座右铭。最好说能够反映出自己的某种品质的座右铭，如“只为成功找方法，不为失败找借口”。

●你能否胜任这份工作

对这个问题的回答最好要体现出应聘者的诚恳、机智、果敢及敬业。如“刚刚走出校门，我在工作经验方面的确会有所欠缺，但我有较强的责任意识、适应能力、学习能力和吃苦精神。我在实习中圆满地完成了各项工作，从中也有很多收获。请相信，我一定能胜任这项工作”。

●你最崇拜的人

不宜说自己谁都崇拜或者说崇拜自己，也不宜说崇拜一个虚幻的或是不知名的人，更不宜说崇拜一个明显具有负面影响的人。所崇拜的人最好与自己所应聘的工作能“搭”上关系。最好能说出自己所崇拜的人具有哪些品质和高尚行为，他的哪些思想感染和鼓舞了你。

其他问题

●你对招聘单位的了解程度

如对公司了解，不妨将吸引你的地方说出来。如果不了解，可以说："我看好贵公司所在的行业，我很热爱这个行业，而且这项工作适合我，我相信自己能够做好。"

●你与其他人的不同之处

不要评论别人的缺点，以免被认为以自我为中心、自以为是或者团队精神较差。对别人的信息也没有必要泄露太多，对他人的赞誉往往给自己营造宽容、容易合作的完美形象。可以围绕应聘岗位的要求来回答。销售、管理岗位答："我的活动范围比我周围的一般人要大一些。"技术岗位答："我可能更专注于自己份内的事情，做事认真仔细，但不如别人信息灵通、爱好广泛……"

●事业发展问题

招聘者希望通过回答问题了解应聘者的个性和创新能力。不要说"没有问题"，也不要问个人福利之类的问题。可以问"公司有什么鼓励青年人求学上进的措施吗？""公司有没有什么培训项目，新员工可以参加吗？""公司有什么大的发展计划吗？"体现出你对工作的热情，对公司发展的关注以及你的进取心。

【视野拓展】

展现真实的自我

工作前，胡萍的师兄师姐们向她传授经验：面试时要表现得老练些，不知道的不能说不知道，要想方设法"圆"过去。一次，有家合资企业招聘总经理秘书，各方面的条件很适合她，但对于英语的要求很高，她思忖良久，决定前去试一试。面试时她闪烁其词，希望能把英语这一关混过去。但结果未能如愿，求职失败。

面对失败，胡萍不禁反躬自问："问题究竟出在哪了呢？我知识丰富，年纪又轻，每次面试都全力以赴，为什么总是不成功呢？"其实，每一次参加面试，她虽然表面上若无其事，内心却惶恐不安，尤其是当招聘者问到她的弱项而她又不敢如实回答时，内心忐忑不安，感到十分紧张。经过反省，她终于明白：每次我想隐瞒一些什么，藏起一些什么，而隐瞒和藏起的其实就是真实的自我，为什么我不敢把真实的自我展现出来呢？

几天后，有一家中美合资公司招聘文秘，这一次她拿定了主意，以坦然的心态去应聘，对一切问题都诚实回答，做一回"真实的自我"。面试开始，招聘者给他一份英文材料。这是一份电子方面的专业资料，胡萍只能看懂大半意思，于是坦白承认只能看懂一部分，对这份专业英文材料不太熟悉，招聘者很和蔼地一笑说："你读书时学的是文科，这类专业英语看不懂是正常的，慢慢熟悉就好了。"招聘者的平易近人很让胡萍感到宽慰。于是坦白承认中文打字每分钟只能打40多个字，招聘者又和蔼地一笑，说："没关系，咱们这有专业打字员，秘书只要会打字就行了，速度要求不是很严。"但是，胡萍心里不踏实，求职成功的把握不大，毕竟离招聘要求有差距。

出乎意料，几天后，胡萍收到了招聘公司的正式录用通知书。工作不久后的一天，招聘人坦诚地对胡萍说："这次只招两名秘书，而应聘的有200多人，说实在的，论容貌你不是最漂亮的，论能力也不是最强的，但是你坦诚大方的品质打动了我，我选人注重品质，能力可以培养，而人品却是‘江山易改，本性难易’。”

项目三 面试禁忌

常见面试禁忌

面试中常见的问题有下列几种，要设法避免。

●**形象欠佳**

◆不注意仪表形象

面试前喝酒及吃一些有异味的食品，面试时嘴里嚼口香糖。未请先坐、坐姿懒散、手臂乱动、东张西望、穿着邋遢或者过于时尚等，都是仪表形象方面的问题。(图7－8)。

图7－8 面试时的不当坐姿

◆弄虚作假

诚信是立身之本，面试时可以对个人的一些工作经历进行适当修饰，但千万不能杜撰工作经验，恣意夸大。更不能为抬高自己的身份，以假证书、假成绩等欺骗用人单位。

●**回答问题缺乏技巧**

◆答非所问

在面试过程中，招聘人问什么，求职者就回答什么，不可随心所欲，偏离主题；也不能语无伦次，不合逻辑；更不能使用粗俗语言和不文明的口头禅。

◆随意回答问题

招聘人问每一个问题都是有目的的，要认真思考，慎重回答，不能以大大咧咧、不以为然的态度对待。

◆询问影响自己自信的问题

“你们能招几个?”“要不要女生?”“家在外地行不行?”这些问题要尽量避免，以免给人造成缺乏自信的感觉。

●**以自我为中心**

◆轻视考官

凡事都以自我为中心，忽略招聘者的感受与反应，会给人留下自私自利、自以为是的印象。交谈中，求职者要善解人意。不管招聘者年龄大小、职务高低，求职者都应尊重对方、赞赏对方。不论对方提出什么问题，都应从积极的角度上去理解，决不能产生对立情绪。一旦失态，对考官有不敬之处，其结果是可想而知的。

◆没有个性

应聘时忌鹦鹉学舌、唯唯诺诺。一般而言，企业是希望招聘到专业能力好、沟通能力强、有自己见解的人。回答问题要尽量表现出你的坦诚、机智与个性。不要一味讨好、奉承招聘者，个性鲜明的面试应答往往会给招聘者留下深刻的印象。

◆脚踩两只船

不要一边表达进入这个单位的愿望，一边又在言论中暗示你已经通过了其他单位的面试(为了抬高自己的身价)，令招聘人感觉你没有诚意、用心不专一，朝秦暮楚。

◆不注意身份，反客为主

不要因为与面试人的交流感觉不错，就不知天高地厚，忘记身份，信口开河。比如问“能不能在×月×日之前通知我面试结果?”好像是给人家下命令；或者问“公司的发展前景如何?”“公司是不是经常需要加班?”等反客为主的问题，令招聘者产生反感。

巧谈薪金

和招聘单位谈薪金是每个求职者的正当权利，大可不必不好意思，更不要觉得会得罪他们，减少了自己的工作机会。但必须要选准时机，在谈薪金时必须注意方式方法，既不能委屈了自己，也不能让对方觉得你缺乏诚意。有的同学一开口就关注待遇报酬。报酬是可以谈的，但得讲究时机和氛围，如果开门见山就问起薪金报酬，会让人觉得你是只重视金钱收入的拜金主义者，没有与企业一起发展的主人翁意识，没有远大抱负和志向。

●**不主动询问工资待遇**

面试开始时，最好不要主动询问工资是多少这种敏感问题，以免给人造成只关心待遇不注重发展的印象，用人单位不是印钞机器，更不是慈善机构，要想获得理想中的薪金，不能凭空谈，要以自己的能力和品德修养做后盾。

●**树立正确的报酬观念**

如果你被夹在机会与低工资之间，就不要强求鱼与熊掌兼得。不妨这样想：虽然少，但可以得到锻炼，就当是一个免费培训，一次提升自己能力的机会。就像一个不知名的小演员，能有一个表演机会已是暗自庆幸了，怎敢计较报酬？随着演技慢慢成熟，报酬自然会增加。等到自己发展到功成名就时，就有了增加报酬的筹码，靠自己的实力标出自己的身价，不必自己讨价还价，自有人知道应该给你多少薪金才能让你安心工作。

●**巧妙回答薪金问题**

当招聘人问及“你期望的工资是多少?”“你对工资有什么要求吗?”“这样的工资标准你觉得怎么样?”时，回答过高过低，都可能干扰对方对你能力的判断。最好表示你并不过分看重工资的高低，同时也诚恳地表明自己的实际困难，并暗示出一个大概可以接受的薪酬范围，但要留有回旋的余地(图7－9)。有些企业尤其是不经常在学校招聘或者招聘次数不多的公司，往往希望你明确说出对工资的期望，以便他们在决策时候参考。如果你没有把握，可以给出一个幅度，下线可以低些，上线不要太高，以便进退。也可以表示愿意接受单位的整体考虑和安排。如回答“我刚刚毕业，在工作经验上，尚处于学习阶段。另外贵公司肯定有自己的工资制度，我尊重公司的安排，也相信自己的适应能力和工作能力，更相信公司会根据我的能力和贡献，给予合

图7－9　巧妙回答薪金问题

适的工资……”或者说“工资就像衡量个人能力的标尺，我愿意接受贵公司的工资标准。也相信工作能力的高低会在工资待遇上得到体现……”

【视野拓展】

陈倩成功的原因

孙婧和陈倩是一所中等职业学校的同班同学，两个人的专业成绩都在本班名列前茅，并且他们对未来都有着美好的憧憬和远大的理想。一天，某公司来学校召开现场招聘会，孙婧和陈倩一起去面试，两人都做了充分的准备，用人单位对他们都很满意。

面试临近结束时，人事主管问孙婧：“你希望你的薪金是多少？”孙婧未加思索，马上把自己想好的数目说了出来：“应该在2000元以上。”

陈倩面试的时候，人事主管问了同样的问题，陈倩的回答是：“我已经成年了，不能再依靠父母养活，从我工作的开始，我就应该给他们回报，还要肩负对家庭、亲人的责任，而且，在校期间我练就了扎实的理论基础和过硬的实践技能，自信能很好地担当起公司的工作，公司可以在实习期间考察我。我希望实习期间公司能给我800—1000元左右的生活费，转正以后的月薪应该在2300元以上。”

第二天，面试有了结果，陈倩被录用了。人事主管对老师说：我们公司欣赏理论扎实、技能过硬、自信而且具有责任感的年轻人。

【活动体验】

撰写个人简历

根据所学专业及自己理想中的工作单位，写一封个人简历。

注意事项：

1. 书写工整，语句通顺，文法正确，主题突出。
2. 要能充分反应出自己的特长及能力水平。
3. 格式正确，结构完整。
4. 要反应出自己能胜任某一岗位的理由。

评价：

教师在审阅后有针对性的对学生的自我简历做出评价，指出不足及错误之处。

【单元小结】

模块一　求职基本方法

●求职信由标题、称谓、正文、结束语和落款5个部分组成。求职信能折射出一个人做事是否仔细、严谨，绝对不能出现格式、字词、语法、语句等错误。

●电话求职时要注意以下几点：通话时要用礼貌用语；要注意通话时间不能太长，尽量长话短说；注意对方的感受，不能自己唱独角戏；耐心仔细地听对方说话，不粗暴打断对方说话；用简单的语言概括出自己符合职位的特长和擅长的技能；简明扼要地介绍工作经验；询问招聘流程、面试时间等；选择恰当的通话时间。

●人才招聘会是现阶段的主要招聘方式，它有着其它方式无法取代的优势。

●近年来，我国的就业市场日趋规范，劳动法律法规逐渐完善，劳动政策制度逐步健全，但仍有一些不法分子抓住求职学生年龄小、缺乏社会经验和求职心切的心理，设置陷阱和骗局，非法牟利。求职过程中一定要擦亮眼睛，善于分析，慎重选择，谨防上当受骗。

模块二　求职资料

●求职自荐书就是求职者的简单履历和岗位要求，它浓缩了求职者的基本情况：学历、特长、兴趣、爱好和经历，以及求职所必需的有关信息。

●视频简历就是采用数码摄像将求职者的形象、自我才能的展示及职业能力的表述录制下来，经过专业人员的后期剪辑，再加入本人的照片、证书及必要的字幕，可在互联网上发布和浏览的关于毕业生的视频资料。

●视频简历的优点：能够直接将应聘者的言谈举止、仪表形象、语言能力及动手操作能力进行异地传递并保留；能直观形象地反映出应聘者的综合素质；同时方便招聘者进一步了解、分析、审察应聘者。

●视频简历的缺陷：目前的视频简历大多是应聘者在学校或者某个办公地点的一些自我介绍，内容也多是泛泛而谈，场景切换不多，感觉比较单调，反映应聘者的信息欠全面；并不是所有的招聘岗位都适合使用视频简历；并不是所有的求职者都适合制作视频简历；制作视频简历的费用远比纸质简历高。

●毕业生想让用人单位充分了解自己，就必须准备一份详细、全面的个人资料，即个人推荐材料。这份材料主要包括求职信、个人基本情况、社会实践经历、学校推荐意见、学科成绩、专业技能、个人性格、特长爱好、求职意向、获奖证书、技能证书、班主任评语、体检表等内容。以上内容不仅要准备齐全，而且要熟练背诵，便于胸有成竹地应对求职过程中的各种询问。

模块三　面试技巧

●求职者能否实现求职目标，面试能否成功往往是关键的一环。研究表明，人与人的信息交流形式中，面谈是最有效的。面试是其他求职形式永远无法代替的。面试考核的内容包括实际知识、操作能力、应变能力等，其中关键的是为招聘者树立良好的第一印象，面试过程仅仅是短短的几分钟，但你展现在招聘者面前的综合素质，却可能成为决定你命运的关键。面试前应做好如下准备：了解相关单位及面试场地；做好面试的心理准备；注重仪表形象。

●要想通过求职面试关，必须巧答考官的提问。面试时，考官会向你提出很多问题。通过你的回答，考官能大致了解你的表达能力、反应能力，甚至你的人生理想。要想不被考官问住，做到胸有成竹，对答如流，你必须把考官有可能提出的问题仔细地考虑几遍。

第八单元　就业适应

【目标透视】

知识目标：

了解掌握角色转换、人际关系和人生观的基本知识。

能力目标：

使学生学会从学生到职场人的角色转换；使学生学会建立良好人际关系的方法，尝试建立自己的人际关系网。

情感目标：

使学生树立正确的人生观和价值观，在将来的职业生涯中实现人生价值。

模块一　实现角色转换

【名人名言】

年轻人欠缺经验，但请不要忘记：年轻是你最大的本钱。不要怕犯错，也不要畏惧挑战，你应该坚持到底，在出人头地的过程中努力再努力。

——比尔·盖茨

谁虚度年华，青春就要褪色，生命就会抛弃他们。

——维克多·雨果

在学校里可能有赢家输家，在人生中却还言之过早。学校会不断给你机会找到正确的答案，真实人生中却完全不是这么回事。

——比尔·盖茨

成功是你最大的优势发挥，失利则是你缺陷的长期积累。

——彭小东

在这个世界上做一个有信念而不太聪明的人，也许是一种选择。

——于丹

【事实聚焦】

李雨润的烦恼

李雨润2010年毕业于甘肃省某中等职业学校的物业管理专业。在校期间学习成绩优异，一直担任学生干部，曾在某公司实习数月，她各方面的能力得到了同学和老师们的一致认可。但是她参加工作后，却经历了艰难的角色转换。

在给班主任老师的信中，李雨润倾诉了她的苦闷："刚进入公司的时候，自己并没有意识到自己学生气十足，总是认为工作就像在学校当学生干部那样，大家都会配合我。有困难，也会有老师帮忙解决。总之，就是习惯以学生的方式来待人接物。"后来老板有意见，经常给眼色看，原因是春节同事们都给老板拜年去了，只有她一人没有去。同事关系处理不好，工作得不到同事的配合和支持，与同一寝室的小郭因生活琐事吵了一架。连续两个月没有完成公司分配的销售任务，她自己都觉得工作没有意思。

【案例点评】

对许多刚刚步入职场的中职学生来说，往往会面临和李雨润相似的问题——从学生到职场人身份和角色的转变。

中职生进入职场，如果想快速适应从学生到职场人的角色转变，必须谨记6个字：认识、克服、调整。

李雨润苦闷的心情，是新员工在角色转换过程中都要面临的问题，她的那些不适应是刚刚进入职场的年轻人都遇到过的问题。关键是我们如何化被动为主动，缩短适应期。中职生应当主动调整自己的态度和行为，正确处理工作中出现的问题，以便更好的融入单位。多向公司的领导和同事虚心学习，注重人际交往的技巧，要克服好面子的心理弱点，养成踏实、勤快、能干的良好习惯，做到眼勤、手勤、脑勤和口勤。

【案例启示】

许多中职生初入职场，常常会出现这些表现：期望值过高而产生失落心理；不适应新的环境而产生畏难心理；过高估计自己而表现出自负心理；不踏实、不稳定心态造成浮躁心理等等。有的过于自卑，缩手缩脚，不敢大胆开展工作；有的过于自信，眼高手低，大事做不了，小事不愿做。再加上环境、人际关系、薪水等问题与自己的期待多有出入，以致迟迟进入不到工作状态。只有克服了这些心理障碍，才能更好地完成角色转换。

项目一　增强就业适应能力

怎样面向社会，提高自己的就业适应能力，是广大中职生面临的一个新课题。

适应岗位和多工种

●适应岗位的能力

岗位适应能力是中职生就业适应能力的核心，也是用人单位考察学生职业素质的重要内容。企业作为生产经营单位，无不希望新招收的工人技术素质高，操作技能娴熟，“来了就能用，上岗就能干”。因此，必须加强对学生的操作技能训练，提高本专业(工种)的就业适应能力(图8－1)。

●适应多工种的能力

由于科学技术的迅猛发展，产品更新换代周期缩短，新产品开发速度加快，再加上宏观产业调整和微观产品结构调整等因素影响，使企业的生产力布局和劳动力配置处在永无休止的调整之中。其次企业生产中往往是多工种相互配合、交叉施工，要求每个从业人员不仅要掌握本专业(工种)的操作技能和理论知识，而且对相关专业(工种)的基本操作技能和理论常识有所了解和掌握。在这种条件下，就业职工岗位调整和工种更换的可能性就会更多一些。“一岗定终身”的格局已经被打破，这就要求中职毕业生必须具备多适应工种的能力。那些仅掌握单一工种操作技能的“熟练工”，已很难适应企业的发展需要，而那些精通某一工种，掌握相近工种，熟悉相关工种的“一专多能”型人才将以其独有的优势受到器重。

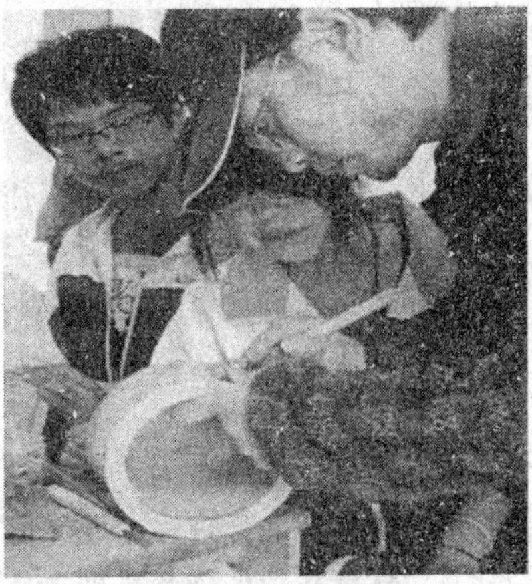

图8－1　高超的技艺

适应环境和再就业

●适应社会环境的能力

学生出校门进厂门，从学生到职工，身份、工作环境、学习环境和生活空间等都发生了变化，这对涉世不深的青年学生常常会产生某些不适应。这就要求学校要有意识地培养学生的社会适应能力。

●适应再就业的能力

随着市场经济体制的建立和完善，随着国有企业改革的不断深化，职工下岗已成为经济生活中的正常现象，失业也不再是新鲜事了。劳动力市场的建立和完善，在很大程度上将保证人才合理流动。作为下岗职工，面临着再择业和再就业的问题，要求中职毕业生必须具备再就业的心理素质和实际能力。只要有高超的技艺，就会有更多更广再上岗的机会和渠道。

项目二　从学生到新员工角色转换

角色特点与转换问题

●不同角色的特点

◆学生时代的特点

从小学、初中到中职学校，学生的主要任务是学习，同学们对所处的环境比较熟悉，同学、老师、家长整天在同学们周围，人际关系简单，没有直接的利益冲突。学生时代同学们经济上不独立，有家长的着力支持，生活上有老师、家长的关心，遇到问题，可以依赖他们。

◆职场人的特点

中职生进入职场成为新员工，首要的问题已不是学习，而转变为工作，完成自己的任务。所面临的人际关系也不像以前那样简单，每天要面对上级、同事、客户等公司内外各种关系的协调。经济上也是独立的主体。要通过敬业奉献，为公司创造利益，获得个人的业绩，从而得到自我利益的满足。

●角色转换中的问题

从学生到新员工角色的转换，是新生活的开始。对刚刚走入职场的中职生来说，这又是新的起点，今后将要面临与以往不一样的生活。

中等职业学校的目标是为社会培养合格的劳动者。在这个“特定目标”的引导下，中职生在读职业学校的几年中需要从“自然人”变为“社会人”，从“学校人”变为“职业人”。在这个角色转换中，往往要面对许多问题。

中职生告别校园生活，踏上新的工作岗位，意味着学习、工作、生活环境的转换，意味着一个正式社会成员的产生，同时也意味着更多更具体的社会期待在等待着我们。这些变化和期待突然间出现在中职生面前，这将会给同学们带来许许多多的困惑和苦恼。

◆对学生角色的依恋心理

从小学到初中，又上了几年的中职学校，大家对学生角色的体验可以说已是非常熟悉了，学生生活使同学们养成了一种习惯的学习方式和生活方式。刚刚走入职场，我们常常会表现出对学生角色的依恋，自觉不自觉地将自己置于学生角色之中，以学生角色来要求自己和对待工作，以学生的思维方式来观察和分析事物，从而带来适应上的困难。

◆消极退缩的自卑心理

中职生初入职场，面对新的生活环境和陌生的人际关系，往往缺乏应有的自信。一些中职生在工作中放不开手脚，看到别人工作经验丰富，轻车熟路，相比之下觉得自己这也不行，那也不行。胆怯、心虚，不知工作从哪里入手，担心自己做错了事，会造成不良后果。有位初入职场的中职生如此描述自己的心态：“刚进公司的时候，自己满腔热情，也很想显示自己的才能，但是面对许多具体的工作，缺乏经验和办法，想问别人又怕碰钉子，想自己干，又怕万一出了差错，闹出笑话，更丢人。思想很矛盾，工作上缩手缩脚。”

图 8－2　情绪低落

另外，中职生初入社会，很容易产生不被重视的“自卑感”。在校园内，每个学生都处于平等状态，但作为刚入职场中职毕业生，处在试用期，常常要从最基层干起，且各方面都很难引起人们的重视，也很难有表现自己的机会。因此，很多中职生产生沮丧情绪，产生“不求有功，但求无过”的消极心理，进而产生自我否定心理(图 8－2)。

◆苦闷压抑的孤独心理

走出校门，踏入社会，与过去的交际圈子已天各一方，而新的交际圈子尚未建立。面对新的工作环境和一张张陌生的面孔，每个人都会产生一段短暂的友情真空时期。特别是那些远离家乡的求职者，周末变成漫长的等待，孤独感更加强烈。另外，工作单位等级分明的上下级关系，居高临下的命令方式等也容易使同学们产生压抑感。

◆眼高手低的自傲心理

一些中职生自以为他们是香饽饽，万分受人青睐。在学校学了几年专业，已经是技术人才了。他们总放不下架子，看不起基层工作岗位，甚至认为中职毕业从事基层工作，干一些不起眼的事，那中职岂不是白上了，有失身份。在这种心理支配下，许多中职生在现实中表现为眼高手低，大事做不了，小事不愿做，苦累的工作更不愿意去干。

◆见异思迁的浮躁心理

中职生在角色转换中还容易表现出不踏实的作风和不稳定的情绪。有的中职生工作几个月后还静不下心来，可谓“人在曹营心在汉”。三心二意，这山望着那山高，一阵子想干这项工作，一阵子又想干另一项工作，整日恍惚不定。这种浮躁心态使众多中职生工作浮在表面，长时间进入不了角色。

角色转换途径

中职毕业生要缩短自己的适应期，尽快进入角色，必须学会自觉调整心理状态，学会面对现实。

●降低要求

青年时期是一个充满激情和想象的时期，青年人成就欲望强烈，有着远大的理想和抱负，对未来生活充满了美好的憧憬和向往。但中职生要清醒地认识到，理想与现实之间是存在一定差距的。毕业生踏上工作岗位后，要及时调整自己的期望值，降低要求。这样有利于减少心理落差，有利于尽快适应新环境。

●善于学习

一个人在学校里所学的知识毕竟是有限的，大部分知识和能力必须在工作实践中学习和锻炼。中职生到了陌生的工作岗位上，一定要放下架子，从头学起，要善于向具有丰富专业知识和实践经验的技术人员、领导、同事学习，尽快熟悉并掌握有关的业务知识，在学习和实践中不断地调整和改变自己的观念、态度、习惯和行为，不断地进行自我完善，以适应社会快速发展变化的要求。

●熟悉环境

作为一个职业岗位新手，要想尽快适应工作要求，完成角色转换任务，必须充分了解和熟悉工作环境，了解和熟悉工作对象的特点和规律，从而对工作有个比较全面的认识和把握。在初到工作单位的一段时间，应主动收集和自己工作有关的一切信息。如本职业的传统、现状和发展前景等。只有对自己的工作环境有较充分的了解，才能在适应角色上领先一步。

●勇于吃苦

许多毕业生满怀美好理想，准备到社会上大展宏图。但一接触实际，尤其是接触到社会的一些消极面，如复杂的人际关系、独断的领导、陈旧的设备、落后的管理方式等，往往就会从理想的峰巅一下子跌入谷底，内心产生严重的矛盾冲突。在矛盾和困惑面前，往往一蹶不振、消极退缩。因此，角色转换的过程是一个艰苦的过程，一个充满曲折的过程，在这个过程中，每一个人都会遇到困难和挫折，只有具备坚强的意志，才能不断克服在角色转换过程中遇到的种种困难，才能做到永不放弃。这就要求中职生朋友具备坚强的意志品质，增强社会责任感，工作中不计个人得失，任劳任怨，勇于吃苦。只有这样，才能得到人们的认可，从而实现社会角色的顺利转换。

项目三　扮演好职业人角色

职业人和职业角色

所谓职业人就是参与社会分工，自身具备一定的专业知识、技能和素质，并能够通过为社会创造物质财富和精神财富而获得相应报酬，在满足自我精神需求和物质需求的同时，实现自我价值最大化的一类群体。

●**职业角色的涵义**

人处在不同的社会地位，从事不同的社会职业(或中心任务)，都要有相应的个人行为模式，即扮演不同的职业角色。

●**职业角色分类**

社会中，职业可分为6种类型：技能型、研究型、艺术型、经营型、社交型、事务型。依据职业的类型，职业角色又包含着各行各业的方方面面，例如：医生角色、教师角色、空姐角色、警察角色、导游员角色、保洁员角色、收银员角色等(图8－3)。

图8－3　空姐

正确对待角色转换

中职生走入职场，成为职业人，并不是在学校学了什么，就会从事那方面的工作。现代社会，一个人往往会从事多个行业，扮演许多职业角色，常常会面临职业角色的转换。再说，即使从事某一个固定的职业，也要面临职业角色的转换。作为中职生，无论今后从事什么样的职业，在什么工作岗位，都要正确对待职业角色，尽好所扮演角色的义务。一般而言，一个人一生中职业角色的转换，主要有以下两种情况。

●**在同一个部门职业角色转换**

刚刚走上工作岗位的中职学生，只要能够脚踏实地，面对生疏琐碎的工作，每天以饱满的热情去对待，一心扑在工作上，敢于从基层做起，埋头苦干，悉心钻研，干一行，爱一行，钻研一行。功夫不负有心人，说不定就会从一个普通员工的岗位，过渡到企业管理岗位，从而实现在同一个部门中职位晋升的职业角色转换。

●**不同行业职业角色转换**

初入职场的中职学生，有的会在工作中感觉自己不适合从事面前的工作；有些觉得工资低，待遇差，苦干没有前途，就会选择“跳槽”。从一个公司到另一个公司，或从一种工作到另一种工作，这样就会面临不同行业职业角色的转换。

不管是什么原因导致职业角色的转换，职业人都应该正确对待职业角色转换。

◆乐于吃苦，及时调整心态

刚刚走出校门的中职学生，面对单调、琐碎的工作，有些人就会承受不了，觉得郁闷、压抑，觉得这些平凡的工作离自己的理想太遥远。面对一份工作，中职毕业生应有乐于吃苦的准备。积极调整心态，正视、接纳现实，恰当地评价自己，积累工作经验，做好本职工作。

在职场的每一种经历都是很好的学习机会，有助于自己的成长。虚心向同事学习工作经验，尽快熟悉与自己工作岗位有关的业务知识，结合实际工作将自己所学理论知识灵活运用。只有这样，才能尽快适应新环境，提高工作效率，创造自己的工作业绩。

◆勇于面对困难，积极应对挫折

在职场中总会遇到许多困难和挫折。面对困难与挫折时，有些人选择了放弃和逃避，有些人选择了坚持和忍耐。我们应当勇敢面对工作中的困难与挫折，适应岗位要求。

【特别叮嘱】

新员工朋友们要明白，面对职业角色转换中的“跳槽”，要正确对待，冷静分析，审时度势，不能盲目跟风。

当遇到困难与挫折时，不能放弃，不要言败，要冷静、客观地分析失败的原因，总结教训。要调整目标，脚踏实地去争取新的机会，争取获得成功。一个真正的强者面对失败时，能够认真反思，吸取经验教训，努力去争取新的机会。

总之，初入职场的中职生要乐于吃苦，及时调整心态、勇于面对困难，以积极的心态对待挫折，尽快实现角色转换，融入到社会集体生活。

模块二　处理好职场人际关系

【名人名言】

成功往往是以“认识多少人”而不是以你“知道多少人”来衡量的。

——F·席尔

当今世界，最成功的人是那些懂得如何与人相处的人，人际关系是生活中最重要的学问。

——斯坦利·C·艾林

最重要的人际关系就是和你自己的关系，首先要成为自己最好的朋友。

——菲尔·麦格劳

软与硬是相对而言的。专业的技术是硬本领，善于处理人际关系的交际本领则是软本领。

——卡耐基

诺言可以帮你得到朋友，但表现可帮你留住朋友。

——富兰克林

【事实聚焦】

任燕的苦闷

中职毕业后，任燕应聘到一家公司，从事仓库管理工作。工作不到半年，她就想跳槽了。这倒不是工作不适应，连对她有看法的主管都认为她很适合做仓库保管工作。也不是工资低，一个月 2800 元的薪水也使她很知足。但任燕觉得与同事越来越难相处了。

同事小韩，喜欢在她面前说三道四，她很讨厌这样的人，所以不愿意与小韩走得很近。任燕是个性格开朗的姑娘，一次，后勤部给员工做评定，主管给她分数不高，她觉得不公平，就跑去找部门经理说理，主管碍于经理的面子，给她提高了分数。但是，从此以后，主管对她没有了好脸色。任燕觉得很苦闷，只好跳槽走人。

后来，她到了另一家公司，可是，仍然与大家难以相处，不能融入到集体当中，又陷入到痛苦之中。

【案例点评】

任燕在人际交往中面临困惑，她因与同事、上司难以处理好关系，处在苦闷中。她应该调整心态，把同事当作朋友，和睦相处，搞好人际关系，这会让她感到工作的快乐和生活的乐趣。相反，无论她怎么跳槽，总会感到痛苦。

【案例启示】

任燕在两个单位的经历和她思想的苦闷告诉我们：人际关系的好坏与工作目标的实现有很大关系。同学们在校期间，就要学会处理人际关系，注意锻炼这方面的能力。

项目一　人际交往的原则和方法

人际关系的涵义与原则

●人际关系的涵义

人际关系就是人们在生产或生活活动中所建立的一种社会关系，是人与人交往关系的总称，也被称为“人际交往”。它包括亲属关系、朋友关系、同学关系、师生关系、雇佣关系、战友关系、同事关系等(图 8 -4)。

图 8 -4　人际关系图解

●人际交往的一般原则

◆平等原则

在人际交往中总要有一定的付出或投入，交往双方的需要和这种需要的满足程度必须是平等的，平等是建立人际关系的前提。人际交往作为人们之间的心理沟通，是主动的、相互的、有来有往的。人都有友爱和受人尊敬的需要，都希望得到别人的平等对待，人的这种需要，就是平等的需要。

◆相容原则

相容是指人际交往中的心理相容，即人与人之间的融洽关系，与人相处时的容纳、包涵、宽容及忍让。要做到心理相容，就应注意增加交往频率，寻找共同点，做到谦虚和宽容。

◆互利原则。

建立良好的人际关系离不开互助互利。可表现为人际关系的相互依存，通过对物质、能量、精神、感情的交换而使各自的需要得到满足。

◆信用原则。

信用即指一个人诚实、坦荡、信守诺言，从而取得他人的信任。人离不开交往，交往离不开信用。要做到说话算数，不轻许诺言。

◆自信原则

要充分显示自己的自信心。一个有自信心的人，才可能取得别人的信赖。处事果断、富有主见、精神饱满、充满自信的人容易激发别人的交往动机。

上述这些人际交往的基本原则，是处理人际关系不可分割的几个方面。运用和掌握这些原则，是处理好人际关系的基本条件。

人际交往的方法

学会与人相处，掌握一定的方法技巧，这对我们处理好人际关系十分重要。

●尊重他人

得到别人尊重是每个人的需要，但是，尊重又是相互的，你首先尊重别人，才可能得到他人对你的尊重。

◆学会倾听

他人和你交谈时，如果你能够倾听他人说话，表示你的关心，别人就会信任你。你不仅要用耳朵倾听，还要用眼睛“倾听”。

◆友好交谈

与人交谈时你的语音、语调通常比你说的内容更重要，不要太僵硬或者太正式。同他人交谈时，要面带微笑。不要打断他人的说话。打断别人的说话不仅没有礼貌，而且这也是对别人不尊重的表现。

●仪表端庄

得体、大方、端庄的仪表能给别人留下良好的印象，作为职业人尤其要注重这些日常习惯。

◆衣冠整洁

衣冠整洁，这不仅是树立良好形象的要求，也是对别人的尊重。不管在哪里，只要是与人交往，你就要保持干净利落、衣衫整洁、气质优雅。

◆心情舒畅

外表的漂亮与否，不是个人所能左右的，但心情是能进行自我调节的。舒畅的心情，健康的心理，给别人的感召力往往要胜过外表的漂亮。作为职业人，最重要的事情是心情舒畅、朝气蓬勃。如果你给别人的印象不好，所有的人际关系技巧都是无用的。

●**善于沟通**

生活中，人与人的交往，最重要的是沟通。彼此间的隔阂与矛盾，往往是由于缺乏沟通而造成的。

◆态度热忱

当你与陌生人见面时，要看着对方的眼睛，并对他微笑。微笑会使彼此间的距离缩短。当你看着某人的眼睛时，意味着告诉他：你很乐于和他交往，你们可以成为朋友。

当今社会，人与人沟通的手段是多方面的，当你使用电话、QQ 和电子邮件时，特别要注意自己态度，不能太冒失，失去热情与尊重。打电话时，要注意语气和蔼和表达清晰。先说出自己的全名，然后问对方："我现在打电话给你，方便吗?"要尽快回复对方的电话、留言或电子邮件。任何时候都要温暖和亲切地对待别人，即使你给别人留言的时候也一样。

◆见面握手

一个温暖、自信的握手充分表明了你的真诚与坦率。一个真诚的握手可以从拇指至食指之间的地方一直穿透到心里。

◆学会赞赏

如果你专注于人们的长处，他们就会显得更优秀；如果你为别人的长处鼓掌，他们就会增加自信心，赞美可以帮助人们发扬成绩，克服弱点。如果你以积极的态度赞美他人，你的真诚会打动对方的。

项目二　职场中的人际关系

与同事友好相处

许多人坦然承认自己在工作单位没有真正的朋友，并且也不想与同事交朋友。他们认为，职场如战场，同事就是竞争对手，与同事交朋友，只能给自己埋下定时炸弹，因为他们了解你的缺点，甚至还握有你的"把柄"。然而，没有好的同事关系，这会影响到你的工作、事业的进步与发展。如果和同事关系融洽，每天工作起来会感到轻松、愉悦，有利于工作的顺利进行。相反，同事关系紧张，会相互拆台，经常发生矛盾冲突会影响工作目标的实现和事业的发展。处理好同事关系，必须注意以下几个方面：

●**关心同事**

与同事友好相处，相互关心，相互体贴。要真心诚意与人合作共事，给同事释放更多的善意。在工作、学习和生活中相互帮助和支持，是圆满完成工作任务的前提(图 8－5)。同事之间有矛盾时，不要袖手旁观，置之不理，而要主动帮助调解，消除矛盾。同事有困难时，要为他们排忧解难，给予他们力所能及的支持和帮助。

图 8－5　与同事友好相处

●团结互助

同事相互之间要团结协作。积极主动配合，齐心协力完成工作任务，以达到整体的最佳效应。如果同事工作出了差错，要及时采取有效补救措施，进行热情帮助，不能见死不救，看人家笑话。对新同事要积极主动、耐心细致地帮助和教导，不要歧视新同事。要以集体利益为重，正确处理集体利益与个人利益之间的关系。

●虚心学习

虚心向别人学习，做到相互探讨、认真研究、取长补短、共同学习、共同提高。由于每个人的工作经历、社会阅历和受教育程度不同，因此在人的能力、水平、气质、修养等方面都存在一定的差异。同事是同一个战壕里的战友，要求同存异，要有海纳百川的胸怀，积极向贤者看齐。

●尊重别人

经常与同事谈心，多了解同事的工作、学习和生活状况，了解同事的困难。要善于发现同事的长处，要了解同事爱好什么，喜欢什么、厌恶什么，了解他们的世界观、人生观、价值观。要尊重老同事，他们资历深厚，经验丰富，有许多值得学习的地方；要尊重年轻同事，他们精力充沛，有开拓精神。如果你心胸狭窄，处处不容人，则会失去很多朋友和同事，要想让别人尊重自己，自己先要尊重别人。

●理智处事

在工作过程中因某些看法不一致，同事之间会发生分歧，甚至争吵。在这种情况下，要学会控制自己的情绪，不要言辞过激，不要伤害对方，更不要感情用事。要理智地协商、沟通和交流，遇事要冷静思考，多替对方想想，以宽容的姿态做出让步。

与上司融洽相处

领导是一个单位、一个部门的核心人物。如果你是单位的普通一员，跟上司的关系处理不好，则可能影响到你的情绪、表现，进而影响到你的工作业绩甚至前途。与上司保持良好的关系是从业人员工作顺利的重要保证。作为参加工作不久的青年人，尤其要注意处理好与上司的关系。

●尊重上司

处理与上司关系最明智的做法是尊重上司，这将使你获得上司的青睐。如果你在上司面前说话随意、没有礼貌，连最起码的尊重他人都做不到，那你就难以在这个岗位工作。没有一个上司愿意和不尊重别人的人一起共事的

◆正确对待上司的过失

“人非圣贤，孰能无过”。作为上司，他也有犯错误的时候，但无论怎么样，此时的你不要觉得自己比上司高明，就当众顶撞他，聪明的人往往此时是耐心地听从，然后再慢慢与他沟通。这样不至于让上司失去威信，造成难堪。

◆了解上司的喜好，适度恭维

做下属的应该适当了解上司的生活习惯、处事作风，然后投其所好。但若处理不当，则会被其他同事认为是巴结上司、拍马屁，结果是背上骂名。所以尽管要投上司所好，但对其不当言行，仍应避免迎合。

◆保持单纯的工作关系

切忌与上司建立私人感情，跟上司讲太多的私生活话题，会影响你在其心目中的形象，其他同事也会因为你与上司的私交甚密，而对你另眼相看。有的同事会刻意亲近你，借此攀附上司，但更多的则会对你有所避忌，使你的工作及社交出现障碍。

◆勇于承认错误

如果你违反了单位纪律、工作规则，就应对自己的过失负责。应深知承认错误并非羞耻之事。相反，被人揭穿了仍死不承认，才是最不明智的。

◆不要让上司误解

对于专权的上司，你必须将工作进程的每个环节都向他报告，尽管私下你有自己的工作方式和作风，但在表面上仍要以上司的处事风格为自己的工作风格。这样既能表现出一点上司引以为荣的地方，又能让上司相信你是他的“心腹”，至少也是值得信赖的下属(图8-6)。

图8-6　迎合上司

●避免矛盾

◆不要随便背叛和攻击上司

现实中的确有一些领导令你忍无可忍，但上司十有八九不喜欢背叛他的下属，而喜欢遵从他的人。

随意攻击上司，吃亏的是自己，其他同事只当作看一次免费表演，令你意想不到的一连串报复将会伴随着你，直到你离开这个单位。当然，若上司没有丝毫容人之量，离开他又何妨。

◆不说无意识的话

下属不应随意向上司搭讪，有些人以为随便与上司搭讪，就可以跟上司建立友谊。其实，由于身份、处境等不同，做出的反应是有差别的。下属应对上司说些工作方面有建设性的话。

◆摆脱漩涡

如有同事拉拢你为加薪、升职等事而逼迫上司做出承诺，你必须设法摆脱他们，不要被人利用当枪使，应用智慧与上司妥善处理好各种关系。

●提高素质

对一个年轻人来说，工作处于起步阶段，要想在工作中取得优良成绩，得到上司的喜欢，就必须提高自己的业务水平。

●展示优点

在工作中，主动说出你的特长，遇到自己擅长做的事，要乐于去表现。如果担心自我表现太过高调而不敢表现，那你可能永远也不会引起上司的注意。当然要讲究方式方法，和上司说话时注意态度要不卑不亢、实事求是，不能夸大其词。让上司知道你在哪些领域有良好的技能和经验，这样便于他放心交给你更多事情。

【视野拓展】

学会和同事相处的原则

◆无论发生什么事情，都要首先想到自己是不是做错了。如果自己没有错，那么就站在对方的角度，体验一下对方的感觉。

◆让自己去适应环境，因为环境永远不会来适应你。即使这是一个非常痛苦的过程。

◆大方一点。不会大方就学大方一点。如果大方真的会让你很心疼，那就装大方一点。

◆嘴要甜，平常不要吝惜你的喝彩声，要会夸奖人。恰当的夸奖，会让人产生愉悦感，但不要过头到令人反感。

◆有礼貌。打招呼时要看着对方的眼睛。用对长辈的称呼与年纪大的人沟通，因为你就是不折不扣小字辈。

◆少说多做。言多必失，人多的场合少说话。

◆不要把别人的好，视为理所当然，要知道感恩。

◆遵守时间，但不要期望别人也遵守时间。

◆信守诺言，但不要轻易许诺。更不要把别人对你的承诺一直记在心上并信以为真。

◆不要向同事借钱，如果借了，那么一定要准时还。

◆在一个同事的后面不要说另一个同事的坏话。要坚持在背后说别人好话，别担心这好话传不到当事人耳朵里。如果有人在你面前说某人坏话时，你要微笑。

◆避免和同事公开对立，包括公开提出反对意见，激烈的更不可取。

◆经常帮助别人，但是不能让被帮的人觉得理所应当。

◆对事不对人；对事无情，对人要有情；做人第一，做事其次。

◆经常检查自己是不是又自负了，又骄傲了，又看不起别人了。即使你有通天之才，没有别人的合作和帮助也是白搭。

◆有一颗平常心。没有什么大不了的，好事要往坏处想，坏事要往好处想。

◆好心有时不会有好结果，但不能因此而灰心。

◆待上以敬，待下以宽。

模块三　实现人生价值

【名人名言】

人生的价值，并不是用时间，而是用深度去衡量的。

——列夫·托尔斯泰

工作就是人生的价值，人生的欢乐，也是幸福之所在。

——罗丹

人生的价值，即以其人对于当代所做的工作为尺度。

——徐玮

人的价值是由自己决定的。

——卢梭

我从来不把安逸和快乐看作是生活目的本身。

——爱因斯坦

【事实聚焦】

在拼搏中不断超越自我

王萌从职业学校毕业后进入一家机械公司当了一名小职员。“当一名好员工，在拼搏中不断超越自我，在奉献中实现人生价值。”这是王萌的信念，也是他做事的准绳。他一步一个脚印，从一名普通职工成长为一名工具钳工技师，现在已担任了公司的技术副总。

王萌在公司从事的是钳工工作，但是刚刚毕业的他根本就不能上操作台进行操作，需要由经验丰富的师傅带着学习几年。“刚开始时，师傅只是让我在边上看，很久才让我在边上试着做一些小部件。”长时间的学徒生涯和师傅的严格要求，一度让他感到前途迷茫，但是想到一旦学到了过硬的手艺，不但能上操作台，还能为企业、为自己创造财富，他就坚定了敬业乐业的信心，不断钻研和学习。几年的学徒生涯终于结束，他通过学到的过硬技术，在省、市组织的各项技能大赛中屡获佳绩。在平时的工作中，他先后自学了多门机械专业的大专课程，坚持在干中学、学中干，在实践中检验和巩固学到的知识，并使之转化为工作成果。

几年来，王萌先后参与了公司组织的9项产品的开发和技术改造项目。在公司的3次技术改造中，他先后负责设计制造了多功能竹木地板刀具专用磨床10台、塑钢门窗成套设备4套、重锤切割机2台，为公司节省投资80余万元。

【案例点评】

从王萌的成长经历可以看出，坚定的意志可以发挥巨大力量，可以把梦想变为现实，实现自己的人生理想。对从业者来说，只有树立正确的人生观和价值观，并持之以恒，才会走向成功。每个人要对自己有信心，对未来有信心，要坚信失败并非命中注定，更要坚信自己能战胜一切困难，“天生我才必有用”。

【案例启示】

王萌的成功在于他树立了正确的人生观与价值观，工作中刻苦努力、积极进取的毅力和勇气。对每个人而言，没有最好的工作，只有最合适的工作；没有一劳永逸的工作，只有不断接受挑战的工作，这样才能找到自己的职业之路，实现人生价值。

项目一　人生价值与价值观

价值来源于自然界，并随着人类的进化而进化，随着社会的发展而发展，价值的终极本原只能是运动着的物质世界和劳动着的人类社会。

人生价值

人生价值是人生观体系中一个重要的范畴，是价值"具体"在人生观领域中的表现。在一定意义上，人生的价值是人生的意义，评估人生"价值量"大小，可以理解人生的意义大小。爱因斯坦曾经说过："不要去尝试做一个成功的人，要尽力去做一个有价值的人。"

●人生价值在社会关系中确定

人生总是社会的人生，人生受各种各样的社会关系制约。人生的价值和意义，不是由个人评估，而是由社会关系衡量的。个人主观上，也许能够按人生意愿去演化自己的人生历程，但客观上，个人的这些人生意愿不可能完全随意。

●人生价值的大小

人生价值的大小，由人生价值目标的境界及实现程度来决定。是否与社会总理想目标相一致，为实现这一目标做出了多大贡献，决定了社会成员个体的人生价值。

职业价值观

●价值观

价值观是指一个人对周围的客观事物(包括人、事、物)的重要性的总体评价。

●职业价值观

所谓职业价值观，是指人生目标和人生态度在职业选择方面的具体表现，也就是一个人对职业的认识和态度以及他对职业目标的追求和向往。理想、信念、世界观对于职业的影响，集中体现在职业价值观上。

【特别叮嘱】

人生价值的实现源于事业的成功，成功是每一滴血汗的堆积，只有付出才有可能收获。没有正确的人生观和价值观，一个人是很难成功的，也就难以实现人生价值。

【视野拓展】

李灵——心灵放歌

感动中国推选委员会委员刘姝威这样评价她：身旁是300多名不同年龄阶段的孩子，背后是那些在外打工父母们心中的挂念与寄托，这位乡村女教师赢得众人尊敬。

李灵2002年师范毕业后，在家乡周口淮阳许湾乡创办希望小学，目前已有7个班300多名学生。由于所有学生全部免费，学校无力为学生购置教辅读物和课外书籍，而且7年来，李灵为建学校已欠下8万元外债，暑假期间，李灵向爸爸要了200元只身来到郑州，买了一辆破旧三轮车，开始收购旧教辅和儿童读物。

淮阳县是国家级贫困县，又是河南省劳务输出大县，在这里，几乎每个村子18岁以上的青壮年都离家在外打工，越来越多留在村里的孩子被托付给爷爷奶奶，再加上当地小学布局分散，许多孩子面临辍学。2002年李灵从淮阳师范学校毕业回到了家乡淮阳县许湾乡，看到这种现状十分痛心，她开始琢磨为村里的孩子们办一所小学。当年7月，经当地教委批准，李灵的希望小学在这两间租来的房子里开课了，当时还只有20岁的李灵出任校长。

在教学中李灵发现，留守儿童的性格大都比较内向，敏感，而且有着同龄孩子不该有的忧郁。

五年级学生崔玉，爸爸妈妈都在北京打工，两年多没有回过一趟家。太久的离别，使思念妈妈的小崔玉学习成绩一天天下降，她甚至把老师当成了妈妈。

但父母的爱毕竟是不可代替的，崔玉的情绪很不稳定时，李灵就会给她妈妈打电话。

作为校长，李灵要做的事千头万绪，正常的教学结束后，李灵几乎成了孩子们的“保姆”。学生生病了，她拿出自己不多的积蓄为他们求医问药，孩子们的事情占据了李灵业余生活的全部。日子一长，希望小学在十里八乡渐渐有了名气，到2006年学生增加到了将近300人。学生不断增加，学校也在不停扩建，这时的李灵已经欠下了8万元的外债。老师的工资和学校的正常开销也已无法保证。无奈之下，李灵的父母准备关掉学校，把房子转让出去。

为了减少学校的开支，李灵父母也从家里搬进了学校临时搭建的住所。承担起了为100多个孩子做午饭的任务。看着一天天消瘦的女儿，父亲李丙星找朋友借了两万元帮她暂时度过了难关。

由于长时间生长在相对封闭的环境里，孩子们缺少课外知识的教育。给小孩讲故事的时候，一本故事书从一年级要讲到三年级，还要一遍一遍地讲，他们都听不厌。“他们的眼睛就这样，就这样瞪着我看，目不转睛地。”李灵说。

孩子们对知识的渴望，让李灵产生了一个大胆的想法：她要让自己的学生也拥有和城里孩子一样的课外读物。有人说，80后的人就爱想入非非；也有人说，学校现在都快揭不开锅了，拿什么去买这些图书呢？

毕竟是27岁的女孩子，蹬着三轮车上大街收书，李灵显得有些难为情。她选了一个偏僻的胡同，贴上了这块收书的牌子。六月的郑州，气温高达38度，紧张加上高温，不一会李灵的衣服就湿透了。

“到一个小区的门口人家不让进，人家那个收破烂的都包片，我说我不是收破烂的，不让我进，就给我一次打击。”一位善良的大妈得知李灵的想法后，把家里的少儿课外图书都送给了李灵，渐渐地，李灵收书的三轮车前热闹了起来。许多居民看到李老师中午啃着烧饼，就给她送来了水和防晒霜。后来，李灵回了学校，捐书的人找不到她了，就把捐出的书送到了《郑州晚报》代为转交。

15天的麦假，李灵就收到了5000多册图书。当李灵回到学校时，小小的校园沸腾了。一拿到书，学生们比买了一件新衣服穿在身上还高兴。“那个时候我觉得我特别的伟大。”李灵激动地说。

2009年度感动中国人物评选组委会授予李灵的颁奖词：“一切从零开始，从乡村开始，从识字和算术开始。别人离开的时候，她留下来；别人收获的时候，她还在耕作。她挑着孩子沉甸甸的梦想，她在春天播下希望的种子。她是八零后。”

项目二　人生价值的实现

在工作中实现价值

对于职业人来说，工作是生活中永恒的旋律。人的一生，从18岁开始到60岁，可以工作42年，工作占据了很长的时间，而且这段时间恰恰是最宝贵的。试想，如果我们碌碌无为，虚度光阴，那么我们一生就难以享受到工作的乐趣，永远不会充分发挥和挖掘自己未曾审视的强大潜能。

●心态决定人的幸福感

石油大王洛克菲勒曾说："如果你视工作为一种乐趣，人生就是天堂；如果你视工作为一种义务，人生就是地狱。在天堂与地狱之间，剩下的是默默无为的庸庸碌碌。因为工作心态不同，同样的工作，不同的人却生活在不同的境界里。"

对于自己所从事的工作，有的人成天郁郁寡欢，抱怨工作环境，埋怨公司同事，整天一副"怀才不遇"的委屈表情。而有的人天天心情舒畅，把工作当享受，积极适应环境，热情和同事、领导交流沟通，努力充电，摆脱"遇而不才"的尴尬。在人生的十字路口，有欣然开拓者，有徘徊观望者，亦有排斥后退者，那么接下来的旅途中的效果自然会大相径庭，人生的价值实现也有天壤之别。

●人生最有意义的是工作

诚然，工作可以维持生计，但是比生计更可贵的就是在工作中挖掘潜能，发挥自己的才干，实现自己的价值。从价值观和社会观的角度来说，人生最有意义的就是工作，人可以通过工作来学习，可以通过工作来获取知识、积累经验和培养能力。你对工作投入的热情越多、决心越大，工作效率就越高。效果和努力是成正比的，当你对工作抱有高度热情时，上班就不再是一件苦差事，工作就变成了一种乐趣。

在奉献中实现价值

●个人价值与社会价值是统一的

社会提供的客观条件是人们实现人生价值的基础。人的生存条件、发展条件、享受条件和工作条件都是由社会提供的。人在实践活动中实现自己价值的时候，必须利用社会和他人提供的各种物质条件和知识成果。完全脱离社会的"个人奋斗"和"自我实现"，实际上是不可能的。人的价值，只能在社会中实现。只有正确处理个人与集体、个人与社会的关系，才能在奉献社会中实现自己的价值。

●在奉献中实现人生价值

奉献精神离我们并不遥远。我们的老师，像蜡烛一样燃烧着自己，奉献着青春，奉献着热情，照亮了每一位学生的心灵，这就是奉献精神。选择了奉献，也就选择了在奉献中实现人生价值(图8-7)。

图8-7 无私奉献

爱因斯坦说："衡量一个人的价值，应当看他贡献了什么，而不应当看他得到了什么。"如果你是一滴水珠，你是否反射了一缕阳光？如果你是一颗雨滴，你是否滋润了一块土地？如果你是一颗螺丝钉，你是否牢牢地伫立在自己的岗位上？

时代在变革，社会在进步，人们的奉献观念也发生了变化，但是人的奉献精神不会变。不同的人有不同的人生目标，对如何实现人生价值有不同的领悟。作为学生，我们应该以学习为重，时刻准备着为社会奉献自己的一生。为此，我们在学校不仅要学好知识，还要了解社会，为走上工作岗位打下坚实基础。

【活动体验】

模拟职业角色转换

【活动目标】

1. 让学生在教师创设的职业角色中进行体验，使学生在体验实践中增强对一些社会职业角色的认识。

2. 使学生在具体实践中体验职业角色的工作内容，了解从事某些职业应具备的素质，并在实践中掌握一些具体的工作方法和技能。

3. 让学生去体验不同职业角色转换中遇到的问题，锻炼勇于面对失败的心理素质。

【活动准备】

1. 拟定全班同学参加。

2. 安排特定的时间和地点。

3. 安排做好使用道具的准备。

【活动步骤】

1. 明确目标。在进行职业角色转换模拟体验活动时，教师要对体验教育活动的目的、内容、范围、做到心中有数。

2. 渲染情境。教师在活动现场可运用道具、布置特定场景等方法，促成与模拟角色相匹配的活动氛围，形成无声的教育功效。如模拟医生的角色时，可将现场模仿医院的布置，摆上椅子、医生的办公桌等，这种渲染有利于学生将“要我做”、“要我体验”变为“我要做”、“我要体验”，从而最大限度地增加真实感。

3. 实践操作。这是活动最重要的过程，也是学生产生体验的重要途径。实践过程中，教师为学生邀请相应角色的专业人员或懂得这方面知识的教师做体验活动的辅导员，指导和带领学生在实际操作中动脑、动手、动口，融多种感受于一体，集各种体验于一身，通过活生生的模拟活动，创设产生深刻情感与内心体验的沃土。

4. 体验交流。教师引导学生在实践过程中将种种体验进行内化、传播。启发学生进行积极的心理体验，不仅要将这种体验内化为个体的一部分，还可将这种体验进行相互交流，以实现学生间的互动。

【注意事项】

职业角色转换模拟体验活动是一个富有创新性的活动，需要我们认真思考，积极实践，只有这样，才能真正开展好体验教育活动。

【活动评价】

体验活动结束后，由专业人员或专业教师进行点评。

【活动建议】

1. 选择学生喜欢并熟悉的职业角色体验。

学生喜欢体验的角色可反映了他们追求的理想职业，体验起来就会融入自己真实的情感。比如，模拟教师、医生、服务员、歌手、演员、主持人等角色。

2. 影响学生选择体验角色的因素。

学生在选择体验角色时，受主观和客观因素的影响和制约。

(1)学生自身因素。学生是活动的主体，他们在选择模拟角色时，一方面受自己理想目标的影响，另一方面受兴趣、性格的影响。

(2)家庭因素。父母从事的职业影响着学生对体验角色的选择。很多同学愿意选择与家长职业完全相同的角色。

(3)职业角色本身的特殊性。不同的职业角色有着不同的职业内涵，正是职业角色的这些特殊性构成了学生选择的多样性。

【单元小结】

模块一　实现角色转换

● 中职生应有的就业适应能力：适应岗位的能力；适应多工种的能力；适应社会环境的能力；适应再就业的能力。

● 所谓职业人就是参与社会分工，自身具备一定的专业知识、技能和素质，能够通过为社会创造物质财富和精神财富，而获得其合理报酬，在满足自我精神需求和物质需求的同时，实现自我价值最大化的一类群体。

● 社会中，职业可分为6种类型：技能型、研究型、艺术型、经营型、社交型、事务型。依据职业的类型，职业角色又包含着各行各业的方方面面。

模块二　建立良好人际关系

● 人际关系就是人们在生产或生活活动过程中所建立的一种社会关系。是人与人交往关系的总称，也被称为“人际交往”。它包括亲属关系、朋友关系、同学关系、师生关系、雇佣关系、战友关系、同事关系等。

● 职场中的人际关系：与上司的关系；与同事的关系；与下属的关系。

模块三　实现人生价值

● 人生价值是人生观体系中的一个重要的范畴，是价值“具体”在人生观领域中的表现。在一定意义上说，人生的价值就是人生的意义。

● 在工作中实现价值：心态决定人的幸福感；人生最有意义的是工作。

● 在奉献中实现价值：个人价值与社会价值是统一的；奉献精神离我们并不遥远。

第九单元　创业能力和创业实践

【目标透视】

知识目标：

使学生掌握创业的基本知识。主要是市场调查、立项、筹资、场地准备、创建品牌等。

能力目标：

培养学生的创新能力和创业能力。使学生初步形成创业规划实施和品牌创建的能力。

情感目标：

培养学生的创新意识、创新个性品质和创业心理品质。

模块一　创新意识与创新人才

【名人名言】

科学利用好奇心，它需要好奇心，可是好奇心却不就是科学。

——贝尔纳

敢探未发明的真理，即是创造精神；敢入未开化的边疆，即是开辟精神。创造时，目光要深；开辟时，目光要远。

——陶行知

打破规则不是孕育创意的必要条件，但确是一条路径。

——罗杰

没有大胆的猜测就做不出伟大的发现。

——牛顿

创新是一个民族进步的灵魂，是国家兴旺发达的不竭动力。

——江泽民

【事实聚焦】

化腐朽为神奇

美国历经百年的自由女神铜像翻新后，现场存有200吨废料难以处理。一个名叫斯塔克的人，自告奋勇，主动承包清理。他将废料分类整理，把废铜皮改铸成纪念塔，废铅改铸纪念币，水泥碎块整理做成小石碑装在玲珑透明的小盒子里，让大家选购。结果，本来无人问津难以处理的一堆垃圾，顿时化腐朽为神奇，身价百倍，人们争相购买，200吨垃圾被很快被一抢而空。正是由于斯塔克不拘泥于传统方法，标新立异的思维方式，便别出心裁想出了多种处理办法，由此而获得大利。

【案例点评】

“想别人不敢想的事、干别人不敢干的事！只有勇于创新，事业才会前进!”这是创新的规律。如果没有创新意识，美国的废料就不能很快处理，斯塔克也不会取得可观的经济效益。

【案例启示】

创新是一个民族的灵魂，是国家兴旺发达的不竭动力。中职职业教育着力于培养胜任现代工业岗位，掌握特定技能的劳动者。对中职生而言，动手能力的培养尤其重要，因为同学们将直接到生产单位就业，将是现代企业的主要力量，创新能力直接影响大家的职业发展和现代化建设的进程。

项目一　创造性思维和创新能力

创造性思维

●创新意识的涵义

创新意识是指人们根据社会和个体生活发展的需要，引起创造前所未有的事物或观念的动机，并在创造活动中表现出的意向、愿望和设想。它是人类意识活动中的一种积极的、富有成果性的表现形式，是人们进行创造活动的出发点和内在动力，是创造性思维和创造力的前提。

创新能力是根据一定的目的和任务，开展能动的思维活动，产生新认识、创造新事物的能力。它不是单一的心理活动，而是一系列连续的复杂的高水平的心理活动。

●创造性思维的内涵

创造性思维是一种突破常规的思维方式，它在很大程度上是以直观、猜想和想象力为基础而进行的一种思维活动。这种独特的思维常使人产生独到的见解和大胆的策略，可获得意想不到的效果(图9－1)。

图9－1　创新椅子

理解创造性思维的涵义还要注意以下几点：

◆高级思维过程

创造性思维是复杂的高级思维过程，它并不是脱离其他思维的另一种特殊思维。

◆多种思维有机结合

创造性思维是多种思维有机结合的产物，而绝不是多种思维机械运算的结果。而且，在不同的创造性思维活动中，总有一种主导思维。

◆遵循基本思维规律

创造性思维固然有它独有的活动规律，但它也必须遵循基本思维的活动规律。

【视野拓展】

道德测试

你开着一辆车，在一个暴风雨晚上经过一个车站。有3人正在等公共汽车，一个是病人，一个是曾救过你性命的医生，还有一个是你的爱人。但你的车只能坐一个人，你会如何选择？这是一个面试中的问题，在200个应试者中，只有一个人被录用了。他并没有解释理由，他只是说了以下的话："给医生车钥匙，让他带着病人去医院。而我则留下来陪我的爱人一起等公共汽车。"

每个人都认为这是最好的回答，但很少有人想到，这是因为我们从未想过要放弃我们手中已经拥有的优势(车钥匙)。这人的思维很有创造性。

创新意识的特征

●创新意识和创造性思维的关系

创新意识是引起创造性思维的前提和条件，创造性思维是创新意识的必然结果，二者之间具有密不可分的联系。创新意识是创新型人才所必需具备的品质。创新意识的培养和开发是培养创造型人才的关键。

创新意识的主要特征：

●新颖性

创新意识或是为了满足新的社会需求，或是用新的方式更好地满足原来的社会需求。创新意识是一种求新意识。

●社会历史性

创新意识是以提高物质生活和精神生活水平需要为出发点的，而这种需求很大程度上受具体的社会历史条件制约。人们的创新意识激起的创造活动和产生的创造成果，应为人类进步和社会发展服务。

●个体差异性

人们的创新意识与其社会地位、文化素质、兴趣爱好、情感志趣等相适应，它们对创新起着重大的推进作用。每个人都有不同的文化素质和情感志趣，考察一个人的创新意识，既要考虑社会因素，又要考察其文化素养和志趣动机。

创新意识包括创造动机、创造兴趣、创造情感和创造意志。

◆创造动机

创造动机是创造活动的动力因素，它能推动和激励人们发动和维持进行创造性活动。

◆创造兴趣

创造兴趣能促进创造活动的成功，是促使人们积极探求新奇事物的一种心理倾向。

◆创造情感

创造情感是引起、推进乃至完成创造的心理因素，只有具有正确的创造情感，才能使创造成功。

◆创造意志

创造意志是在创造中克服困难、冲破阻碍的心理因素，创造意志具有目的性、顽强性和自制性。

【视野拓展】

石油大王与一滴焊接剂

某青年在美国某石油公司工作，学历不高，也没有什么特别的技术，他的工作，连小孩子都能胜任，那就是巡视并确认石油罐盖有没有自动焊接好。石油罐在输送带上移动至旋转台上，焊接剂便自动滴下，沿着盖子回转一圈，作业就算结束。他每天如此反复好几百次地干着这种工作。后来他集中精力观察，发现罐子旋转一次，焊接剂滴落39滴，焊接工作便结束。于是，他努力思考：如果能将焊接剂减少一两滴，是否能够节省成本。经过一番研究，终于研制出“38滴型焊接机”。虽然节省的只是一滴焊接剂，但却给公司带来了每年5亿美元的利润。这个青年，就是后来掌握全美制油业界95%股权的石油大王——约翰·洛克菲勒。“一滴焊接剂”的智慧改变了洛克菲勒的人生。

创新能力

●创新能力的涵义

创新能力是根据一定的目的和任务，开展能动的思维活动，产生新认识、创造新事物的能力。它不是单一的心理活动，而是一系列连续的复杂的高水平的心理活动。

●创新能力的特征

新颖性、独特性和实用性是创新能力的重要特征，它是个人和社会发展的重要动力。也就是说，创新能力就是产生某个以前不存在的东西，这个东西可以是一个产品，或是一个过程，或是一种思想。

●创新能力培养方式

创新能力是个人成才的重要因素，创新能力的培养可以从以下几个方面进行：

◆树立高度的自信心

相信自己有创新能力，这样才会有创造的动机和信心。

◆培养强烈的创新意识

不受习惯和传统观念的束缚，不断尝试用新思维和新方法解决问题。

◆培养顽强的毅力

创造性活动是一项艰苦的活动，不能因一点点挫折而放弃。

◆训练创造性思维

勇于用扩散法、联想法、组合法、类比法、替代法等突破思维定势。

◆扩大知识视野

要不断提高自己产生创造和设想的可能性。

【视野拓展】

低估自己者，必为别人所低估

英国著名评论家海斯利特曾说："低估自己者，必为别人所低估。"每个人的一生中都会遇到这样那样的困难，寻求别人的帮助虽然是人之常情，但毕竟不是长久之计。别人能帮你一时，但是能帮你一世吗？人的一生，关键时刻还要靠自己。

依赖是人性的弱点之一，在这个世界上，有太多的人有着依赖思想。很多人是这样度过一生的，年幼时，是个长不大的孩子，事事依赖父母；成家后，一遇到麻烦事，就把问题抛给自己的另一半；在工作中，但凡遇到难题，就会把手伸向上司或同事，希望得到他们的帮助……

然而，长期地、过分地依赖他人，并不是一件幸运的事情，会使我们像吸食毒品一样形成依赖心理。当人对毒品有了依赖心理时，便开始堕落，甚至接近"完蛋"了。当我们事事依赖他人时，我们的思维就会慢慢老去，遇到困难就会感觉到自己没有能力应付，也不愿意自己找方法去克服，只是一味地期盼能得到别人的帮助，这样的人生是绝不可能辉煌的。

项目二　创新人才的个性品质及其培养

创新与创新人才

●创新

创新是指人们运用自己的脑力劳动与体力劳动，生产人们所需要的、新的物质产品与精神产品的活动。创新的个性品质，是指一个人运用已知信息产生某种新颖、独特、有社会价值或个人价值的产品。大胆的质疑、无畏的自信、敏锐的观察、丰富的想象、严谨的思考、执着的品质、善良的愿望相互联系，相互制约，构成了创新个性品质的完整统一性。

●创新人才

所谓创新人才，是指既具有创造性的思维，同时又具有完善自我和实现被社会与他人接纳的目标的人。这样的人，首先应是一个具有完善人格的人，缺乏这一点，无论在智力、思维上怎样超常，都不能成为创新人才。只有人格才是统一人的各种素质和能力的本质价值。

●创新人才的培养

培养创新人才离不开创新教育。创新教育的目的在于适应国家社会的要求，开发人的能力，而且还在于培养作为形成国家和社会主体的人本身，这个人的中心价值在于其人格，而这样的人格内容是多层面的（图 9－2）。从非智力因素的角度看，主要包括情感、激情、爱好、欲望、自我、信念和意志等。

创新人才个性的培养

●**创新个性**

◆创新个性的涵义

所谓创新个性，通常指个人具有的比较稳定的、有一定创新倾向性的人格心理特征的总和，它包括创新独立特性、创新倾向人格和创新的实践能力。创新个性是由人在适应或改变现实环境的活动中形成的，是根据一定目的，运用已知信息，产生出某种新颖、独特并有社会价值或个人价值的产品的创新意识倾向、心理特征所构成的内部动力系统。

图 9-2　培养创新人才

◆创新个性的特征

对教育而言，创新是教育的核心，创新是一种思维，是一系列独特的思维品质，它坚持了思维结构的整体性，即流畅性、变通性、精密性和独创性。创新是一个过程，是由创新思维活动、创新思想的形成和表述、创新思想价值的实现等与众不同的方式表现出来的。创新需要一定的意识、知识、技能、经验、方法、环境以及价值观等条件。

创新个性是一系列独特的人格特征，它反映了个性整体结构的独特性倾向，即好奇性、挑战性、想象力和冒险性。创新个性是创新性思维与创新个性品质的综合。创新个性反映了个人的创新特质，同时也成为支配创新实践的动力因素。

◆创新精神

创新精神主要包括创新活力、创新扩力、创新结力、创新个性四个方面的要素。创新活力表现为精力、魄力、冲动性；创新扩力表现为探索性、冒险性；创新结力表现为灵感、感觉、综合性、联想力、构成力；创新个性表现为好奇性、挑战性、想象力、冒险性、自主力。创新个性作为四面体的一个顶点，位于可以控制创新活力、创新扩力和创新结力的位置上。

●**创新人才个性的培养**

作为21世纪的中职生，我们应当更加注重自己创新能力的培养，给自己创造更大的发展空间。每个人的能力是有限的，但是能够充分发掘和发挥出能力是需要培养的。成功人士的成功经历给出我们一个思考。他们绝大多数是具有鲜明个性的人物。当然，个性不一定导致创造，但是没有个性发展则是肯定没有创造的。个性的不充分发展很难走向创造，个性的充分发展是走向创造的必由之路。我们必须打破传统的、陈旧落后的观念，促进自己个性的发展。要与学校老师共同努力，营造民主和谐的氛围，创设开放的环境，只有这样，才能把自己培育成个性健全、人格独立、富有创造性和开拓型的人才。创新人才良好个性品质的培养，需要在日常生活学习中有意识地培养与训练，要培养自己的开拓、好学、热情、乐观、坚韧、进取、果断等优良品质（图9-3）。

图 9-3　培养创新精神

◆开拓

开拓是时代的需求，是创新型人才应具有的基本品质，是一种不断进取的精神、胸怀大志的气质、敢于拼搏的勇气、不怕失败的韧劲。要敢冒风险，不怕失败，要有自信心，坚信自己会成功。

◆好学

时代在不断发生变化，要使自己成为创新型人才，就必须学习学习再学习。除了直接挤时间阅读外，还必须向专家、学者请教，同他们交流；还可以在社会实践中读“无字之书”。从某种程度上讲，读“无字书”比有字书更重要。只有勤奋好学，才能不断增长才干，不断增长创造力。

◆热情

热情是成功的基础，它代表着活力和热忱。没有创造热情，就不可能产生创造成果。没有热情，甚至连普通事情也做不好。热情必须始终如一，需要转化为对创新的锲而不舍。

◆乐观

乐观是克服困难的有效办法。乐观能使人对新的选择、新的方案保持开放，对生活寄予希望，有助于积极行动的产生。

◆坚韧

“不积硅步，无以至千里：不积小流，无以成江海”。古老的格言表明了这样一个真理：要取得成功，要达到目标，就应该坚持下来，绕过一道道弯，趟过一个个险滩，百折不挠，坚韧不拔。要培养自己的创新能力，就必须坚持不懈地努力实践和探索，塑造自己的坚韧素质。

◆进取

创新成功的一个重要特点，就是有强烈的进取意识，勇敢地直面危机和挑战，经常从长远的角度看问题，着眼于事业发展的长远利益，而不只是应付眼前的问题。

◆果断

果断就是坚定而快速的行动。虽然果敢的行动总会伴有一定的风险，但是犹犹豫豫、慢慢吞吞、举棋不定是不可能培养出创新个性的。

●培养创新人才个性要做到“六心”

同学们在日常的培养锻炼中，要力求做到细心、用心、信心、疑心、热心和爱心。

◆细心

创造需要的细心，从个性心理品质上讲是敏锐的观察力和集中的注意力。

◆用心

创造需要用心，即个性心理品质中丰富的想象力和严谨的思考力。

◆信心

创造需要信心，从个性心理品质上讲就是无畏的自信力。

◆疑心

创造需要疑心，从心理学角度分析，就是“追求卓越”的品质。

◆热心

创造需要热心，即个性心理品质上讲的兴趣爱好和执着。

◆爱心

创造需要爱心。创造所需的个性心理品质具有道德情感和高尚情操。

【视野拓展】

中职生创新个性的特征

中职生的创新除了具有一般的个性特征之外，还具有特殊的个性特征，主要表现在如下5个方面。

好奇性：中职生有旺盛的求知欲，强烈的好奇心，浓厚的认知兴趣。其强烈浓厚的探求欲望和学习兴趣常达到着迷的程度。

挑战性：喜欢与他人竞争，勇于争创第一，善于否定，敢于向权威挑战，不盲从，独立性强。面对困难能逆流而上，锲而不舍；遇到阻碍和贬斥也不改变信念，能努力克服一切障碍。但有时表现为对家长和老师的不顺从、不尊重、行为不合群甚至破坏纪律。

想象力：情感丰富，充满热情，善于联想，表现出一种思维的内在自由。但有时感情冲动，似乎精力过盛，顽皮淘气。

冒险性：甘愿冒险，敢于标新立异，逾越常规，敢于言别人所未言，干别人所未干的事，宁肯冒错误的风险也不把自己束缚在狭小的框内，但也容易犯错误。

自主性：自我意识强，有自我的独立见解，能自我认识、自我批评、自我体验、自我调控，但自我评价往往出现偏高现象，甚至有点自负。

模块二 培养创业能力

【名人名言】

丰富的想象力是发明发现及其他所有创造性活动的源泉

——亚里士多德

这个世界并不在乎你的自尊，只在乎你做出来的成绩，然后再去强调你的感受。

——比尔·盖茨

要永远相信：当所有都冲进去的时候赶紧出来，当有人都不玩了再冲进去。

——李嘉诚

犹豫不决固然可以免去一些做错事的可能，但也失去了成功的机会。

——王安

【事实聚焦】

一次不成功的创业

在京城某媒体做广告工作的芦苇，是个典型的高级白领，她在京城繁华地段有一套公寓。由于自己经常加班，所以比较喜欢吃蛋糕、甜点等小零食，每月消费都在千元左右。在购买时，芦苇看到蛋糕、甜点店里总是人潮如织。这使得她琢磨要在自己住的公寓小区里开一个蛋糕店。小区里住的也都是年轻人，消费量应该很大，每年应该也能挣个几十万吧。

她赶紧咨询同事和朋友，他们也都非常肯定，说这个项目百分之百挣钱，听后芦苇倍受鼓舞。说干就干，她立即租店面、装修、引进烘烤设备，请服务员……

经过一番筹备，蛋糕店隆重开业，芦苇还请了媒体的同事做了个广告小片在电视上宣传。芦苇决定，第一个月顾客购买甜点全部 8 折优惠。一开始，小区里来询问的人还挺多，可是买的人却很少。每天烘烤的面包和甜点由于只有一天的保质期，芦苇不得不痛心地看着大部分甜点被扔掉。就这样整整扔了一个月，芦苇开始反思：自己的创业是否正确？为什么没有预期的销售额呢？

【案例点评】

芦苇开店之所以失败，有以下几个原因，首先，没有进行充分的市场调研。芦苇的创业是非常仓促的，基本上没有投入足够时间、精力对商业项目的可行性进行调研分析，仅凭着几个同事、朋友对蛋糕店的一点点感性认识，就进入创业开店阶段，这是最重要的错误。其次就是芦苇过高地估算了自己小区顾客对于甜点的需求，也就是过高估算市场规模和销售额了。缺乏经验的芦苇还没等学会分析有多少顾客需求，就急于开始自己不熟悉的蛋糕生意。再次，芦苇对广告宣传比较在行，而对蛋糕产量控制没有经验。

【案例启示】

在创业的实际运作中，创业者不应只对生意的一部分予以关注，而必须统揽生意的全局，关注片面则不能均衡发展。创业者在大多数情况下通常容易关注其得心应手的业务，而不擅长的经营模式或方法往往被忽视，或者不注重去培养。所以，创业者要培养各种创业能力，而不能仅仅靠某一个方面的能力。

项目一　创业能力

创业教育

创业教育应以创业知识为基础，创业能力为主线，即通过学习创业的有关基础知识，形成初步的创业能力。创业是一种复杂的劳动，需要创业者具有较高的智商和情商。具有创业能力是创业成功的必要条件。创业知识是创业能力形成的基础，掌握创业知识是为了形成创业能力（图 9－4）。

图9-4　创业实训

专业能力的分类

创业能力是一种高层次的综合能力，可以分解为专业能力，方法能力和社会能力3类。创业能力是由专业能力、方法能力、社会能力相互作用而成的综合能力。

●**专业能力**

专业能力是指企业中与经营方向密切相关的主要岗位或岗位群所要求的能力。劳动者在创办自己的第一个企业时，应该从自己熟悉的行业中选择项目。当然，创业者也可以借助他人特别是雇员的知识技能来办好自己的企业，但在创办自己的第一个企业时，如果能从自己熟知的领域入手，就能避免许多“外行领导内行”的尴尬，提高创业的成功率。创业者应具备的专业能力主要有以下3个方面：

◆创办企业中主要职业岗位的必备从业能力。

◆接受和理解与创办企业经营方向有关的新技术的能力。

◆把环保、能源、质量、安全、经济、劳动等知识和法律、法规运用于本行业实际的能力。

前两种能力对于职业学校的学生来说，属于必备的能力，同时还应该重视加强第三种能力。

●**方法能力**

方法能力是指创业者在创业过程中所需要的工作方法，是创业的基础能力。创业者应具备的方法能力主要有以下几个方面：

◆捕捉市场机遇的能力

善于发现机会、把握机会、利用机会、创造机会是成功者的主要特征。

◆信息的接受和处理能力

善于搜集信息、加工信息、运用信息的能力是创业者不可缺少的能力。

◆分析与决策能力

通过对消费者的需要、市场定位、自我实力等的分析，根据自己的财力物力、社会关系、业务范围，依据“最适合自己的市场机会是最好的市场机会”的原则，做出正确的决策。这样才能实现自己的创业目标。

◆申办企业的能力

创办一个企业，需要做好哪些物质准备，需要提供什么证明材料，到哪些部门办哪些手续，怎样办等，均为创业者应具备的能力。

◆确定企业布局的能力

选择企业地理位置、安排企业内部布局、考虑企业性质等，都是创业过程中不可回避的问题。

◆联想、迁移和创造能力

从别人的企业中得到启发，通过联想、迁移和创造，使自己的企业别具特色，并通过这种特色使自己的企业在同行业市场中占有理想的份额。

◆发现和使用人才的能力

一个成功的创业者，肯定是一个会用人的企业家，不但能对雇员进行选择、使用和优化组合，而且能运用群体目标建立群体规范和价值观，形成群体的凝聚力。

◆理财能力

这不仅包括创业实践中的资金筹措、分配、使用、流动、增值等环节，还涉及及采购、推销等能力。

◆控制和调节能力

成功的创业者，要对规划、决策、实施、管理、评估、反馈所组成的企业管理的全过程具有控制和运筹能力。

图9－5　谈判

●**社会能力**

社会能力是指创业过程中所需要的行为能力，与情商的内涵有许多共同之处，是创业成功的主要保证，是创业的核心能力。

◆人际交往能力。

◆谈判能力(图9－5)。

◆企业形象策划能力。

◆合作能力。

◆自我约束能力。

◆适应变化和承受挫折能力。

项目二　创业心理品质的培养

一个仅有一技之长或数技之长而缺乏其他基本素质的人，不会成为成功的创业者和竞争的胜利者。而一个并不具备一技之长却有良好创业素质的人，却有可能使有技术的人成为自己的助手，使自己成为成功的创业者和竞争的胜利者。

创业心理品质的涵义

创业心理品质是指创业者在创业实践过程中表现出来的心理过程和个性心理。心理过程即创业者对创业实践的反应过程，包括对创业实践的认识过程、情感过程和意志过程。个性心理即创业者在创业实践中表现出来的个性心理倾向和个性心理特征，包括创业需要、创业动机、创业兴趣、创业信念及创业者的能力、气质和性格。

创业心理品质的内容

●需要和动机

◆需要

所谓需要，是指人对某种目标的渴求和欲望，它是人脑对个体和社会客观需要的反应。创业需要是一种社会需要，是成就需要。

◆动机

动机是激发和维持个体进行活动，并导致该活动朝向某一目标的动力。创业动机具有激发功能，能激发创业者产生创业的心理冲动。

◆需要和动机的关系

需要和动机是有区别的。需要是人积极性的基础和根源，动机是推动人们活动的直接原因。需要转化动机必须满足两个条件：一是需要必须有一定的强度；二是需要转化为动机还要有适当的客观条件。动机是在需要的基础上产生的。例如一个学生想要掌握计算机的操作技术，他就会在这个动机驱使下，产生相应的行为，如报考计算机专业或自学计算机技术。

●兴趣和信念

◆兴趣

兴趣是指个体认识和探究事物的心理倾向。创业者一旦产生创业兴趣，就会对创业实践活动予以关注，进而热爱和追求，并由此走上创业实践之路。

【特别叮嘱】

著名文学家苏轼曾指出“古之成大事者，不唯有超世之才，亦有坚忍不拔之志”，正所谓“有志者事竟成”。坚忍不拔的意志是事业成功的重要方面，同学们务必养成坚强的意志。

◆信念

信念是一种认识活动，是支配自己行为的观念。创业信念是在自己创业实践活动正确基础上产生的支配自己行为的心理状态。

●情感和意志

◆情感

情感是由客观事物是否符合人的需要而产生的态度体验。在创业实践过程中，积极的情感过程对创业者的创业行为具有激励作用。

◆意志

意志是个体自觉地确定和实现目标、支配调节自己的行为、克服各种困难的心理过程。意志对心理活动和行为具有重要的调节作用。

项目三　与创业相关的法律和金融知识

法律知识

●基本法律知识

在创业前，同学们必需了解我国的一些基本法律知识，这样才能更好地解决创业中涉及到的一些法律问题。

设立企业从事经营活动，必须到工商行政管理部门办理登记手续，领取营业执照(图9-6)。

图 9－6　领取营业执照

根据《民法通则》、《公司法》、《合伙企业法》、《个人独资企业法》等法律的规定，企业的组织形式可以是股份有限公司、有限责任公司、合伙企业、个人独资企业，其中以有限责任公司最为常见。设立企业还需要了解《企业登记管理条例》、《公司登记管理条例》等工商管理法规、规章。

我国实行法定注册资本制，如果不是以货币资金出资，而是以实物、知识产权等无形资本或股权、债权等出资，还需要了解有关出资、资产评估等法规、规定。

企业设立后，需要税务登记，需要财务会计人员处理财务，其中涉及税法和财务制度，要了解企业需要缴纳那些税。要聘用员工，这其中涉及劳动法和社会保险问题，要了解劳动合同、试用期、服务期、商业秘密、竞争禁止、工伤、养老金、住房公积金、医疗保险、失业保险等诸多规定。还需要处理知识产权问题，既不能侵犯别人的知识产权，又要建立自己的知识产权保护体系，需要了解著作权、商标、域名、商号、专利、技术秘密等各自的保护方法。在行业中还要了解《合同法》、《担保法》等基本民事法律以及行业管理的法律法规。

●相关基本概念

◆自然人和法人

民事法律关系上有两类主体：自然人和法人，其中自然人也叫公民。法人是具有民事权利能力和民事行为能力，依法独立享有民事权利和承担民事义务的组织。依照法律或者法人组织章程规定，代表法人行使职权的负责人是法人的法定代表人。

◆经济组织形态

按照我国现有的法律法规，常见的经济组织可以从组织形态和资本性质等方面进行交叉分类，一般包括：个体工商户、农村承包经营户、个人独资企业、合伙企业、全民所有制企业、有限责任公司、股份有限公司、外资企业、中外合作经营企业、中外合资经营企业。

◆公司

公司是现代企业组织发展的一种形式，公司是企业的一种，同时也是企业法人的一种。可以说、公司都是企业法人，但是企业法人并不都是公司。我国的公司只有 3 种形式：国有独资公司、有限责任公司、股份有限公司。

◆个人独资企业

个人独资企业是按照个人独资企业法成立，由一个自然人投资，财产为投资人个人所有，投资人以其个人财产对企业债务承担无限责任的经营实体。

◆合伙企业

合伙企业是由各合伙人订立合伙协议，共同出资、合伙经营、共享收益、共担风险，并对合伙企业债务承担无限连带责任的营利组织。

金融知识

●银行贷款

银行贷款是指具有经营能力或已经从事生产经营活动的个人，因创业资金需求提出申请，经银行认可有效担保后发放的一种专项贷款(图9－7)。

图9－7　银行贷款

●商业抵押贷款

目前，银行对外办理的许多个人贷款，只要抵押手续符合要求，银行就会不问借款用途。创业的人可以灵活地将个人消费贷款用于创业。

●保证贷款

如果本人没有存单、国债，也没有保单，但父母有一份稳定的收入，那么这也能成为绝好的信贷资源。由其他有固定收入的人担保，也可向银行借款。

【视野拓展】

我国将创新人才培养模式 改革人才评价制度

《国家中长期教育改革和发展规划纲要(2010－2020年)》提出要更新人才培养观念，树立多样化人才观念，尊重个人选择，鼓励个性发展，不拘一格培养人才。

为了创新人才培养模式，《教育规划纲要》提出：注重学思结合。倡导启发式、探究式、讨论式、参与式教学，帮助学生学会学习；注重知行统一。坚持教育教学与生产劳动、社会实践相结合；注重因材施教。关注学生不同特点和个性差异，发展每一个学生的优势潜能。

应试教育造成我国大批学生“高分低能”，已是不争的事实。2005年，11名内地高考“状元”在面试环节被香港大学拒之门外，港大提出的理由是不愿录取“书呆子”。

进入新世纪以来，我国加速推进素质教育，作为素质教育改革重要内容的新一轮基础教育课程改革已覆盖全国所有小学和初中。除广西、青海外，其余省(自治区、直辖市)都进行了高中课程改革。

但是，高考传导的升学压力依然阻碍着素质教育的实施。改革以高考为代表的人才评价制度势在必行。《教育规划纲要》提出，根据培养目标和人才理念，建立科学、多样的评价标准。做好学生成长记录，完善综合素质评价。强化人才选拔使用中对实践能力的考察，克服社会用人单纯追求学历的倾向。

从上世纪80年代末起，我国教育主管部门就开始探索在高考中加大能力测试的比重。目前，语文、政治等科目试卷中的课本知识在一些地方高考的自主命题中已降至20%，其余内容则是能力考察。

学生创新能力和实践能力的缺乏也是高等教育教学改革面临的问题。对此，《教育规划纲要》在高中阶段教育和高等教育的改革措施中分别提出：探索发现和培养创新人才的途径；支持学生参与科学研究，强化实践教学环节。

模块三　创业规划的实施

【名人名言】

这个世界不缺少发现，而是缺少发现后的思考。

——牛根生

不用花心思打造明星团队，团队就是可以和自己脚踏实地将事情推进者。

——马云

领导不是某个人坐在马上指挥他的部队，而是通过别人的成功来获得自己的成功。

——杰克·韦尔奇

【事实聚焦】

赋予商品故事和文化

中专毕业生张昕毕业没几年，开了家农产品店，继而又开办“绿悠悠”电子商务网站，称得上是首批蔬菜农作物“网上超市”之一。

2007年10月，和朋友思想“碰撞”后，张昕想搞“网上超市”的尝试。他做了小型的市场调查，发现当时淘宝等电子商务网站上农产品还是个空白点，因为它的网上购物人群还没形成。家庭买菜的多以老人为主，他们不是网络购物的主力消费者。于是，张昕把创业范围缩小在“有机蔬菜”领域，定位于白领家庭。2008年初，张昕投资30万元，开了间180平方米的“绿悠悠”农产品店。张昕的想法与众不同。一次市场考察中，江西农业局一位负责人向他介绍：他们那儿的鸡蛋是绿色的壳，蛋清和蛋白更有营养。民间有一种说法更吸引人：土鸡中极少的绿壳蛋，母亲都留给最疼爱的孩子和最尊敬的老人食用，因为它能提高小孩免疫力，治疗老人头晕、目眩等疾病。张昕听后顿受启发——现在卖东西都是卖商品，我能不能“卖故事”？回上海后，张昕将店里几十种商品一一归类，从网上搜集了从产地到用途的各种信息，编成一个个“产品故事”，教消费者怎样从颜色、大小、形状等细节分辨农产品的好坏，并把一些有机农作物和各项身体健康指标“对号”，比如东北某个品牌的黑木耳吃了可以软化血管等。

赋予商品故事和文化后，消费者的认可度马上提高了不少，两个月后销售额就突破了40万元。在张昕的店里，商品旁边不再是单一的价格标签，还有五颜六色的“故事牌”，方便消费者挑选适合自己的种类。

【案例点评】

张昕通过市场调查和分析论证，结合自己的特长，创立了“绿悠悠”电子商务网站，成功迈出了创业的第一步。在此基础上，他还赋予商品故事和文化，吸引了大批消费者。随着信息技术高速发展，与之相关的市场也随之变化。通过网络将蔬菜、客户和营养价值三者有机的结合，让张昕获得了很大的成功。

【案例启示】

成功的创业不能单靠常规做法。独特的想法与自身的专业特长结合，能产生意想不到的效果。创业需要的正是这种能抓住商机的想法。

项目一　创业前的市场调查

市场调查内容

●了解顾客需求

顾客是企业的根本。没有顾客，企业就会倒闭。我们知道，顾客购买产品或服务是为了满足不同的需要，如果不能以合理的价格向他们提供所需的产品，他们就会到别处购买。反之，对你感到满意的顾客会成为回头客，而且他们会向家人和朋友宣传你的企业。让顾客满意，这就意味着你能获得更高的销售额和更高的利润。

了解顾客，先要了解自己企业的目标顾客群是什么人，男人或女人，小孩或老人，他们愿意付多少钱，喜欢在什么地方消费，他们有什么样的购物习惯或风格，是否有什么特殊的要求，了解顾客，重要的是了解他们的需求，甚至心理方面的需求。

●了解竞争对手

“知己知彼、百战不殆”。仅仅调查市场，只了解顾客的情况还远远不够，还需要了解竞争对手。调查竞争对手的目的在于了解竞争对手的情况，分析竞争形势，从而避免盲目创业造成的经济损失。通过了解竞争对手的情况，可以学会许多东西，更好地走向成功。

●了解所处环境

从宏观方面而言，外部环境调查的主要内容是政府所发布的对本类企业有关的法规、政策、税收以及其他规定。当地经济发展水平、发展方向、工农业生产情况；当地人的生活水平、消费趋势和购买力；原材料、劳动力资源、能源等的供应情况以及来源的稳定性；交通、城市建设动态等信息；自然气候、地理条件和治安状况等。

市场调查方法

●收集信息

收集信息，并对信息做出科学的分析，得出准确结论的过程往往是十分困难的。无论有什么样的想法，都必须和企业潜在顾客交谈。尽可能地从业内人士那里了解本行业的市场信息。

●分析信息

要了解某种产品或服务的市场信息，特别是顾客的需求以及竞争对手的情况，并不是很难。问题在于如何分析信息，做出准确的判断。这在很大程度上取决于我们能否以恰当的方式问恰当的问题。

获得大量的创业信息后，创业者就应当认真研究分析自己创办企业的可行性。分析自己创办企业的有利条件和不利因素，估计自己企业的产品或服务的市场销路，下定创业的决心。

项目二　创业规划的制定

规划的类型和格式

● 创业规划的类型

◆ 创办企业的行动规划

创办企业之前有许多工作要做。做这些事情要有章法，按部就班。需要制定一份行动规划，规定做哪些工作、由谁来做、什么时间完成等。

◆ 企业的长期规划

企业的长期规划是确定企业长远发展方向以及目标。这些目标必须明确可行，在一定的时间期限内是可以衡量的。

◆企业的经营规划

将长期规划落实为小的目标与具体的任务，形成经营规划。指导创业者的日常经营管理工作。经营规划一般考虑几个月或一年内的事情，处理的是企业业务中比较迫切的问题。

●创业规划书的格式

完整的书面创业规划书应该能给人留下深刻的印象。它必须反映企业的实际情况，必须能够系统表述管理者的经营思想和经营策略。创业规划书的格式内容主要包括以下几个方面：

◆封面以及目录

封面要清晰美观，富有特色。目录要详细具体。

◆概要

概要是向读者提供公司的概况，应力求简明扼要，高度概括创业规划各部分的要求，勾画出企业的轮廓。

◆企业构思

概括描述企业，重点说明将要推出的产品或服务，以及目标顾客群体；说明有关该项目想法的缘由，以便读者来判断这个想法的新颖程度；描述所确定的短期目标、中期和长期目标，以及准备实现这些目标的期限；说明企业将要采取何种法律形态，是个体工商户、合伙企业，还是有限责任公司等。

◆市场评估

市场评估要说明市场调查情况，以及对顾客和竞争对手的调查和了解；说明市场定位，详细介绍产品或服务的特点、成本和价格；销售的渠道和地点以及宣传促销方式；说明在研究企业的过程中发现的关键因素(图 9－8)。

图 9－8　市场评估

◆经营、销售和财务规划

对经营性规划而言，不同行业有不同的要求，但不管企业属于那种行业，都必须说明需要多少员工和多少资金来实现日常工作。企业的组织结构以及员工的职责是什么，有哪些因素将对企业发展产生关键性影响，将如何处理这些关键性因素等。

在销售规划中，要根据市场调查的分析结果，确定自己的目标市场；说明市场变化的趋势和存在的机遇与风险，论证这种趋势和季节性因素对企业将产生什么样的影响，并因此确定销售方式、价格政策；明确说明自己具备的竞争优势以及如何利用这种优势。

财务规划需要说明所需的固定资产的详细情况，所需准备的流动资金数额以及计算方法，资金的来源和周转预测，成本的组成和利润的来源与分配，企业的盈亏平衡点以及安全边际、纳税和还款规划等。

◆附录。一般来说，提供的信息越详细，越容易获得别人的信任和帮助，还可以在附录中列举个人的相关信息。比如：有关经验和经历、技能鉴定和资格证书、推荐书、个人培训规划等。也可以列举和创办企业相关的信息，比如：审批表、相关协议或意向书、信用证明、保险报价、相关政策法规或市场调查结果等。

规划书的内容和评估

●创业规划书的内容

一份完整的书面规划包括长期规划方面的信息、经营性规划的内容、可行性研究报告以及其他许多内容。如果初期所做的可行性研究发现企业发展确实存在潜力，那么就可以着手撰写完整的书面企业规划，以帮助创业者实施自己的业务思想。如果规划只是个人使用，那么内容可以简单一些。

一份创业规划书主要有 3 大部分。

◆事业本体部分。这部分是规划书的主要内容。

◆财务相关的数据。预测会有多少营业额，成本如何，利润如何，为此未来还需要多少资金周转等等。

◆补充文件。有没有专利证明，有没有专业的证书，或者是意向书、推荐函等。

●创业规划可行性评估

规划是对未来的一种预测，显然和实际情况之间存在一定的误差。要想使这种预测变成指导未来行动的可靠依据，就需要对其可行性进行经常性的、细致的、准确的评估。

项目三　立项、筹资和场地准备

创业的准备阶段，一定要做好立项、筹集资金、选择营业场所和招聘员工等方面的工作。

立项和筹资

● 立项

在创办一个小型企业之前，应该分析评价一下自己，看看自己是否具有创业的素质、技能和物质条件。成功的创业者之所以成功，不是因为他们走运碰到一个好项目，而是因为他们工作努力，并具有经营企业的素质和能力。创业者在确定创业项目时，应当从以下几个方面出发：

◆ 顾客的需求。

◆ 自己的能力。

◆ 自己喜欢做的事。

◆ 自己熟悉的事。

要想使自己的企业成功，就一定要选择自己熟悉的事来做。当然也可以雇佣业内人士帮你做。

● 筹资

◆ 启动资金

企业的创建需要启动资金，启动资金是指用来支付场地、设备、原材料、促销费、工资以及其他应有的经营性支出的费用。启动资金包括固定资产投资和流动资金。

◆ 资金来源

筹措启动资金并非易事，可以从下面几个方面筹集：

自有资金；从亲朋好友处借；向供应商赊购或向顾客收取预付款；从银行等金融机构借款。

选择场所和招聘员工

●店址的选择

◆根据经营内容来选择地址。

◆选取自发形成某类市场的地段。

◆选择有广告空间的店面。

●厂址的选择

◆远离城市中心地带，一般在城乡结合处建厂。

◆交通便利，距离铁路和重要公路干线较近。

◆电力供应充足、方便。

◆水源充足、水质良好。

◆土质坚实，渗水性好，非涝洼地。

◆原材料供应方便。

●招聘员工

员工是企业发展的重要因素。招聘原则是“任人唯贤，择优录用”。

项目四　创建自己的品牌

品牌意识

● 品牌的重要性

销售策略的目的是使企业在经营中更方便地推销产品。创立品牌，使企业的产品成为顾客的首选目标是重要的销售策略之一。因为企业的产品一旦成为名牌产品，就容易获得市场，占有市场，获得更多的利润和财富。

● 企业命名

要为企业起一个叫得响的好名字。这个名字要给人以正确的印象，既不要过于专业化，又要易读易写，适合顾客的口味，为人们喜欢和接受。

● 注册商标

商标不但可以识别产品，还可以识别企业。美国工商界称商标为“无价的金蛋”，日本工商界称商标为“事业的图腾”。企业要善于用“商标法”保护商标。因为商标的作用在于组成商品名称，区别于其他产品，便于识别和记忆。它标明了商品出处，通报商品信息，能刺激顾客购买欲望。它是竞争的实体和工具，象征承诺和担保。

产品质量意识

要赢得顾客，获得利润，商标品牌很重要，产品的质量更重要。产品必须经得起实践的考验，服务必须高人一筹，记住：质量是企业最好的广告。

●**质量是品牌的基础**

如果人家说你“信誉不好”或“产品质量太次”，那么你就危险了。质量是品牌的生命，是企业的形象和荣誉。它可以保证企业能够拥有市场，能够占领市场。

●**质量精神是企业的灵魂**

作为企业主，在注重企业产品质量的同时，还应该不断养成企业的质量精神。质量精神体现企业的名气，体现组织的士气，体现员工的志气。三气凝聚在一起，就是企业的灵魂，就是企业的质量精神。

广告意识

●**运用广告效应**

我们生活在一个信息的时代，每天都被包围在广告之中(图9－9)。广告已成为企业塑造形象、提高企业知名度的最重要的手段。好的广告对企业的发展会带来不可估量的良好作用。广告既可以使顾客了解企业和产品，又可以影响顾客的消费习惯，创造一种适合企业发展的消费模式，更扩大了企业和产品的声誉和影响。

图9－9　广告牌

●**选择广告媒体**

选择广告媒体指的是选择合适的广告时间、合适的媒介类型。选择时要考虑以下因素：

◆媒介的覆盖面——客户看不看？

◆媒介的影响度——别找没信誉的小报。

选择什么样的广告媒体和你的目标顾客紧密相关。一般而言，知识分子普遍愿意接触报纸、杂志等媒介；家庭主妇更愿意接触广播、电视等媒介；青少年、儿童同样乐意接触电视、网络等媒介。不过，不同的广告媒介，其费用不尽一致，企业一定要量力而行。无论通过什么广告媒体进行宣传，广告品味都应当新颖、有创意、语言流畅，易于被顾客理解并乐意接受。

品牌提升意识

●**提升品牌知名度**

消费者购买决策过程有四个环节，即需要觉察、信息收集、品牌评审、选择决定。其中一个重要环节是品牌评审。从消费者选择商品品牌的模式分析，所购买产品的品牌必须是其知道的品牌。消费者购买商品有求名的动机。为适应消费者求名动机的心理，应当不断地宣传品牌，提升品牌知名度。

●品牌提升策略，

◆提高产品和服务质量

通过改善和提高影响品牌的各项要素，通过各种形式的宣传，提高品牌知名度和美誉度。提升品牌，既要求量，同时更要求质。提升品牌靠产品的质量和功效，让使用过的消费者用口碑传播品牌。

◆树立品牌，提升品牌

树立和提升品牌形象需要各种宣传形式的组合。只有将美好的期望、理想的追求融于品牌形象中，才能使品牌形象更完美。

【视野拓展】

几类人创业不成功

有如下心态和创业动机的人99%不会成功：

◆因为做不好目前工作，或者觉得目前工作没什么意思而去创业。这种人连自己本职的工作都做不好，更别说创业了(别提比尔·盖茨，因为你不是比尔·盖茨)。

◆因为没有生活费或者钱不够用而想创业。创业就意味着风险和投入，如果自己连饭都吃不起，还是应该先解决吃饭问题。经常听到有人问我有500块如何创业，那我说你还是赶快找个工作以免没有饭吃、没有住的地方。如果你能身无分文却敢放手一搏，那当然是另当别论的。但这样的创业成功率极低。

◆想一夜暴富的。天上不会掉馅饼，想不付出就有收获是很难的。您听说过哪个人是这样的吗?

【活动体验】

创业规划

【活动目的】

通过制订创业规划书，拓展学生就业、创业的视野，增强创业意识，培养创业能力。

【活动准备】

1. 确定活动小组成员(每小组2-3人)。
2. 确定每个小组的制订项目。
3. 确定活动范围。
4. 确定各个阶段的时间安排。

【活动步骤】

1. 确定目标。
2. 制订时间安排。
3. 调查及分析。
4. 撰写规划书。
5. 模拟创业过程。
6. 组内讨论。
7. 小组间讨论。
8. 修改完善规划书。

【注意事项】

1. 规划书目标要切实可行，符合自身实际。

2. 注意调查内容及方式方法。

3. 规划书内容要完整。

【活动评价】

先在小组内评价，而后小组间评价，最后由教师评价。

【活动建议】

1，提前一两周进行宣传动员。让学生有充分的心理准备。

2. 让学生深入生活、深入社会做广泛的调查及行业分析。

3. 让学生通过各种媒介媒体了解查询相关行业的各种要求。

4. 规划书要全面完整，要有各个方面的调查及分析。

5. 模拟创业过程。

【单元小结】

模块一　转变观念，立志创业

●创新意识是指人们根据社会和个体生活发展的需要，引起创造前所未有的事物或观念的动机，并在创造活动中表现出的意向、愿望和设想。

●凡是突破传统习惯所形成的思想定势的思维活动都可以称为创造性思维。

●创新意识包括创造动机、创造兴趣、创造情感和创造意志。

●创新是指人们运用自己的脑力和体力，生产人们所需要的、前所未有的物质产品与精神产品的活动。

模块二　培养创业能力

●创业能力是一种高层次的综合能力，可以分解为专业能力、方法能力和社会能力。

●专业能力是指企业中与经营方向密切相关的主要岗位或岗位群所要求的能力。

●方法能力是指创业者在创业过程中所需要的工作方法。

●社会能力是指创业过程中所需要的行为能力。它与情商的内涵有许多共同之处，是创业成功的主要保证，是创业的核心能力。

●创业心理品质是指创业者在创业实践过程中表现出来的心理过程和个性心理。

●个性心理是创业者在创业实践中表现出来的个性心理倾向和个性心理特征，包括创业需要、创业动机、创业兴趣、创业信念及创业者的能力、气质和性格。

●在创业前，必需了解基本法律知识，这样才能更好地解决创业中涉及到的法律问题。

模块三　创业规划的实施

●市场调查的内容：了解顾客；了解竞争对手；了解所处环境。

●一份好的创业规划是一个创业的可行性报告。

●创业规划的类型和格式，创业规划书的内容和评估。

●创业的准备阶段的主要工作任务是立项、筹集资金、选择营业场所和招聘员工。

第十单元　劳动者的权利和义务

【目标透视】

知识目标：

使学生了解劳动者的权利和义务；了解劳动就业制度和劳动合同制度；了解关于工时、工资和职工培训制度；了解劳动保护制度、社会保险和福利制度。

能力目标：

培养学生起草和订立劳动合同的技能，使学生掌握处理劳动争议，保护自身合法权益的能力。

情感目标：

培养学生遵纪守法、献身祖国现代化建设的自觉性和使命感。

模块一　劳动就业制度

【名人名言】

法律不能使人人平等，但是在法律面前人人是平等的。

——波洛克

若是没有公众舆论的支持，法律是丝毫没有力量的。

——菲力普斯

没有无义务的权利，也没有无权利的义务。

——马克思

履行职责会使我们幸福，违背职责会使我们不幸。

——丹·韦伯斯特

我们世界上最美好的东西，都是由劳动、由人的聪明的手创造出来的。

——高尔基

我觉得人生求乐的方法，最好莫过于尊重劳动。一切乐境，都可由劳动得来，一切苦境，都可由劳动解脱。

——李大钊

【事实聚焦】

劳动者有休假的权利

刚刚从陕西省某中职学校毕业来厂的小胡，对工厂的各项规定都很陌生。由于小胡是北方人，工厂在南方，很想家，因此小胡特别关心工厂对职工休息、休假的规定。

在单位组织的迎新茶话会上，人事处长代表单位向新职工介绍单位的有关规章制度。这时，小胡请处长介绍本单位的休息、休假制度。人事处长讲道："大家要一心扑在工作上，少休息，多做事。除了法定的节假日和每星期轮休两天外，没有什么休息、休假的时间。"小胡很不理解。

【案例点评】

小胡遇到了一个法制观念淡薄的企业领导。连掌管公司人力资源大权的人事处长也不知道劳动者享有休息的权利。小胡应当向公司高层反映。如果高层置之不理，就应向当地人力资源行政部门投诉。以维护自己和公司其他员工的合法休息权。

【案例启示】

保障劳动者享受休息的权利，是劳动法的重要任务之一。《中华人民共和国劳动法》是一部关于保护劳动者权益的法律，关于劳动者权利和义务的规定是劳动法的重要内容。它通过对劳动者合法权益的保护，达到调整劳动关系，促进经济发展和社会进步的目的。公司人事处长的发言，显然是有违劳动法的。有关部门应当加强执法检查，把劳动法落实在行动上，防止个别企业为了不当得利，损害劳动者的合法权益。同时，新闻媒体应加大劳动法的宣传力度，使用人单位和普通劳动者都知晓法律条文。

项目一　劳动就业的方针政策和基本原则

劳动就业的方针政策

●创造就业条件

《劳动法》第十条规定："国家通过促进经济和社会发展，创造就业条件，扩大就业机会。"促进经济和社会发展，始终是扩大就业的前提和基础。执行适应社会主义经济发展的灵活的劳动就业方针，今后要重点解决两个问题。

◆倡导劳动者自主就业

倡导劳动者自主就业，是改变主要依靠国家安排就业的局面，实行国家政策引导扶持，社会提供帮助服务，鼓励和推动劳动者靠自己努力实现就业。

◆实行多元化就业模式

改变主要依靠国有大中型企业吸纳新增劳动力的格局，把就业渠道进一步放开搞活。

●加强职业介绍工作

《劳动法》第十一条规定，发展多种类型的职业介绍机构，提供就业服务。今天的职业介绍完全不同于当年的统包统配方式，职业介绍是为求职者和用人者双方提供服务的中介机构，是沟通供需关系的重要渠道。

●**实施再就业工程**

实施再就业工程的中心任务，是综合运用政策扶持和各种就业服务手段，充分发挥政府、企业、劳动者和社会各方面的积极性，实行多种渠道安置。为失业职工提供就业指导、职业介绍、转业转岗培训、生产自救等多种服务和帮助，促进他们尽快实现再就业。对于失业职工，则要依照规定提供失业保险待遇，以保障他们的基本生活。

劳动就业的基本原则

劳动就业工作必须遵守以下基本规则的约束，目的是避免劳动力市场的无序和混乱，杜绝损害劳动者权益和危害社会公共利益事件的发生。这些原则主要是：

图 10－1　平等就业

●**就业平等**

《劳动法》第十二条规定：就业不受歧视。这主要是针对招工中歧视少数民族劳动者、歧视妇女、歧视某些宗教信徒而设置的。就业平等原则，是社会文明的具体表现(图 10－1)。

●**男女平等**

这是就业平等原则中最为突出的问题。《劳动法》第三条规定：妇女享有与男子平等的就业权利。在录用职工时，除国家规定的不适合妇女的工种或岗位外，不得以性别为由拒绝录用妇女或者提高对妇女的录用标准。

●**禁止招用童工**

劳动者就业，必须具有劳动行为能力，即必须达到一定年龄并具有实际的劳动能力。《劳动法》第十五条规定：禁止用人单位招用未满 16 周岁的未成年人。文艺、体育和特种工艺单位招用未满 16 周岁的未成年人，必须依照国家有关规定，履行审批手续，并保障其接受义务教育的权利。这是一项严格的法律规定和基本的就业规则。

●**特殊规定**

《劳动法》第十五条规定：残疾人、少数民族人员、退役军人的就业，法律、法规有特别规定的从其规定。这里的特别规定，一般指依据部分人的特殊情况和需要，而作出的特别就业照顾的内容。

项目二　劳动者的权利和义务

劳动者的权利

●**劳动权**

就业的权利是关系劳动者生存的权利，在各项权利中居于首要地位。就业不能因民族、种族、性别、宗教信仰不同而受到歧视。这项权利又可称之为劳动权或工作权，其涵义有：

◆就业的权利。

◆平等就业不受歧视的权利。

◆根据自身专长自愿选择职业的权利。

●**取得劳动报酬**

劳动者为用人单位提供一定数量并符合质量要求的劳动之后，就有权向用人单位索取相应的报酬。用人单位不能足额按时支付劳动报酬，就是对劳动者权益的侵害。如果没有法律规定的理由，就应当承担责任。

●**休息休假**

保障劳动者享受休息的权利，是劳动法的重要任务之一。规定休息休假权利的目的在于劳动者在劳动后获得休息，身体和精神疲劳得以解除，从而能有效地恢复劳动能力。同时，劳动者有了合理的休息休假时间，可以妥善料理家务和其他事务。这项规定，对于保护劳动者健康，维持生产秩序，保证就业权利的实现，均有重要意义。

●**劳动安全保护**

劳动者在生产劳动过程中，其生命安全和身体健康应该得到有效保护。重视劳动者，重视劳动保护，减少工作事故和职业危害，有利于维护生产秩序。同时，对提高民族素质，均有重要作用。

●**接受职业技能培训**

《劳动法》规定的接受职业培训的权利，既包括就业前训练准备，也包括已就业职工的继续训练；既包括文化、技术、业务训练，也包括实际操作技能的训练。

●**享受社会保险和福利**

《劳动法》专门规定了劳动者享受社会保险福利的权利，其内容主要有两个方面。

◆劳动者在年老、患病、负伤、患职业病、失业、生育、家庭出现特殊困难等情况下，可以获得相应的社会保险待遇。

◆劳动者有权享受国家、社会、企业单位提供给个人的福利或为集体举办的福利。

这些规定，反映了社会主义市场经济条件下维护竞争与稳定并重、效率与公平兼顾两项原则的需要。

●**提请劳动争议处理**

劳动关系的双方当事人，即用人单位和被招用的劳动者，对相互之间权力、义务内容的理解和要求不一致时，就可能发生劳动争议，即劳动纠纷。一般来说，劳动者相对处于弱势地位，他们的权利受用人单位侵害的情况时有发生。因而，保护劳动者为维护自身权益而提请争议处理的权利，十分重要。

●**依法参加和组织工会**

《宪法》和《工会法》都有明确规定：在中国境内，任何一个以工资收入为主要生活来源的体力劳动者和脑力劳动者，不分性别、种族等，都有依法参加和组织工会的权利。《劳动法》还规定，“工会代表为维护劳动者的合法权益，依法独立自主地开展活动。”保障劳动者依法参加和组织工会的权利，就是要保障劳动者可以依靠自己的组织，对损害自己权利的行为进行有力抗衡。

劳动者的义务

●**劳动者的义务的涵义**

劳动者的义务是指劳动者必须履行的责任

《劳动法》规定："劳动者应当完成劳动任务，提高职业技能，执行劳动安全卫生规定，遵守劳动纪律和职业道德。"这些内容就是劳动者应尽的义务。

《劳动法》关于劳动者义务的规定和权利的规定是相辅相成的。劳动者在享受各项权利的同时，必须履行各项义务，权利和义务是对等的。

●**劳动者的义务的内容**

◆完成劳动任务

劳动者有劳动就业的权利，而劳动者一旦与企业发生劳动关系，就必须履行其应尽的义务，其中最主要的义务就是完成劳动生产任务。这是劳动关系范围内的法定的义务，同时也是强制性义务。劳动者不能完成劳动义务，就意味着劳动者违反约定，用人单位可以辞退。

◆提高职业技能

劳动者努力提高职业技能，提高技术业务知识和实际操作技能，使劳动者成为适应社会主义建设的熟练劳动者，有利于提高劳动生产率，加快社会主义建设的速度。

◆执行劳动安全卫生规程

劳动者对国家以及企业内部关于劳动安全卫生规程的规定必须严格执行，以保障安全生产，从而保证劳动任务的完成。

◆遵守劳动纪律和职业道德

遵守劳动纪律和职业道德，是作为劳动者的起码条件。宪法规定遵守劳动纪律是公民的基本义务，其意义是重大的。劳动纪律是劳动者在共同劳动中所必须遵守的劳动规则和秩序。它要求每个劳动者按照规定的时间、质量、程序和方法完成自己应承担的工作。劳动者应当履行规定的义务，不断增强国家主人翁责任感，兢兢业业、勤勤恳恳地劳动，保质保量地完成规定的生产任务，自觉地遵守劳动纪律，维护工作制度和生产秩序。

遵守劳动纪律和职业道德，是保证生产正常进行和提高劳动生产率的需要。现代社会化的大生产，客观上要求每个劳动者严格遵守劳动纪律，以保证集体劳动的协调一致，从而提高劳动生产率，保证产品质量。劳动者在维护企业和自身利益的同时，还要就自己提供的产品和服务向社会负责，这是现代社会法律要求劳动者必须履行的义务。

权利和义务的关系

权利和义务是密切联系的，任何权利的实现总是以义务的履行为条件。没有权利就无所谓义务，没有义务就没有权利。

在社会主义制度下，劳动者的权利与义务是统一的。

◆在社会主义制度下，每一个劳动者都是国家的主人。

◆劳动者的主人翁地位是由劳动者享有的基本权利和劳动者履行的基本义务构成的，是通过劳动者的权利和义务体现出来的。

◆劳动者的权利和义务是相互依存，不可分离的。劳动者在享有法律规定的权利的同时，还必须履行法律规定的义务。

◆只有坚持权利和义务的统一，才能充分体现劳动者主人翁地位。

项目三　职业资格准入制度

职业资格及资格证书

●职业资格

职业资格是对从事某一职业所必备的知识、技术和能力的基本要求。职业资格包括从业资格和执业资格。

◆从业资格是指从事某一专业（工种）的知识、技术和能力的起点标准。

◆执业资格是指政府对某些责任较大、社会通用性强、关系公共利益专业（工种）所需的学识、技术和能力的必备标准。

●职业资格证书

职业资格证书是国家对申请人专业（工种）学识、技术、能力的认可，是求职、任职、独立开业和单位录用的重要依据。

◆国务院人力资源行政部门管理职业资格证书，负责专业技术人员的职业资格评价和证书的核发与管理；负责以技能为主的职业资格鉴定和证书的核发与管理；

◆各省、自治区、直辖市人力资源行政部门负责本地区职业资格证书制度的组织实施。

职业培训和技能鉴定

●职业培训

职业培训又称职业训练，职业技术培训。《劳动法》规定了职业培训的基本方针是：国家通过各种途径，采取各种措施，发展职业培训事业，开发劳动者的职业技能，提高劳动者素质，提高劳动者的就业能力和工作能力。同时还规定，要鼓励和支持企业、事业组织，社会团体和个人进行各种形式的职业培训。从事技术工作的劳动者，上岗前必须经过培训，实行职业技能鉴定和职业资格证书制度（图 10－2）。

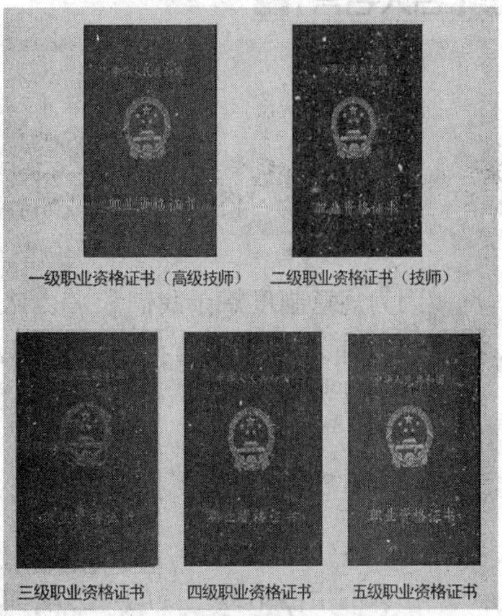

图 10－2　职业资格证

●职业技能鉴定

所谓职业技能鉴定，是指对劳动者进行技术等级的考核和技师、高级技师资格的考评。职业技能鉴定实行政府指导下的社会化管理体制。

◆职业技能鉴定的对象

各类职业技术院校和培训机构毕（结）业生，凡属技术等级考核的工种，必须进行职业技能鉴定；企业、事业单位学徒期满的学徒工，必须进行职业技能鉴定；企业、事业单位的职工及社会各类人员，根据需要，自愿申请职业技能鉴定。

◆职业技能鉴定的程序

申请职业技能鉴定的单位或个人，可向当地职业技能鉴定所(站)提出申请，由职业技能鉴定所(站)签发准考证，按规定的时间、方式进行考核或考评。

◆职业技能鉴定的作用

国家实行职业技能鉴定证书制度，对技术等级考核合格的劳动者，发给相应的《技术等级证书》；对技师资格考评合格者，发给相应的《技师合格证书》或《高级技师合格证书》。《技术等级证书》《技术合格证》等证件是劳动者职业技能水平的凭证。同时，也是我国公民境外就业、劳务输出法律公证的有效证件。

◆违反职业技能鉴定的责任

职业技能鉴定的各种证书，只能由人力资源行政部门按规定核发。凡伪造、仿制或滥发《技术等级证书》《技师合格证》《高级技师合格证书》的，除宣布其所发证书无效外，还应视情节轻重，由上级主管部门或监察机关对主要责任者给予行政处分；对滥发证书获取非法收入的，没收其非法所得，并处以非法所得5倍以上的罚款；构成犯罪的依法追究刑事责任。

模块二 劳动合同制度

【名人名言】

法律就是秩序，有好的法律才有好的秩序。

——亚里士多德

法律是社会习俗和思想的结晶。

——威尔逊

因为规章制度赋予我们和平、比较好的政府和稳定，因而对我们来说，规章制度比神灵法更好，因为如果我们采用神灵法的话，它会将我们陷入迷惑、无序和无政府状态。

——马克·吐温

劳动是一切知识的源泉。

——陶铸

在人的生活中最主要的是劳动训练，没有劳动就不可能有正常的人的生活。

——卢梭

【事实聚焦】

季某与某化工厂解除劳动合同

2011年2月15日，季某被某化工厂招工，签订了3年的劳动合同，合同约定试用期6个月。工作至第3个月时，季某感到自己身体不能适应该厂的机械操作，完不成生产任务，月月被扣发工资，便向厂方提出解除劳动合同的要求。厂方不许，反而对季某发出“违纪警告书”，两个月后又做出违纪辞退并解除劳动合同的处理决定，季某不服，向当地劳动争议仲裁委员会提出申诉。

【案例点评】

某化工厂的做法显然是违反劳动法的。季某的行动应当受到当地劳动仲裁部门的支持。《劳动法》第十六条规定：“劳动合同是劳动者与用人单位确立劳动关系，明确双方权利和义务的协议。”劳动合同是劳动者实现劳动权利的重要法律形式，又是用人单位招用和组织劳动力的重要手段。建立劳动合同制度，是协调和稳定劳动关系的需要。季某向当地劳动争议仲裁委员会提出申诉，是维护自身权益的正当行为。

【案例启示】

季某的的遭遇启示我们：现实生活中，仍然有个别企业借劳动者不熟悉合同法的有关条款，坑骗员工。因此，中职生学习相关的法律知识，对维护自身权益具有很重要的意义。

项目一　劳动合同的订立

劳动合同订立的原则

订立劳动合同应遵循两条原则。

●**平等自愿**

签订劳动合同的双方当事人地位是平等的，双方只有在自由表达自己意志的基础上，通过协商并取得一致意见，劳动合同才能成立（图10－3）。一方凌驾于另一方之上，采取暴力、强迫、威胁、欺诈等手段订立的劳动合同是无效劳动合同。

图10－3　合同订立要合法

●**符合法律规定**

◆主体合法

用人单位不是非法单位，劳动者必须是有劳动行为能力的公民，其年龄标准是已满16周岁。

◆内容合法

劳动合同的内容不得违反国家规定的强制性劳动标准(如最高工时限制标准、最低工资标准、劳动安全卫生标准等)，双方可以协商议定的内容同样也不得违法。

◆形式合法

劳动合同必须以书面形式订立。采取欺诈等手段订立的劳动合同和违法的劳动合同无效。如果劳动合同的部分无效，不影响其余部分的效力，其余部分仍然有效。

劳动合同的内容

劳动合同的内容就是它的条款。劳动合同必备条款包括劳动合同期限、工作内容、劳动保护、劳动条件、劳动报酬、劳动纪律、劳动合同终止的条件以及违反劳动合同的责任等。此外，当事人还可以协商约定其他内容(图 10 -4)。

图 10 -4 合同内容要全面

●**合同的期限**

劳动合同的期限可分为固定期限、无固定期限和以完成一定工作为期限 3 种，体现了用工制度的灵活性和稳定性。合同期限有长短，劳动力可进可出，这是市场经济条件下的必然要求。

劳动合同可以规定试用期，试用期最长不得超过 6 个月。

●**工作内容**

劳动合同中应规定具体的工作内容，不能含糊不清，欺诈劳动者。

●**劳动保护和劳动条件**

劳动合同应明确劳动者从业的劳动条件及相应的劳动保护措施。对有风险的情况应特别说明，不得隐瞒。

●**劳动报酬和劳动纪律**

合同中要明确劳动者应得的报酬，包括工资、福利、奖金等。还要明确劳动者应遵守的劳动纪律及相应的处理规定。

●**合同终止的条件**

明确法定终止合同的条件及相关的责任。

集体合同

●**集体合同的涵义**

集体合同又称为团体协议，团体契约，劳动协约。是企业职工与企业根据有关法律、法规的规定，就劳动报酬、工作时间、休息休假、劳动安全卫生、保险福利等事项在平等协商基础上签订的书面协议。集体合同由工会代表职工与企业签订。没有建立工会的，由推举的职工代表与企业签订。

集体合同签订后，应报送人力资源行政部门审查备案，5 日内未被提出异议的，即可生效。集体合同对企业全体职工均具有约束力。

●**集体合同争议的解决**

集体合同发生争议，双方当事人不能自行协商解决的，当事人一方或双方可向人力资源行政部门的劳动争议协调处理机构书面提出协调处理申请。未提出申请的，人力资源行政部门认为必要时，可视情况进行协调处理。人力资源行政部门处理这类争议时，应组织同级工会代表、企业方面的代表以及其他有关方面的代表共同进行。

项目二　劳动合同的终止与解除

合同的终止

●劳动合同的终止的涵义

劳动合同的终止是指在符合法律规定的情形时，双方当事人的权利、义务不复存在，劳动合同的效力即行消灭。

●劳动合同的终止的情形

◆只有法定终止

劳动合同的终止，只有法定终止，没有约定终止。用人单位与劳动者不得在劳动合同法规定的情形之外约定其他的劳动合同终止条件。

◆劳动合同终止的适用情形

劳动合同终止的适用情形主要有劳动合同期满的；劳动者开始依法享受基本养老保险待遇的；劳动者达到法定退休年龄的；劳动者死亡，或者被人民法院宣告死亡或者宣告失踪的；用人单位被依法宣告破产的；用人单位被吊销营业执照、责令关闭、撤销或者用人单位决定提前解散的；法律、行政法规规定的其他情形。

终止的特殊保护及补偿

●终止的特殊保护

劳动合同法在劳动合同终止的情况下对某些劳动者采取了特殊保护制度。劳动者有下列情形之一的，劳动合同到期也不得终止，应当续延至该情形消失时终止。

图 10 –5　因公受伤应陪偿

◆从事接触职业病危害作业的劳动者，未进行离岗前职业健康检查，或者疑似职业病病人在诊断或者医学观察期间的。

◆患病或者非因工负伤，在规定的医疗期内的；

◆女职工在孕期、产期、哺乳期的。

◆在本单位连续工作满 15 年，且距法定退休年龄不足 5 年的。

◆法律、行政法规规定的其他情形。

◆另外在本单位患职业病或者因工负伤，并被确认丧失或者部分丧失劳动能力的，劳动合同的终止按照国家有关工伤保险的规定执行(图 10 –5)。

●终止的补偿

劳动合同终止时，具有下列情形之一时，应支付经济补偿金。

◆在劳动合同期满时，用人单位以低于原劳动合同约定的条件要求与劳动者续订劳动合同，而劳动者不愿意续订的。

◆用人单位被依法宣告破产而终止合同时。

◆用人单位被吊销营业执照、责令关闭、撤销或者用人单位决定提前解散，终止合同时。

◆以完成一定工作任务为期限的劳动合同因任务完成而终止的。

◆法律、行政法规规定的其他情形。

劳动合同的解除

●合同解除的涵义

劳动合同的解除和终止不同。终止是指劳动合同期满或约定的终止条件出现时，合同即自然失去效力。解除是指合同终止前解除合同关系。《劳动法》规定，用人单位不仅仅因职工在违反劳动纪律时才可以开除、除名、辞退，也可因生产不景气等经济性原因提出解除劳动合同；职工因自身条件差不能胜任生产或工作岗位需要，可以被解除劳动合同；职工享有辞职的权利。

●合同解除的情形

劳动合同在下列情况可以解除。

◆协议解除

即由当事人协商一致可以解除。

◆单方解除

■劳动者在试用期内被证明不符合录用条件，严重违反劳动纪律，严重失职，营私舞弊，被依法追究刑事责任，用人单位可以单方依法解除劳动合同。

■用人单位以暴力等手段强迫劳动，或用人单位未按照劳动合同的约定支付劳动报酬或提供劳动条件的，劳动者可随时通知用人单位解除劳动合同。

●解除合同时的义务

◆解除劳动合同必须提前30日以书面形式通知对方。

用人单位濒临破产进行法定整顿期间或生产经营状况发生严重困难，确需裁减人员的，应提前30日向工会或者全体职工说明情况，并向当地人力资源行政部门报告。在6个月内录取人员的，应优先录用被裁减的人员。

◆除规定情况外，用人单位解除劳动合同，应按规定支付劳动者经济补偿费。

●不能解除合同的情形

劳动者有下列情况之一的，用人单位不能因劳动者不能胜任工作或本单位濒临破产等原因解除劳动合同：

◆患职业病或因工负伤并被确认丧失或部分丧失工作能力的。

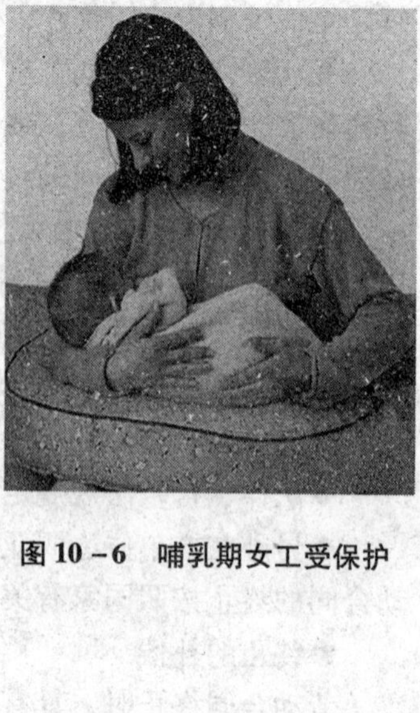

图10－6　哺乳期女工受保护

◆患病或者负伤，在规定的医疗期内的。

◆女职工在孕期、产期、哺乳期内的(图10－6)。

◆法律、法规规定的其他情形。

工会认为用人单位解除劳动合同不适当的，有权提出意见，要求重新处理。对劳动者申请仲裁或提出起诉的，应给予支持和帮助。

模块三　劳动保护制度

【名人名言】

弱者比强者更应得到法律的保护

——威·厄尔

制定法律法令，就是为了不让强者做什么事都横行霸道。

——奥维德

对法律的无知，不能作为宽恕的理由。

——约·塞尔登

法律源于人的自卫本能。

——格索尔

【事实聚焦】

王凯申请劳动仲裁

2008年5月，王凯与新华羊绒衫厂签订了为期10年的劳动合同。2011年6月，王凯因一次偶然机会结识了刑满释放青年吴某。此后，王凯在工作期间经常擅离工作岗位，并且在缺勤后找组长补假。组长曾对王凯进行多次耐心说服教育工作。但是事后不到两个月，王凯“旧病复发”，又开始无故旷工。2011年8月，新华羊绒衫厂发生一起成品失窃案。9月底，公安机关向厂方通报案件：据盗窃犯罪嫌疑人交待，曾在王凯家中看见新华羊绒衫厂生产的三四件崭新的羊绒衫。同时，有职工反映，曾看到王凯在其父王勤开办的餐馆里帮忙。于是2011年10月10日，新华羊绒衫厂以“有盗窃嫌疑，经常旷工”为由，将其辞退。王凯接到辞退通知书后，以自己与新华羊绒衫厂的合同未到期为由，向劳动争议仲裁委员会申请仲裁，请求劳动争议仲裁委员会撤销新华羊绒衫厂辞退自己的决定。

【案例点评】

重视劳动保护，是促进社会稳定和国家兴旺发达的必不可少的条件。从这个意义上讲，劳动保护的出发点是保障社会公共利益。劳动法明确规定：作为企业员工，应当遵守劳动纪律。王凯无视厂纪厂规，多次违反工作纪律，给工厂造成一定的不良后果。并且屡教不改。他的行为已损害了厂方利益，所以厂方辞退他应该是合法的。

【案例启示】

无论王凯的仲裁申请能否受到当地劳动争议仲裁委员会的支持，但他运用法律武器维护自身权益的行为应当肯定。这是法制社会和市场经济所提倡的。

项目一　劳动保护制度

劳动保护的涵义和特点

●劳动保护的涵义

劳动保护，简单地说就是保护劳动，保护劳动者。它大体上包括3个方面的内容。

◆劳动安全卫生

劳动安全卫生或称职业安全卫生。是指要采取必要的安全卫生措施，以保护劳动者在劳动过程中的安全和健康，这是从劳动场所来保护劳动者。

◆劳动时间

关于工作时间的限制和休息、休假制度的规定，这是从时间上来保护劳动者。

◆特殊保护

对女职工和未成年工的特殊保护，这是从生理的特殊需要来保护劳动者。

●劳动保护的特点

劳动保护具有强制性特点，用人单位和劳动者应严格遵守。订立劳动合同时，对劳动保护内容不能协商通融、取消或降低标准。用工单位、雇主或包工头等用威胁、欺骗手段订立的不负工伤事故赔偿责任的所谓“生死合同”是违法的，当然是无效的。

劳动保护内容

●劳动安全卫生制度

用人单位必须建立健全劳动安全卫生制度，严格执行劳动安全卫生规程和标准，对劳动者进行劳动安全卫生教育，防止工伤事故，减少职业危害。

劳动安全卫生制度主要有：安全生产责任制度、安全生产教育制度、安全生产检查制度等。

◆劳动安全卫生设施必须符合规定标准

用人单位必须为劳动者提供符合国家规定的劳动安全卫生条件和必要的劳动保护用品。对从事职业危害作业的劳动者，应定期进行健康检查。从事特种作业的劳动者，必须经过专门培训并取得特种作业资格。

◆劳动者的相关权利

■劳动者在劳动过程中必须严格遵守安全操作规程(图10－7)。

■劳动者对用人单位及管理人员的违章指挥、强令冒险作业，有权拒绝执行。

■对危害生命安全和身体健康的行为，有权提出批评、检举和控告。

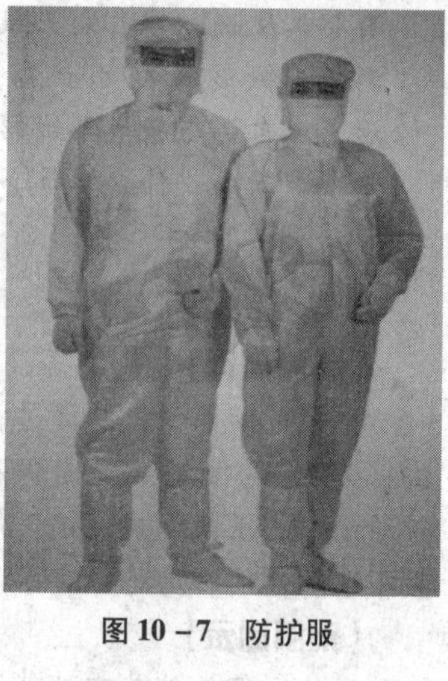

图10－7　防护服

●特殊人群保护制度

◆女职工特殊保护

■禁止安排女职工从事矿山井下、国家规定的第四级体力劳动强度的劳动和其他禁忌从事的劳动。

■对女职工在经期、怀孕期间从事劳动给予特殊保护，女职工生育享受不少于90天的假期。对女职工在哺乳期间从事劳动给予特殊保护。

◆未成年工的特殊保护

未成年工是指年满16周岁未满18周岁的劳动者。《劳动法》规定：不得安排未成年人从事矿山井下，有害有毒，国家规定的第四级体力劳动强度的劳动和其他禁忌从事的劳动。用人单位应当对未成年工定期进行健康检查。

工作时间制度

●工作时间制度

《劳动法》规定的工时、休假制度的主要内容有：

◆基本劳动时间

《劳动法》规定职工每日工作时间不超过8小时，平均每周工作时间不超过44小时。企业因生产特点不能实行上述规定的，经当地人力资源行政部门批准，可以实行其他工作和休息办法。

◆延长工时限制

除发生自然灾害，及时抢修生产设备等情形不受延长工时的限制外，用人单位因生产需要并经与工会和劳动者协商后延长工时的，一般每日不得超过1小时。特殊情况下每日不得超过3小时，每月不得超过36小时。

●国家实行带薪休假制度

用人单位让劳动者加班应当按标准支付工资报酬，延长工作时间(加点)的，支付不低于正常工作时间内工资的1.5倍；休息日安排劳动者工作(加班)，又不能安排补休的，支付不低于工资的两倍；法定节假日安排劳动者工作(加班)的，支付不低于工资的三倍。

劳动者连续工作1年以上的，享受带薪休假。

项目二　劳动争议处理制度

劳动争议处理

●劳动争议处理的方针和原则

及时处理劳动争议，对于保护劳动者合法权益，稳定劳动关系，保障社会主义市场经济运行秩序具有重要义。

◆劳动争议处理的方针

采取社会预防功能，强调重在源头、重在基层、重在调解的方针。

◆劳动争议处理的原则

■着重调解的原则。

■合法、公正、及时处理的原则。依法维护劳动争议当事人的合法权益。

■一律平等原则。即在劳动争议处理过程中，确保双方当事人享有平等的法律地位。

●劳动争议处理的方式

在我国劳动争议处理的方式有：协商、调解、仲裁和诉讼 4 种。

争议处理的程序和机构

●劳动争议处理的程序

用人单位与劳动者发生劳动争议，当事人可以依法申请调解、仲裁，提起诉讼，也可以协商解决。调解不是必经程序，仲裁则是必经程序，对人民法院审判不服的，可以向上一级人民法院提起上诉。从仲裁到诉讼，可简称为“一裁两审制”。

●劳动争议处理的机构

◆调解委员会

在用人单位内，可设立劳动争议调解委员会，由职工代表、用人单位代表和工会代表组成，主任由工会代表担任。企业代表的人数不得超过委员会成员总数的三分之一。

调解劳动争议应当自当事人申请调解之日起 30 日内结束，到期未结束的，视为调解不成。经调解达成协议的，制作调解协议书，当事人应当履行。

◆仲裁委员会

劳动争议仲裁委员会由人力资源行政部门的代表和同级工会代表组成，人数必须是单数。人力资源行政部门的劳动争议处理机构为仲裁委员会的办事机构，负责处理仲裁委员会的日常事务。提出仲裁要求的一方，应当自劳动争议发生之日起 60 日内向劳动争议仲裁委员会提出书面申请。仲裁裁决一般应在收到仲裁申请的 60 日内进行。对仲裁裁决无异议的，当事人必须履行(图 10－8)。

图 10－8　争议仲裁

当事人对仲裁裁决不服的，可在收到仲裁裁决书之日起 15 日内向人民法院提出诉讼。一方当事人在法定期限内既不起诉，又不履行仲裁裁决的，另一方当事人可以申请人民法院强制执行。

劳动争议仲裁制度

仲裁委员会处理劳动争议，实行仲裁员、仲裁庭制度。

●仲裁庭的组成

仲裁庭由 3 名仲裁员组成。简单的劳动争议，可由 1 名仲裁人员处理；重大的或疑难的劳动争议案件，可提交仲裁委员会讨论决定。当事人可委托 1－2 名律师或者其他代理人参加仲裁活动。仲裁委员会、仲裁庭实行少数服从多数的原则。

●仲裁委员会人员的回避

仲裁委员会组织人员或者仲裁员有下列情形之一的，应当回避。当事人有权以口头或者书面方式申请其回避。

◆是劳动争议当事人或者当事人近亲属。

◆与劳动争议有利害关系。

◆与劳动争议当事人有其他关系，可能影响公正裁决的。

【视野拓展】

国外的“带薪休假”

在美国，一般要求员工尽早呈报休假日期，企业会让资历深的职工优先休假，其他人仍要继续工作，以保证公司不致唱“空城计”。这是美国雇主唯一可以干预员工带薪休假的地方。如果实在安排不过来，可以请临时工。请临时工的费用在年底可以上报美国国税局抵税。

从欧盟国家的角度看，美国的带薪休假制度不值一提。因为迄今为止，美国还没有出台一个政府的带薪休假法律。欧盟抨击美国是发达国家中休假最少的国家之一。欧盟要求所有成员国要保证每年最少4周的带薪休假，包括全职职工和非全职职工。事实上，不少国家的休假天数都高于4周。

热爱生活的法国人是带薪休假制度最初发起者。早在1936年，法国政府就明确提出所有法国人每年都应该有享受带薪假期的权利。工人以大罢工的激烈方式保证这项权利的实施，同时也使职场文化发生了改变。现在，法国的带薪休假每年已多达6周，而且职工每周的工作时间也降到了40小时以下。法国人认为休假是不可侵犯的权利。

芬兰的工薪阶层有6周的法定带薪休假。职工不必担心因为休长假而丢掉工作。芬兰政府还要求雇主向休假的人提供额外的津贴，以保证他们有足够的金钱外出旅行或消费，而不是只能在家中度过假期。

在瑞典，政府推出了一项新政策，那些自愿脱离工作岗位、休12个月长假的员工，可以领取工资数额85%的失业保险金。这恐怕是世界上最舒服的带薪休假了。

模块四　社会保险制度

【名人名言】

如果我办得到，我一定要把保险这个字写在家家户户的门上，及每一位公务员的手册上。因为我深信：通过保险，每个家庭只要付出微不足道的代价，就可免遭万劫不复的灾难。

——丘吉尔

大力发展保险市场，提高全民保险意识。每一个业务员多销售一份保单，那国家就少了一份负担。

——江泽民

大力发展商业保险，对于建立健全多层次的社会保障体系，构建社会和谐安全网，具有重要意义。

——温家宝

应该明确健康投资人人有责，不能完全依靠社会，社会要求我们积极参加商业保险。

——朱镕基

【事实聚焦】

劳动工资支付案

个体户冯世杰夫妇开办了一家小餐馆。2011 年 3 月 1 日，冯世杰雇佣农村姑娘侯芳作服务员，双方签订一份劳动合同。劳动合同中约定：侯芳在冯世杰家吃住，每月工资 800 元，合同期限为 1 年，任何一方不得提前解除劳动合同，否则必须支付给对方 2000 元的违约金。侯芳上班后发现，自己不仅要端茶送饭、洗盘刷碗，还要买菜洗菜等，一天 10 小时下来，十分劳累。到了月底，侯芳要求冯世杰发给她当月工资，冯世杰以手头资金周转不灵为由，要求侯芳等些日子。4 月底，当侯芳再次要求冯世杰发工资的时候，冯世杰回答说，合同中仅规定每月 800 元钱，没规定什么时候发，应当认为是合同到期后一起支付。侯芳不同意，表示如果不给就走人。冯世杰说，走人可以，但必须给他 2000 元钱的违约金，将侯芳的 2 个月工资扣除后，还欠 400 元。侯芳经人指点，向市劳动争议仲裁委员会求援，要求解除与冯世杰夫妇的劳动合同，并要求冯世杰足额支付工资。

【案例点评】

冯世杰夫妇与侯芳的工资支付纠纷案，是一起典型的工资争议案。劳动法规定，工资应当以货币形式按月支付给劳动者本人，企业不得克扣或者无故拖欠劳动者的工资。侯芳的主张是正义的，应当得到劳动争议仲裁委员会有关部门的支持。

【案例启示】

工资是劳动者通过提供劳动，从所在单位所获得的全部劳动报酬。用工单位或有关人员应当遵守劳动法的有关规定，自觉维护劳动者的合法权益。特别是不能讹诈弱势群体。

项目一　社会保险制度

社会保障体系

●社会保险的涵义

社会保险是指劳动者或公民在年老、患病、失业以及发生其他生活困难时，由国家、社会或者有关部门给予一定物质帮助的制度。它属于社会保障的范畴。

●社会保险的方针和原则

《劳动法》规定：国家发展社会保险事业，设立社会保险制度，建立社会保险基金，使劳动者在年老、患病、工伤、失业、生育等情况下获得帮助和补偿。社会保险水平应与社会经济发展水平和社会适应能力相适应，这是社会保险制度的方针和原则。

●社会保险体系的构成

我国的社会保障体系，包括社会保险、社会救济、社会福利、优扶安置、个人储蓄积累保障等内容。同时提供社会互助，发展商业性保险，作为社会保险的补充。

《劳动法》规定的社会保险是指该法适用范围的职工社会保险，即城镇企业和个体经济组织职工所享有的社会保险。

社会保险制度包括养老、失业、医疗、工伤、生育以及疾病、伤残、遗属津贴等制度。

社会保险的特点

●**强制性**

社会保险具有强制性，用人单位和劳动者必须参加。

●**统一性**

企业职工基本养老保险，应逐步做到各类企业和劳动者统一制度、统一标准、统一管理和统一调剂使用基金。费用由企业和劳动者个人共同负担，实行社会统筹与个人账户相结合。

●**专业性**

社会保险经办机构依照法律规定，管理收支和运营社会保险基金，并负有使之保值增值的责任。任何组织和个人不得挪用。

项目二　工资保障制度

工资是劳动者通过提供劳动，从所在单位所获得的全部劳动报酬。它包括基本工资、奖金、津贴、加班加点工资以及特殊情况下支付的工资等。社会保险福利待遇和其他非劳动收入，不包括在工资之内。

分配原则和增长原则

●**分配原则**

工资分配应当遵循的原则有两条。

◆按劳分配

按劳分配要求按照劳动者提供的劳动数量和质量分配个人消费品。

◆同工同酬

同工同酬是指用人单位对所有劳动者，同等价值的劳动应付给同等的劳动报酬，尤其是要实行男女同工同酬(图 10－9)。

图 10－9　分配不公

●**工资增长的原则**

◆工资增长应遵循“两不超”的原则

■工资总额的增长速度，不能超过国民收入的增长速度；

■平均工资的增长速度，不能超过劳动生产率的增长速度。

◆《劳动法》规定：用人单位根据本单位的生产经营特点和经济效益，依法自主确定本单位的工资分配方式和工资水平。但应遵循“两低于”原则：

■企业工资总额的增长低于经济效益的增长；

■平均工资的增长低于劳动生产率的增长（“两低于”与“两不超”是一致的）。

最低工资保障制度

《劳动法》规定：国家实行最低工资保障制度。最低工资的具体标准由省、自治区、直辖市政府规定，在一个省、区、市范围内，也可以实行几个不同的具体标准。用人单位支付给劳动者的工资不得低于当地最低工资标准。

工资应当以货币形式按月支付给劳动者本人，企业不得克扣或者无故拖欠劳动者的工资。劳动者在法定休假日、假期及依法参加社会活动期间，用人单位应支付工资。

【视野拓展】

日本：后代人扶养前代人

日本从1942年开始推行养老保障制度，1961年建立了基础养老金（也称国民养老金）制度，规定20岁以上的国民都有义务加入基础养老金，日本从此实现了“全民皆有养老金”。随着经济的发展和社会的变化，日本又在国民养老金的基础上建立了以企业薪职人员为对象的厚生养老金和以公务员为对象的共济养老金。养老金制度的不断完善和发展为经济的迅速发展创造了稳定的社会环境。

国民养老金和厚生养老金保险费的征收是强制性的。国民养老金的资金来源于个人缴纳的保险费和国家财政预算，厚生养老金和共济养老金的资金则由个人和单位对半分担。国民养老金和厚生养老金采用“后代人扶养前代人”的社会保险方式，由国家统一管理，所以又称为公共养老金。

【活动体验】

签订劳动合同

模拟签订劳动合同情境。学生与某一单位订立一份劳动合同（单位名称可自定）。

【活动目标】

使学生了解劳动合同的内容及订立合同时的注意事项。

【活动步骤】

1. 由学生自己根据《劳动合同法》的有关内容写一份合同。内容包括劳动合同期限、工作内容、劳动保护和劳动条件、劳动报酬、劳动纪律、劳动合同终止的条件以及违反劳动合同的责任等。

2. 教师评阅后具体点评。

【注意事项】

1. 合同内容要全面。

2. 合同格式要正确。

3. 具体要求要详细。

【活动评价】

教师在评阅后要有针对性的做出评价，指出不足，并强调合同的重要性。

【单元小结】

模块一　劳动就业制度

●劳动就业的方针：创造就业条件，扩大就业机会；加强职业介绍工作；实施再就业工程；健全失业保险制度。

●劳动就业工作必须遵守的基本规则：就业平等原则；男女平等原则；禁止招用童工。

●就业的权利：平等就业不受歧视；根据自身专长和自愿选择职业；取得劳动报酬；休息休假；劳动安全保护；接受职业技能培训；享受社会保险和福利；提请劳动争议处理；依法参加和组织工会。

●职业资格是对从事某一职业所必备的知识、技术和能力的基本要求。职业资格包括从业资格和执业资格两种。

●职业资格证书是国家对申请人专业（工种）学识、技术、能力的认可，是求职、任职、独立开业和单位录用的主要依据。

●职业技能鉴定，是指对劳动者进行技术等级的考核和技师、高级技师资格的考评。

●职业技能鉴定的作用。国家实行职业技能鉴定证书制度，对技术等级考核合格的劳动者，发给相应的《技术等级证书》；对技师资格考评合格者，发给相应的《技师合格证书》或《高级技师合格证书》。

●违反职业技能鉴定的责任：职业技能鉴定的各种证书，只能由人力资源行政部门按规定核发。违反职业技能鉴定有关规定的确，必须承担相应责任。

模块二　劳动合同制度

●订立劳动合同应遵循两条原则：平等自愿原则；合法原则。

●劳动合同的必备条款，包括劳动合同期限、工作内容、劳动保护和劳动条件、劳动报酬、劳动纪律、劳动合同终止的条件以及违反劳动合同的责任等。此外，当事人还可以协商约定其他内容。

●劳动合同的终止是指在符合法律规定的情形时，双方当事人的权利、义务不复存在，劳动合同的效力即行消灭。

模块三　劳动保护制度

●劳动保护，就是保护劳动，保护劳动者。它大体上包括 3 个方面的内容：劳动安全卫生；工作时间的限制和休息、休假制度的规定；对女职工和未成年工的特殊保护。

●劳动争议处理的方针是：采取社会预防功能；强调重在源头、重在基层、重在调解的方针。

●劳动争议处理的原则：着重调解的原则；合法、公正、及时处理的原则；一律平等的原则。

●劳动争议处理的方式：在我国劳动争议处理的方式有协商、调解、仲裁、诉讼。

●劳动争议处理的程序：用人单位与劳动者发生劳动争议，当事人可以依法申请调解、仲裁和提起诉讼。

模块四　社会保险制度

我国的社会保障体系，包括社会保险、社会救济、社会福利、优抚安置、个人储蓄积累保障等内容。同时提供社会互助，发展商业性保险，作为社会保险的补充。

●社会保险的特点：社会保险具有强制性；费用由企业和个人共同负担；社会保险经办机构管理收支和运营社会保险基金。

●工资是劳动者通过提供劳动，从所在单位获得的全部劳动报酬。它包括基本工资、奖金、津贴、加班加点工资以及特殊情况下支付的工资等。

●工资分配应当遵循的原则有两条：按劳分配；同工同酬。

●《劳动法》规定国家实行最低工资保障制度。

主要参考书目

1. 职业道德与职业指导. 唐凯麟,蒋乃平主编. 北京:高等教育出版社. 2001
2. 就业指导与创业教育. 马莹主编. 上海:立信会计出版社. 2006
3. 就业指导. 刘开明,张国锋主编. 兰州:兰州大学出版社. 2008
4. 职业教育与就业指导. 林霞主编. 上海:复旦大学出版社. 2008
5. 创新与创业教育. 王孝武主编. 北京:人民教育出版社. 2006
6. 职业生涯规划. 张再生主编. 天津:天津大学出版社. 2007
7. 心理健康. 王换成主编. 北京:知识出版社. 2009
8. 职业准备与就业指导. 李俊琦主编. 北京:清华大学出版社. 2006
9. 为你自己工作. 袁文龙主编. 北京:中国传媒大学出版社. 2005
10. 心理素质的养成与训练. 邢邦志. 上海:复旦大学出版社. 2002
11. 职业道德与法律. 王换成主编. 北京:知识出版社. 2009
12. 心理健康. 杨治良,边玉芳主编. 上海:华东师范大学出版社. 2002
13. 职业生涯规划与发展. 姚玉群. 北京:首都经济贸易大学出版社. 2007
14. 就业指导与生涯规划. 夏雷震主编. 北京:科学出版社. 2007
15. 职业生涯设计. 张元主编. 北京:北京师范大学出版社. 2006
16. 就业指导与创业基础. 杨国寿主编. 兰州:兰州大学出版社. 2003
17. 就业指导与创业教育. 赵博琮,李军海主编. 西安:西北工业大学出版社. 2010
18. 职业生涯规划. 蒋乃平主编. 北京:高等教育出版社. 2009